广州市教育科学"十二五"规划课题"基于学生个体差异和不同学习需求的数学教学策略研究"（课题批准号：11C057）之研究成果

中学数学学习方法论

管国文　胡炳生 ／ 著

安徽师范大学出版社
·芜湖·

图书在版编目(CIP)数据

中学数学学习方法论 / 管国文,胡炳生著.—芜湖:安徽师范大学出版社,2018.6
(2019.1重印)

ISBN 978-7-5676-3537-1

Ⅰ.①中… Ⅱ.①管… ②胡… Ⅲ.①中学数学课 – 学习方法Ⅳ.①G634.603

中国版本图书馆CIP数据核字(2018)第089436号

中学数学学习方法论　　　管国文　胡炳生／著
ZHONGXUE SHUXUE XUEXI FANGFA LUN

责任编辑:孔令清

装帧设计:北京中尚图文化传播有限公司

出版发行:安徽师范大学出版社

　　　　　芜湖市九华南路189号安徽师范大学花津校区

网　　　址:http://www.ahnupress.com/

发 行 部:0553-3883578　5910327　5910310(传真)

印　　刷:江苏凤凰数码印务有限公司

版　　次:2018年6月第1版

印　　次:2019年1月第2次印刷

规　　格:700 mm×1000 mm　　　1/16

印　　张:15.75

字　　数:290千字

书　　号:ISBN 978-7-5676-3537-1

定　　价:56.00元

前　言

　　"基于学生个体差异和不同学习需求的数学教学策略研究"（课题批准号：11C057）是广州市教育科学"十二五"规划面上一般课题,本书是该课题研究的主要成果.

　　数学是中考、高考必考的科目,不论是学生本人还是学生家长,对数学学习都十分投入.数学是一种先进的文化,是人类文明的重要基础;在人们认识世界和改造世界的过程中,数学作为一种精确的语言和一个有力的工具,一直发挥着举足轻重的作用;数学不仅是一门重要的科学,还是一种关键的技术（数学技术）,也是大多数公民从事实际工作和进一步学习的基础.所以,中学生必须学好数学.

　　但是,数学又是一门难学的课程,许多学生都感到数学很难学,甚至害怕数学、厌恶数学.数学课程既重要又难学,对中学教师和学生而言,是一个很大的矛盾.为了让学生高效学习数学,进而喜欢学习数学,很多中学数学教师和中学数学教育研究者,针对中学数学教学方法的研究和改进,进行了大量研究和各种实验,发表了大量调查报告、研究论文和学术专著,试图从各种角度来分析、研究和解决这个矛盾,然而效果并不显著.究其原因之一,是从"怎样教数学"的角度考虑较多,而从数学学习者的角度研究"数学学法"的较少,即"重数学教学研究,轻数学学法指导".其实,如果认识到位、方法对路,数学学习并不是一件十分困难的事,对大多数学生来说,数学是可以学好的.

　　数学教学不仅要让学生"学会"数学,而且要根据数学学科的特点,让学生"会学"数学.本书是作者对中学数学学法研究的实践与思考.作者从几十年的中学数学教学和中学数学教研的实践经验中,提炼出中学数学学习的主要方法,从学生学习数学的角度出发,研究中学生学习数学的高效方法.

　　本书从学生学习数学的重要性、实用性以及数学学科的特点出发,提高学生对数学科学的认识,以激发学生学习数学的积极性.从数学历史事实和现实生活中的数学问题解决等实例中发掘"数学故事",以引起学生学习数学的兴趣,进而从数学家和作者自身学习数学的经历和经验中,提炼出学习数学的一般规律和主要学习方法.本书自始至终都渗透数学学法指导以及"数学抽象、逻辑推理、数学建模、直观想象、数学运算、数据分析"这六个方面的数学核心素养,通过具体实例简明扼要地论述了数学的科学价值、应用价值、文化价值和审美价值,以期达到帮助中学生掌握学习数学的正确方法,使学生在高效学习数学的过程中提高学习数学的兴趣,增强学好数学的自信心,养成良好的数学学习习惯,促进学生树立敢于质疑、善于思考、严谨求实的科学精神.

　　本书着重就数学问题解决的一般方法、探究方法和推理方法,分类进行梳理,引领读者对数学问题解决的思路和方法进行感悟,把数学解题当作数学研究来对待.如果学生照此进行,久而久之,就一定会收到成效.这对于教师而言,也可以得到启发作用——应当按照数学学习的自身规律来指导学生如何学习数学.

　　本书的编写和出版,要感谢广州市黄埔区教育研究中心的支持,感谢安徽师范大学出版社的关心和帮助.除此以外,在本书编写过程中,引用了一些数学教师和数学教育专家的研究成果和论文中的例证材料,除了在相应章节里已经标明外,对于其他没有标明的论著、论文的作者,在此一并表示感谢.

　　最后,由于作者水平有限,书中所言,可能有不妥或错误之处,敬请读者和专家批评指正.

　　作者联系方式如下:

管国文　E-mail:ggw1997@163.com　微信:gzhpggw

胡炳生　E-mail:hubs1203@qq.com　微信:wxid_w4x9y92b63xy22

管国文　胡炳生
二〇一八年三月

目　　录

绪　论　万物皆数 ···001

　　一、"万物皆数"——毕达哥拉斯的哲学观 ·············001

　　二、东方哲学家的呼应 ···································004

　　三、"万物皆数"的现代意义 ····························005

　　四、提高数学素养，做到心中有数 ·····················009

　　五、学会数学语言和数学表述方法的重要性 ···········018

第一章　怎样学好数学 ···019

　第一节　数学是什么 ···019

　　一、数学是人类文化的重要组成部分 ·················019

　　二、数学的特点 ···020

　第二节　为什么要学习数学 ···································020

　　一、数学的价值 ···020

　　二、学习数学是全面提高自身素质的需要 ·············021

　　三、学会数学地思考问题 ·······························022

　第三节　数学：学与思的结合 ·································022

　第四节　如何阅读数学书籍 ···································023

　　一、阅读数学书籍，基本要求是要能"理解"书上所说的道理 ·······023

　　二、阅读数学书籍，必须要边读、边算、边推导 ·······024

　　三、树立自学数学的信心，养成自学数学的良好习惯 ···········024

第二章　数学语言与符号 ···026

第一节　数学语言 ···026

一、数学思维与数学语言 ··026

二、数学语言的特点 ··028

三、明确几个常用的数学关键词语 ··031

第二节　数学符号 ···035

一、基本符号 ··035

二、代数符号 ··036

三、几何符号 ··038

四、分析符号 ··039

五、使用数学符号应注意的几个问题 ··040

第三章　数学推理与证明 ···043

第一节　数学推理的意义 ···043

第二节　逻辑思维的基本规律 ···049

一、思维、逻辑与语言的关系 ··049

二、思维的基本特征 ··051

三、逻辑思维的基本类型 ··054

四、逻辑思维的基本形式 ··060

第三节　数学证明的文化意义 ···074

一、证明是社会的普遍需求 ··074

二、数学证明的文化意义 ··076

第四章　体验数学之美 ···078

第一节　什么是数学美 ···079

第二节　数学的和谐美及其应用 ···083

第三节　数学的对称美及其应用 ···084

第四节　数学的简捷美及其应用 ···086

第五节　数学的奇异美及其应用 …………………………………090

第六节　黄金分割及其应用 …………………………………092

　　一、黄金分割 ……………………………………………092

　　二、黄金分割点的作法 …………………………………092

　　三、黄金三角形 …………………………………………093

　　四、黄金矩形 ……………………………………………096

　　五、正五角星 ……………………………………………099

　　六、黄金分割在几何作图上的应用 ……………………099

　　七、黄金分割在摄影中的应用 …………………………101

第五章　解数学题的方法 ……………………………………105

　第一节　解题的一般程序 …………………………………105

　　一、问题解决的基本要求 ………………………………105

　　二、问题解决的一般思考程序 …………………………106

　　三、问题解决的思考原则 ………………………………107

　第二节　解题的基本策略 …………………………………110

　　一、从"1"开始 …………………………………………111

　　二、考虑特殊情况和极端情况 …………………………112

　　三、一分为几 ……………………………………………113

　　四、等价变换 ……………………………………………115

　　五、形数转化 ……………………………………………117

第六章　数学题根与根题 ……………………………………122

　第一节　数学题根概述 ……………………………………122

　　一、数学问题有"根"吗 …………………………………122

　　二、数学题根是什么 ……………………………………123

　　三、数学题根的性质 ……………………………………124

　　四、数学题根的说明 ……………………………………124

　　五、课本中的题根、题干和题系 ………………………126

第二节 数学题根举例 ·· 127

一、递推数列题的题根 ·· 127

二、二元为多元之根——从集合 $\{a,b\}$ 的子集谈起 ·········· 134

第三节 根题引申与推广 ·· 147

一、根题引申 ·· 147

二、纵横推广 ·· 148

第七章 数学探究的方法 ·· 154

第一节 数学探究的意义 ·· 154

第二节 数学探究举例 ·· 156

一、欧拉线的发现与证明 ·· 156

二、对一道初中几何题的引申与探究 ···························· 161

三、探究三角形垂心的性质 ······································ 166

第八章 数学建模的方法 ·· 172

第一节 数学模型的意义 ·· 172

第二节 数学建模的一般步骤与注意事项 ···························· 176

一、数学建模的一般步骤 ·· 176

二、数学建模的注意事项 ·· 177

第三节 数学建模举例 ·· 178

一、线路架设的优化设计 ·· 178

二、最佳运输方案的制订 ·· 182

三、易拉罐尺寸的优化设计 ······································ 185

四、河流含沙量检测问题 ·· 187

五、极地航线问题 ·· 188

第九章 生活中处处有数学 ·· 196

第一节 彩票中的数学 ·· 196

一、电脑型体育彩票的中奖率和期望值 ··························196

二、"安徽风采"电脑福利彩票的中奖率和期望值 ·················199

第二节　网络中的数学 ··············209

一、欧拉巧妙图解七桥问题 ··············209

二、中国邮路问题 ··············210

三、足球队排名与竞赛图 ··············212

第三节　"干支纪年"中的数学 ··············214

第四节　期望寿命中的数学 ··············215

第五节　围棋中的数学 ··············213

第六节　文学作品中的数学 ··············220

一、掷骰子问题 ··············220

二、生日问题 ··············222

三、"鸡兔同笼"类问题 ··············223

四、对联中的数学问题 ··············224

第七节　商标设计中的数学 ··············224

第八节　数学游戏中的数学 ··············228

一、划分和覆盖 ··············228

二、纵横图和填数游戏 ··············232

三、逻辑与推理 ··············235

后　　记 ··············240

绪　论　万物皆数

一、"万物皆数"——毕达哥拉斯的哲学观

毕达哥拉斯(Pythagoras,约公元前572—公元前497年),古希腊伟大的数学家和哲学家.

图0-1　毕达哥拉斯

公元前572年,毕达哥拉斯出生在米利都附近的萨摩斯岛(今希腊东部的小岛).

公元前551年,毕达哥拉斯来到米利都、得洛斯等地,拜访了数学家、天文学家泰勒斯、阿那克西曼德和菲尔库德斯,并成了他们的学生.在此之前,他已经在萨摩斯的诗人克莱非洛斯那里学习了诗歌和音乐.毕达哥拉斯49岁后回到故乡,开始讲学并开办学校.

公元前520年左右,毕达哥拉斯移居意大利西西里岛,后来定居在意大利南端的克罗托内.在那里他广收门徒,建立了一个宗教、政治、学术合一的团体,并以他的名字命名.后人将其称为毕达哥拉斯学派.

毕达哥拉斯学派认为，"1"是数的第一原则，万物之母，也是智慧；"2"是对立和否定的原则，是意见；"3"是万物的形体和形式；"4"是正义，是宇宙创造者的象征；"5"是奇数和偶数、雄性与雌性的结合，也是婚姻；"6"是神的生命，是灵魂；"7"是机会；"8"是和谐，也是爱情和友谊；"9"是理性和强大；"10"包容了一切数目，是完满和美好.

毕达哥拉斯学派把"万物皆数"作为信条.他们认为，一切事物都是由其本原构成的，从它派生出来的，最后又复归于它.这个本原就是"数".例如，有五个人，尽管他们各不相同，性格各异，寿命长短不一，即使其中有人死了，若干年后都死了，但是曾经有过五个人的事实，却是永远存在的.物去而数自在.所以说，这个数"5"，就是这五个人的本原.

毕达哥拉斯学派为什么会有如此的认识呢？他认为，万物的形态都在变化，其中不变的只有它的"数".所以"数"是万物的本原所在，是万物存在的元素和本原.万物皆是"数"的反映，是数的不同的表现形式.简而言之，就是"万物皆数"，并把这一口号作为该学派不可动摇的信条.这其中所说的"数"，当时只限于有理数，而且是正数，即是正整数和正分数.

同属于毕达哥拉斯学派的著名人物菲洛劳斯所说的如下一段话，可以让我们更好地理解这种思想.他说：任何一种东西之所以能够被认识，是因为包含一种数；没有这种数，心灵什么东西也不能思考，什么东西也不能认识.

不过，那时毕达哥拉斯及其学派是从几何的角度来认识和说明数的，即寓数于形之中，把数附属于几何图形.把单个的数（有理数）称为"线段数"，两个数的乘积称为"面积数"，三个数的乘积称为"立体数"，而四个数或四个以上数相乘，则不被允许，因为没有相应的几何意义.

数是怎么得到的呢？对于"可数"的离散物体，如手指、石子、野兽等，可以用数（数数）得到.若连续量没法数，可以用一个单位量作为标准来量出它的数量.对于线段，则可以用一个单位长的线段作为标准来度量它的长短.如果量尽，即得（正）整数；如果量不尽，便用剩余的线段来量这个单位长的线段.若再量不尽，再用第二次剩余的线段来量第一次剩余的线段，如此辗转相量（辗转相除）.他们认为，最后总能达到除尽的时候，而得到原来两条线段的最小公共量尽的线段（最小公约数）.于是，原来两条线段都是这个最小公线段的倍数.所以，在毕达哥拉斯眼里，任意两条线段都有公共最大公约量（单位线段）.所以"线段数"只有（正）整数和分数.那时没有负数的概念.

由此看来,毕达哥拉斯是原子论者,即他们不认为线段是无限可分的,线段有最小的单位,最小组成部分称为"原子",因此,任何两条有限长度的线段,辗转相除,都是可以互相"量尽的"(可公度的);不存在两条不可公度的线段.

由毕达哥拉斯学派提出的著名命题"万物皆数"是该学派的哲学基石,而"一切数均可表示成整数或整数之比"则是这一学派的数学信仰.然而,具有戏剧性的是,由毕达哥拉斯建立的毕达哥拉斯定理(勾股定理)却成了毕达哥拉斯学派数学信仰的"掘墓人".

毕达哥拉斯定理提出后,其学派中的一个成员希帕索斯考虑了一个问题:边长为1的正方形其对角线的长度是多少呢? 他发现这一长度既不能用整数表示,也不能用分数表示,而只能用一个新数表示.

事实上,如图0-2所示,在正方形 $ABCD$ 中,用一边 AB 来量对角线 AC,使 $AE=AB$,剩余为 CE.作 $\angle BAC$ 的角平分线 AF,交 BC 于点 F,连接 AF,可以证明 $\text{Rt}\triangle ABF\cong\text{Rt}\triangle AEF$,所以 $EF=BF$,且 $\angle AEF=\angle ABF=90°$,于是 $\angle CEF=90°$.因为 $\angle ECF=45°$,所以 $\angle EFC=45°$.

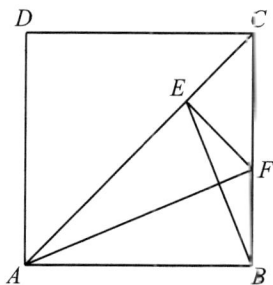

图0-2

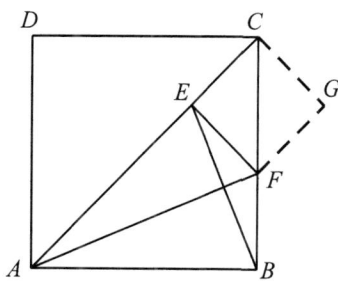

图0-3

如图0-3所示,$CE=EF$,$\triangle CEF$ 为等腰直角三角形,于是 CE 与 CF 又成为另一个小正方形 $CEFG$ 的边与对角线.因此,又回到原来的问题:用正方形的边来量它的对角线,如此出现循环往复以至于无穷的困境.也就是说,正方形的边与对角线,二者不存在公度线段,即它们是不可公度的.

因为每一次公度,都只能产生一个有理数.现在发现有不可公度的两条线段,即发现了一种新数——竟然不是有理数(无理数),这便动摇了该学派"万物皆数"的基本信条.据说为了维护学派的基本信条,他们便把这种"怪数"的发现者希帕索斯投入大海淹死了.这成了科学史上第一个冤案.

今天看来,毕达哥拉斯学派的这种"万物皆数"的哲学观,并不合乎科学.数是物的抽象存在,怎么能说是万物的构成本原呢?但是,毕达哥拉斯学派的这种哲学观,大大提高了人们对"数"和数学的关注与研究兴趣,使演绎数学得以诞生,使数学成为开启所有科学的金钥匙和奠基石.

希帕索斯的发现导致了数学史上第一个无理数 $\sqrt{2}$ 的诞生.小小无理数 $\sqrt{2}$ 的出现,却在当时的数学界掀起了一场巨大风暴.它直接动摇了毕达哥拉斯学派的数学信仰(一切数均可表示成整数或整数之比),使毕达哥拉斯学派为之大为恐慌.实际上,这一伟大发现不但是对毕达哥拉斯学派的致命打击,对于当时所有古希腊人的观念也都是一个极大的冲击.这一结论的悖论性表现在它与常识的冲突上:任何量,在任何精确度的范围内都可以表示成有理数.这不但在古希腊当时是人们普遍接受的信仰,就是在测量技术已经高度发展的今天,这个断言也毫无例外是正确的!可是为我们的经验所确信的,完全符合常识的论断居然被小小的 $\sqrt{2}$ 的存在而推翻了!这是多么违反常识、多么荒谬的事!它简直把人们以前所知道的事情根本推翻了.更糟糕的是,面对这一荒谬,人们竟然毫无办法,从而导致了西方数学史上一场大的风波,史称"第一次数学危机".

二、东方哲学家的呼应

人类的历史往往有一种神奇的同步现象:在相隔万里的东、西方,不同地域的人们在没有任何交往的情况下,竟然能够有完全相同或大体相同的想法和思维方式.对毕达哥拉斯"万物皆数"观点的呼应,来自东方的中国,在大致相同的年代里,居然有十分相似的观点和论断.生活在公元前6世纪—公元前5世纪的老子(约公元前570—公元前480年),是中国一位伟大的思想家和哲学家,他与毕达哥拉斯处于同一时代,两人可以说是绝对没有过任何联系的可能性,但是,奇怪的是他们似乎心有灵犀,都对数情有独钟,都对数有强烈的崇拜.

老子生活在我国周代中期的春秋晚期,比孔子约年长20岁,名老聃,"老子"是后人对他的尊称.孔子曾经请教过老子.老子的整个哲学体系的核心范畴是"道",提出了天道无为的思想,反对天道有知的宇宙观.在老子以前和老子的时代,人们认为天是有意志的,是最高的神,可以主宰万物,人世间的一切都是由它决定的.老子经过考察、了解自然界的变化,认为天只不过是一种物质,它没有意志,不能主宰人世间的吉凶祸福,"道"才是天地万物的本源.那么,"道"是什么呢?他解释说:"有物混成,先天地生,寂兮寥兮,独立而不改,周行而不殆,可以为天下母,吾不知其名,字之曰道."意思是说:有一个浑然一体的物质,在天地出现之前就已经有了,看不见它,听不到它,摸不着它,它独立地存在,按照一定的规律循环运行着,它产生万物,它是宇宙万物之母.我不知道如何称呼它,就给它起个名字叫"道".

"道"在老子的心目中是无形、无象、无体的,是世界万物的本原.那么,"道"是怎样演化出万物的呢? 他说:"道生一,一生二,二生三,三生万物."他又强调说:"人法地,地法天,天法道,道法自然."即人以地为根据,地以天为根据,天以道为根据,道以自然为根据.

老子的这种"三生万物"的思想,对中国古代的算学影响至深.周代作为教育的科目有六种,即礼、乐、射、御、书、数,其中把数学用一个"数"来表达.后来,我国古代数学经典著作,从先秦的《算数书》《周髀算经》到《九章算术》《算经十书》,以及宋元时代的《数书九章》《四元玉鉴》,无不都是由问题、算法(术)和得数所构成,将实际问题的内容和结果都归结为数的运算.这些算经中,并没有如古希腊数学著作那样的以证明为主的理论问题,即使是一些重要的数学定理,如勾股定理、孙子定理等,也都是以数字的特例来表述的.如前者表示为"勾三股四弦五",后者表示为"三三数之余二,五五数之余三,七七数之余二"的特例.

这里要说明一点,中国古代数学的这种特点,并不能埋没数学的理论价值,只不过是"寓理于算",数学的理论包含在算法之中.这种算法思想与现在的计算机的运算原理一样,对数学的发展同样起了很大的推动作用.

三、"万物皆数"的现代意义

(一)物质的形态,决定于其组成成分的数量特征,观察事物要把握好"度"

万事万物,其存在的形式尽管各种各样,如看不见的空气、宇宙尘埃,但其形态都有质与量的实在表现.空气是由多种气体组成的,其中主要成分是氮气(体积约占78%)和氧气(体积约占21%),其余1%为氢气、氦气等气体.地球之所以适合人类生存和居住,是因为地球表面空气成分的比例得当.其他星球,如火星、金星、水星等之所以没有生物存在,一方面是因为其表面气体成分比例失当.

所以,在观察事物的时候,把握好"度"是很重要的.这个"度",就是数量的界限.例如地球空气中氮气与氧气的体积比例,78∶21就比较合适,这就是"度".

在日常生活中,就有"凡事要做到心中有数"的古训.就是说,万事万物都有质与量两个方面,超过了某一个限度(用数来表示的),事情就要发生质的变化,就如水的形态一样.这方面的教训我们有很多."心中有数"是人们在长期的生活经验中总结出来的教训.如果办事"心中无数",就会犯错误,出毛病,把事情办砸,事倍而功半.如果办事"心中有数",就能做到事半而功倍.

即使是在文学作品中,也是如此,我们能举出多个事例来说明.

(二)事物或事情力量的对比,包含数量特征

任何事物都是由互相矛盾的两个方面组成的,即所谓"一分为二".但这两个方面并不是完全对等的,有矛盾的主要方面和次要方面之分.而哪个是主要方面,哪个是次要方面,是由二者的力量对比而决定的.

任何事物的发展进程,也都是由具体事物在数量上的变化而实现的.例如,中国现代化建设的发展成就不是凭空吹出来的,而是由一系列的物质生产数字构筑起来的.所谓"由数字说话",就是这个道理.从各种物质产品逐年量的增加,就可以说明生产的发展速度和现代化的进程.

(三)用数字说话,可以使人信服

任何事物的发展,大至一个国家,小至一个人,都是由一系列物质数量的变化构成的.一个国家的实力要看其经济总量、生产力的水平、国家的总人口、人口的年龄构成、劳动力的效率等方面的具体数据.中国之所以被世界认可为全球第二大经济体,是中国经济总量决定的.即中国国际地位的提高,是用数字说话的,而不是中国人自己吹嘘出来的.

以一个人的成长过程来看,也是一系列数字的反应.一个人几岁入学,读过几年小学、几年中学,成绩如何,多少岁上大学,读了几年大学、几年研究生,等等,都要用数字来说话,不能无根据地凭空乱说.用数字说话,能检查事件是否真实可信,更能使人相信.

一个人的健康状况如何,也是由身体检查得出的一系列数据来说明的,例如:身高、体重、血压、血脂、血糖、血液酸碱度、身体各种微量元素的含量,等等.即人的健康也是由数字说话的.

青年人报名参军,身体条件需要用体检报告来说明.尤其是招收空军飞行员的体检,需要的体检项目更多,需要的各种体征数据更多.体检项目越多,数

据越详细,才能判断这个人是否具备当飞行员的身体条件.由此可见,"心中有数"的论断,在当今的信息社会里,更有现实意义,因此也更加重要.

(四)如果"心中无数",那么办事就可能犯错误、出问题

我们以与数学关系相对较远的文学作品来说明这个结论.

例如,唐代著名诗人白居易的长篇乐府诗《琵琶行》,被列入高中语文课本.但是他在诗前的小序中却说错了话,有数字上的错误.他在诗前的小序中说:"元和十年,予左迁九江郡司马.明年秋,送客湓浦口,闻舟中夜弹琵琶者,听其音,铮铮然有京都声.问其人,本长安倡女,尝学琵琶于穆、曹二善才.年长色衰,委身为贾人妇.遂命酒,使快弹数曲.曲罢悯然,自叙少小时欢乐事,今漂沦憔悴,转徙于江湖间.予出官二年,恬然自安,感斯人言,是夕始觉有迁谪意.因为长句,歌以赠之,凡六百一十二言,命曰《琵琶行》."

其中所说的"言",就是指"字",是说这首诗共612个字.这对吗?

——这是七言古诗,每句皆为七个字,共八十八句,所以共有7×88=616个字才对.怎么算少了四个字呢? 当然,这个错误可能不是白居易犯的,而是传抄中的错误,一些相关的人没有做到"心中有数".

又如,当代电视剧《党员二楞妈》中有一个情节:说二楞妈因为砍了公家8棵树,被县林业局罚款3000元.她经过调查,发现林业局某些干部自己偷砍了89棵树,于是便告到县里,要求按照罚她的每棵树的钱数为标准来处罚林业局的那些人,并提出应该向他们罚款27600元.

对不对呢? 她算错了.你想:8棵树就是3000元,那么80棵就应该是30000元,再加上9棵,应该多加3000+375=3375(元),合计应该罚款33375元才对.二楞妈少算了5775元.对于二楞妈来说,这可不是什么小数目啊.按道理说,她不会宽待林业局的那些偷砍树的人,为什么会这样呢? 该不是有意丑化二楞妈"不识数"吧? 不会.因为二楞妈是个正直的党员,是电视剧中典型的正面人物.那是什么原因呢? ——那可能是在创作该电视剧的过程中某个或某些人的粗心所致.这说明,即使是编电视剧,也要做到"心中有数"才行!

(五)数字和数字技术

数字,即为表示数目的文字,如"一、二、三""1,2,3"等,都是数字.数字除了用来做数学计算外,作为独立的文字,还有特殊的用处.其实,数字技术的应用

古已有之,只不过是人们没有意识到罢了.下面略举几例.

1. 数字的编号应用

一是给书籍的每一页按照先后顺序用正整数来编号(编页码),是最常见的数字技术.但就是这么简单的数字技术,古代有些文人却不会应用.

中国在东汉时期发明纸张以前,是用竹简和木简来作为书写材料的.在竹片或木片上,用刀刻文字或用毛笔来书写文字表达思想和记录史实,成为"简书".例如西汉司马迁所写的《史记》,最初就是用竹简写成的竹简书.竹简书,虽说是一部书,但实际上就是用麻绳穿起来的一卷竹简.据说汉武帝每天所看的奏折,有两大筐之多,要有专人挑进宫来.但是,竹简书有一个缺点,就是时间长了,一旦穿竹简的麻绳断了,竹简书便散成一捆竹简.所以现在出土的古代竹简书,就遇到了这样的麻烦.因为竹简书当时没有编页码,时间一长,穿绳烂掉,就无法知道竹简的顺序了,一捆竹简就不称其为一部书了.虽然经过专家们研究,根据每根竹简的内容进行调整,还是很难完全分辨清楚前后顺序,而造成页码颠倒、错乱.这种错乱,在考古学上有一个专门的名称,叫作"错简".可见,用数字(正整数)给书的页码按照顺序编号,是很重要的一种数字技术.古人没用这项技术,就给今人造成很大的麻烦.据说湖北多年前发现的先秦时期的古算书《算数书》,就因为是错简,考古人员用了很多年时间才弄清楚前后顺序,最后刊发出来.

二是给剧院、影院以及体育场的座位编号等.试想,如果不给剧场或体育场的座位编号,不给对应的观众票编号,那么演出和体育比赛时,观众就没法按顺序入场,演出和比赛就没法正常进行.生活中,单位的办公场所和居民的居住小区有大楼编号,居民的住房有门牌号码,这些都是数字技术的应用.虽然简单,但若不这样编号,就会给人们带来许多不便.

2. 二进制数字的编码技术

我们通常用的是十进制计数制度,即用十个不同的数字代表十个数,进行计数.这是世界上大多数地区的通行计数办法,是由历史原因造成的.因为人类在远古时期,最初都是用十根手指计数,故用十进制最为方便.但是,除了十进制以外,人类还用过其他计数制度.如古巴比伦人用过六十进制,古罗马人用过五进制和十进制混合计数法,古英国某些部落人用过十二进制,古玛雅人用过二十进制,等等.17世纪,德国数学家莱布尼兹发明了二进制.二进制的好处是:只需要两个符号来计数就够了.他从传教士那里得知中国古代的八卦后,认为八卦就是二进制的一个例证.中国的八卦用阴爻（- -）和阳爻（——）两个符号得出了六十四卦,包括了所有64个三位二进制数,这个方法很了不起.

也正是因为有了二进制计数法的发明,现代电子计算机才能有所作为.因为电子计算机只能识别两个信号（电流的接通和断开）.用1表示接通,用0表示断开,便能够用二进制数码来进行编码,编写出任意长的程序,从而进行计算和信息传递.

曾有人这样说过:所谓现代技术,无非是数字技术或者说是数学技术.当然,数学不仅是技术,它还包含无所不在的数学理论、数学方法,并支撑着整个科学大厦.当然,这个大厦也包括人文科学和自然科学,还包括艺术等.

四、提高数学素养,做到心中有数

我们要搞清楚这里所说的'心中有数'的"数"究竟是何意义.

第一,当然是指数字本身.即要有关于数的知识.要知道数有多种:自然数、整数、分数、正数和负数、有理数和无理数、虚数和复数.要会比较数的大小（当然虚数不能比较大小）,知道数的基本性质（如数相等的反身性、对称性和传递性,大小顺序的传递性、非对称性,负数不能开方等）,知道数的基本运算（如算术四则运算,乘方和开方等）,知道用数来表达事物的多少,会比较数量的大小.

第二,要知道事物的数量是变化的,即要有关于变数（变量）的知识.这需要了解解析几何、函数和微积分的初步知识.还要知道事物不是孤立的,彼此间有着某种关系或联系,即要了解各变量之间的函数关系,并能够用图表、数学公式或其他形式来表示这种函数关系.在中学阶段,还要能够掌握基本初等函数的性质,并能够将其与实际问题联系起来,知道处理某些简单函数的数学方法.

第三,能够从实际问题中提炼出数量关系,并将它们转化为某个（纯粹的）数学问题,建立数学模型,再运用数学方法加以解决.这是高一级的要求.

为了对所遇到的事物做到"心中有数",我们要不断提高自身的数学素养.那么什么是数学素养? 对于一般人来说,就是要用数学的观点、数学的思想和方法,观察和理解问题、思考问题,处理和解决问题.

（一）数学地观察和理解问题

一个人的数学素养,首先表现在他的数学直觉上.所谓数学直觉,就是用数学的眼光、数学的观点去"看"问题,在实际问题中"看"出数学问题.什么是数学观点呢？这里主要是指以下一些数学观点：数量观点、变量和函数观点、概率和统计观点，以及形数联系观点等.

1. 数量观点

何谓数量观点？数量观点，也可以说是定量观点.人类认识世界是从定性开始的：这是什么？那是什么？比较两个猎物的大小，比较两堆果实的多少，比较两个山丘的高低，等等.这只能说是一种朦胧的"数觉".这种"数觉"，甚至连某些动物都有.有人做了下面的实验：农村的一棵大树上有一个乌鸦窝，当没有人的时候，乌鸦就飞下来啄地面上的食物.如果两个人先走进对面的房子，乌鸦看在眼里，便在树上不下来.当一个人走出了房子，另一个人也走出了房子，乌鸦"觉得"房子里的人都走了，便从树上飞下来啄食.这说明乌鸦对数"2"有"数觉".如果三个人走进房子，然后一个一个地走出来，乌鸦就迟迟地不敢飞下来，可能因为它不能判断房子里的人是否都走出来了.这说明乌鸦对数"3"没有完全的"数觉".

既然某些动物都有"数觉"，是不是人对于数的认识就很简单？

非也，其实人类对数的认识经历了漫长的历史过程.人类学家在澳洲原始部落中曾经对其中一些人的数量观点进行调查：一般人对实际事物的数目"一、二、三"可以分辨，但多于三的物品，便不能说出它们的数目，只有最有智慧的头领才能分辨出多于三的数目.还有一个广被传说的笑话，说在一个原始部落里，两个人打赌：谁说出的数目大，就算谁赢.甲先说，他想了许久，说了一个数——"三".乙听了以后，想了又想，总也想不出更大的数来，于是最后不得不说了一句——"你赢了！"

当然，在当今时代，连小孩都能数出很多、很大的数目.即使如此，对于比较复杂的情况，是否有数量观点还是很重要的.例如，某单位要组织一次远程旅游，要考虑旅游线路、参加人数、旅游费用，还要考虑有多少老年人、有多少家属、有多少小孩、有多少女同志、有多少需要特殊照顾的人等.在考虑以上方方面面时都要涉及数量观点，否则这次旅游就很难组织成功；即使组织成功了，也很可能会出现困难.

2. 变量和函数观点

变量和变量数学是怎样产生的？

根据辩证唯物主义的观点，世界万物都在变化之中，而又是互相联系、互相影响的.因此，反映在物质的数量上，世界万物时时处于变化之中，于是产生了

"变量"的概念.任何一个系统、一个组织,都是一个有机整体,其中许多因素同样是彼此联系的.一个因素的变化,一定会引起其他相关因素的变化,以至于整个系统的变化和发展.而不同因素或变量之间的变化,是它们数量的此消彼长.这反映在数学上,就是函数概念.以笛卡儿发明坐标几何、解析几何为标志,且常量数学发展到变量数学,数学进入了近代高等数学时期.

常见的函数关系有哪些? 最简单的函数关系是两个变量之间的比例关系,或者说一个变量是另一个变量(自变量)的线性(一次)函数.其一般形式是 $y=ax+b$.如果自变量是两个或多个,那么线性函数的一般形式可以表示为 $y=a_1x_1+a_2x_2+\cdots+a_nx_n$.

比一次函数复杂的函数是二次函数,或高次函数,统称代数函数.如果函数关系更为复杂,那么通常的办法是进行简化,使其渐进地转化成代数函数、线性函数,或一组线性函数.

函数观点和我们有什么关系? 函数观点在我们日常生活中有广泛的运用.从日常生活到卫星上天,都需要在实际调研的基础上,建立起相关变量间的函数关系,并进行必要的计算.

用函数的观点看问题,就是用运动变化的观点看问题,这样才可以发现运动的规律,掌握运动的趋势,操控运动的进程;这样可使我们的工作获得成功,使事情做得既快又好.

3. 概率和统计观点

如何看待确定性现象和非确定性现象?

世界上既存在确定性现象,也存在非确定性现象,而且后者比前者更多更普遍.这是不懂数学的人所不能理解的.人们一般总认为确定性的现象远多于非确定性现象,其实不然.不要以为速度和时间确定了,汽车就一定能够走完既定的路程,从而按时到达.事实告诉我们,汽车在行进过程中有许多不确定因素会干扰汽车的实际行驶速度.这些不确定的因素,有些是可以预料到的,有些则是预料不到的.所以,汽车行进的过程是个"随机"过程,到达的时间只是一个大概的期望值.又如,人们想看到我国社会的进步情况,就要知道我国人口的数量、年龄结构、文化程度和生产能力等情况,而这些又都是用数字表达的,即通常所说的"数字中国",但是这些数字并不是一一"数"出来的,只是对部分人口、部分人群通过抽样统计出来的.例如社会购买力、经济状况,是以全国城乡万分之一人口的抽样为依据,调查所得到的结果.

概率与统计是何种关系? 概率即是机会,某种现象出现的机会大小称为它发生的概率.而根据概率理论,对数据进行整理和分析,从中发现其总体规律,称之为统计.二者关系密切,但统计并非概率的简单应用,其本身也有相当深刻的理论分析.

对于一般人来说,学习概率和统计知识有何意义?

人们通过数学的学习,特别是概率统计的学习,对确定现象到随机现象的观察和认识,提升了一大步.现实世界中的许多实际问题,都要用随机的观点或统计的方法才能认识和解决.根据实际调查发现,在当今的信息社会里,人们日常应用最多的数学知识,除了算术的四则运算外,就是概率统计了.

4. 形数联系观点

空间想象力有何意义? 人们在对现实世界"看"的过程中,对于图形的观察和识别是很常见的.所以,认识世界的过程需要丰富而正确的"空间想象力",而学习数学中的几何课程,则是培养和形成空间想象力的最直接和最有效的办法.形中有数,数中有形,形和数构成了数学学习主要的研究对象.所以将形与数之间的联系"看"出来、"看"清楚,即形数联系,也是很重要的观点.

例如,我们日常所看到的许多厂家的商标,都采用了几何图形.而这些几何图形商标的设计和制作,都包含一定的数量关系.例如,西安杨森,它是一家大型制药企业,它的商标的基本图形是从一个矩形的四边挖去四个半圆而形成,如图0-4所示.

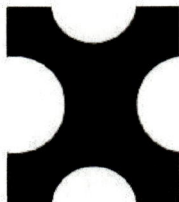

图0-4

制作这个商标图形,怎样才能使其更好看、更漂亮,这就需要考虑矩形长宽之比和半圆半径的大小.这便是数量的考量,所谓"图中有数"是也.

以上这些数学观点之间有何关系? 它们是依次递进的:数量观点,标志着人类思维从定性到定量认识的进步;变量和函数观点,标志着人类思维从常量到变量、从常态到动态认识的进步;概率和统计观点,标志着人类认识从确定形式到随机形态的进步;形数联系观点,标志着人类认识从形到数和从数到形的转化的进步.总之,这些数学观点是人们认识世界的基本观点.

(二)数学地思考问题

就人的素质或素养来说,思维能力是人的最重要的内涵.对一个人素质高低的评价,其思维能力的强弱是重要标志.所谓"学而不思则罔","三思而后行",就是说善于思考的重要性.那么我们需要如何思考? ——需要数学地思考.怎样才算是数学地思考呢? 简单地说,就是学会抽象,学会推理.

1. 学会抽象

何谓"抽象"? 所谓"抽象",就是拨开现象看本质,把事物纷繁复杂的表面现象拨开,抓住掩盖在事物内部的本质.而"数"就是其本质之一.三个人,三只羊,三棵树……从中抽象出"3"这个数.三个人会变化,三只羊会变化,三棵树也会变化,但是它们的数目——3,却不会变化.所以古希腊哲学家和数学家毕达哥拉斯提出了他的哲学观点——"万物皆数",并把它作为其学派的信条.

"数"是高度抽象的产物,"形"也是高度抽象的产物.例如,圆圆的太阳,十五的月亮,生活中的圆形物体,用圆规在地上画出的圆形图形等,但这些都不是真正的"圆",因为它们并不是完全规范的圆,只是近似的圆.而真正的"圆"是抽象的,是存在于人们思想中的圆的"理念".也只有这种抽象的"数"和"圆",才有一般性,才能成为数学的研究对象.在几何中研究的圆,只能是这种抽象的圆,而非具体的圆形实物.

有些问题,必须经过抽象,才能进行研究.最著名的典型案例是"七桥问题".18世纪时,哥斯尼堡是欧洲东普鲁士的一个城市,它被几条河流分成四个部分,各个部分之间以七座桥相连接,如图0-5所示.

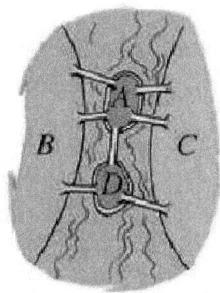

图0-5

人们需要经常从桥上走来走去.于是有人提出了一个有趣的问题:一个人能否连续通过这七座桥而不走重复的路? 人们试图用实际行动来进行验证,但是没有人发现有一条通路能够做到这一点.这种想法能不能实现呢? 却不得而知!

当时大数学家欧拉正在俄国彼得堡科学院工作,距离此地不远,人们便把这个问题提到他的面前.欧拉用非凡的想象力和抽象思维能力,在1836年发表了"七桥问题"的解法.其基本思想是:把桥连接的四块陆地不断缩小,最后想象缩成一点,而把桥抽象为连接两点的一条线,将城市地图抽象为如图

0-6所示.

于是,走过这七座桥而不重复,等价于将这个图一笔画成而不重复.这就变成简单的图形能否一笔画成的问题,仅在纸上便可以解决.他经过缜密思考,给出了图形能否一笔画成的充分必要条件,从而开创出一门新的数学分支学科——图论.

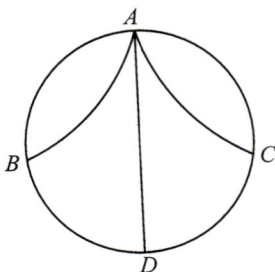

图 0-6

此后,许多实际问题都可以用一个图来表示,并用图论的方法加以解决.例如"中国邮路问题"就是一个用图论的方法解决的现实问题——在一个城市里,适当安排和调整邮路,可以使邮递员的行程最短.

我们所说的抽象,是以事实为依据的抽象,而非毫无根据的空想.即使是现代数学的某些极其抽象的概念,如非欧几何、群论等,也都是在原有数学概念基础上的综合和提升,是由这些概念经过逻辑推理而得到的真理,它们至少有逻辑的根据,有逻辑的真实性.

2. 学会推理

事物的表面现象可以一目了然,但是掩藏在现象背后的本质却不能简单地"看"出来,只能经过推理才能从已有的事实(公理和定理)中推导出来.所以,对于稍微复杂的事物的认识,必须经过推理才能达到真知.

任何事物的发生,都是有其必然的原因,由因导果或由果索因,这就是推理.推理有两种基本形式:从一般原理推导个别事物,是演绎推理;从个别事物推导一般原理,则是归纳推理.

演绎推理是(形式)逻辑推理,其基本形式是:大前提+小前提 ⇒ 结论.大前提,一般是人们公认的公理、科学定理或基本事实,是真实可信的,而小前提也是事实,故这样推出来的结论,是确信无疑的,其真理性是有保证的.

归纳推理,有完全归纳法和不完全归纳法之分.前者有逻辑的确定性,真理性是有保证的;而后者未对所有情况进行检验,所得结论就未必真实可靠.

统计推断,也属于归纳推理范畴,但是它与逻辑推理不同.二者虽然都是利用抽象的概念和符号,但有本质的区别,详见表0-1.

表0-1

项目	数学逻辑推理	统计推断
立论基础	公理、假设	数据、模型
推理方法	演绎推理	归纳推理
判断准则	对与错	好与坏
结论	等于一个确定的数	趋向于一个值,充分接近一个数

　　下面是一则关于推理素养的小故事:1978年2月,作家徐迟在《人民日报》上发表题为"哥德巴赫猜想"的长篇报道后,引起了国人的广泛兴趣,其中有不少是数学业余爱好者,对此猜想跃跃欲试,都想突破难关,一举成名.但是那些没有受过严格数学训练的人,想要攻此难关,谈何容易.然而,不少人相信"天下无难事,只怕有心人"的古训,不惜下大功夫,长时间对它发起猛攻,并有不少人声称已经完成了证明,还把他们的"论文"到处寄送审查.1996年,本书作者之一胡炳生先生就收到过一位八十岁老者(托翁)的一篇此类"论文",说是他从离休后用十年时间"精心研究"的结果.可惜他研究的基本思想错了,算是白费力气.

　　这位老者是怎样证明"哥德巴赫猜想"的呢? 他的想法是:将偶数分为两个奇数之和,如10=1+9=3-7=5+5,8=1+7=3+5,等等.每个偶数N,都能分成$\frac{N}{2}-1$种两奇数之和.随着N的增大,分成两奇数的种数也不断增大.由于现在已经对充分大(例如100000以内)的偶数N验证了猜想成立,即在其$\frac{N}{2}-1$种奇数分法里,总有一种情况是两个素数之和.那么随着偶数的增大,这种可分为两个素数之和的概率必然增大.可以想见,对于比100000大的偶数,其分成两个素数之和的概率,一定会比前N个偶数的可能性还要大.于是,这就"证明"了"哥德巴赫猜想".

　　这位老者的根本错误是:他把数学定理的逻辑推理与归纳推理中的统计推断混为一谈,用统计推断来代替逻辑证明.

　　我们要知道,虽然概率也是数学中的一个分支,也是严格的数学理论,但是在概率统计里用的统计推断是归纳推理,而不是逻辑推理.以统计推断得出的结论虽然也有其合理性,有某种程度的确定性,但是它允许有一定的误差.即所谓某种机会出现的概率在允许误差的范围内是有效的.例如,投掷一枚质地均匀的硬币,出现正面的概率为$\frac{1}{2}$,并不能保证投掷1000次硬币,出现正面的次

数一定就是500次,而是说随着投掷次数的增加,出现的频率会逐渐逼近 $\frac{1}{2}$. 逼近 $\frac{1}{2}$ 与以 $\frac{1}{2}$ 为极限,不是一回事.如数列 $\{a_n\}$,当 $n \to \infty$ 时,以 $\frac{1}{2}$ 为极限,指的是 n 增大时,$\left|a_n - \frac{1}{2}\right|$ 越来越小:对于任意小的正数 ε,总能够找到一个正整数 N_0,当 $n > N_0$ 时,就一定有 $\left|a_n - \frac{1}{2}\right| < \varepsilon$.但是,若某事件的概率 $p = \frac{1}{2}$,只能说:随着实验次数的增多,频率 p_n 与 p 的差即 $|p_n - p|$,以较大的可能性(例如有99.99%的把握)使 $|p_n - p|$ 小于某个小数 ε.

由此可以看出,数学素养之一推理素养,是何等的重要.

(三)数学地处理和解决问题

数学之用,主要还是在于数学地处理和解决问题.用数学的思维和方法快速地处理实际问题,这正是数学的魅力所在.

何谓数学地处理问题呢?

数学地处理问题,就是设法先将问题"数学化",把实际问题转化为一个纯粹的数学问题,再对这个数学问题用数学方法进行解答,得出答案,最后再把解答代入实际问题的情境中进行检验.如果符合实际情况,便是问题的最终结果.而上述"数学化"的过程,就是为这个实际问题建立一个"数学模型",而"数学模型"是用数学的形式化语言表述的单纯数学问题.现在,"数学建模"已经成为一门专门的学问,在各行各业中都有广泛应用.我国每年都举办学生"数学建模"竞赛,这已成为提高学生综合素质的教育手段.

如何将实际问题"数学化"?

其实,我们在小学和初中的数学课本里所讲的"列方程解应用题",就是将最简单的实际问题进行数学化的过程.那时的问题比较简单,"数学化"的方法就是:设问题中的未知数为字母 x,然后将未知数与已知数的关系用数学的符号表示出来,使其成为一个含有未知数的数学等式——方程.这样就使实际问题变成解此方程的纯粹数学问题,只要求出这个方程的解即可.随着问题的复杂化,所使用的数学工具也逐渐增多,所列数学式子,除了方程以外,还可以是不等式和其他形式的数学式子.

例1 (运输问题)码头上到了一批包装好的货物,每包重量不超过1吨,总重量不超过 10 吨.现用载重量为 3 吨的卡车若干辆去码头拉货,要求一次性将所有货物拉回仓库.问:在节约的条件下,至少需要派几辆卡车去,既能保证一次性将货物运走,又不浪费用车?

这是一个实际问题,不是纯粹的数学问题.我们首先设法将它"数学化",为它建立数学模型,使其变成一个数学问题.

分析:假设派 n 辆车去,它们能够一次性拉回所有货物;每辆车拉的货物的重量依次为:$a_1, a_2, \cdots, a_n$.按题目条件,应该有 $2 < a_i \leq 3, i = 1, 2, \cdots, n-1$,$0 \leq a_n \leq 3$.

请注意上述不等式的差别.其一,前 $n-1$ 个式子的左边是 2,最后一个式子的左边则是 0;其二,所有不等式中右边都是非严格不等号(即小于或等于).

为什么呢? 其一:前 $n-1$ 辆车,每辆车的载重量一定不小于 2 吨.因为如果所装重量不足 2 吨,那么可以再增加 1 包(重量不超过 1 吨),其总重量也不会超过 3 吨.最后一辆车的载重量有可能是空车放回,此时载重量为 0.但又要求派车最省,故最多只可能最后一辆车是空车,而不可能有两辆车都是空车.其二:每一车都有可能装满 3 吨.

这样假设体现了数学的精细之处.现将上面的 n 个不等式相加,可得:

$$2(n-1) < P = a_1 + a_2 + \cdots + a_n \leq 10 \leq 3n , \quad\cdots\cdots(*)$$

其中 P 是所有货物的总重量,显然它不超过 10 吨.

由(*)式左边不等式知:$n - 1 < \dfrac{P}{2} \leq 5 \Rightarrow n < 5 + 1 = 6$;

从右边不等式知:$n \geq \dfrac{10}{3} > 3$.

综合起来,便有 $3 < n < 6$.由于 n 是正整数,所以必有 $n=4$ 或 5.

那么 $n=4$ 是不是在任何时候都能满足要求呢? 未必.例如,当 $P=10$ 且货包个数为 13 时(这是完全可能的),每个货包重为 $\dfrac{10}{13}$ 吨,而每辆车最多只能够装 3 包,4 辆车最多只能装 12 包,还要剩 1 包,这时必须要 5 辆车才能保证一次性将所有货包装完运走.所以,为保证在任何时候都能完成运输任务,需要派 5 辆车.这就是本题的答案.

这个数学模型不是方程,而是一元一次不等式组.事实上,数学建模是有一般步骤可循的,这在后面细说.

五、学会数学语言和数学表述方法的重要性

从上述例1的解题过程可以看出,实际问题数学化的过程需要有相应的数学语言——数学符号和数学术语的帮助.心理学知识告诉我们:语言文字是思维的外衣.数学思维需要有数学语言——数学符号化的形式语言来表述.例如用字母 x,y,z 等表示未知数,用字母 a,b,c 等表示已知数,用四则运算符号($+,-,\times,\div$)、比较和连接符号($=,\neq,\geqslant,\leqslant$ 等)、几何符号($/\!/,\perp,\angle,\odot$ 等)、函数(或积分、微分等)分析符号等数学符号语言,可以将文字语言转化为简洁的数学表达式,并按照数学符号的意义和符号法则进行形式的演算和操作.这样使问题隐蔽的数量关系得以显示出来,使未知数得以表达出来,再进行形式的数学演算,使其成为已知数,由此求得问题的数值解答,得到所需要的结果,使问题获得解决.

在上述例1中,我们之所以能够将问题建立数学模型,是因为借助于数学符号和数学语言将实际问题表述为数学式子(等式、不等式或其他形式的数学式子),然后再对数学式子进行演算、变换,最后得到所需要的数字答案.

哈代在解决色盲遗传的难题时,他首先在实际调查中,分析得出造成色盲的主要元凶(因素)是人类染色体中的病态 $X(-X)$,这属于定性研究.然后再对这种"$-X$"所占比例进行定量分析.其方法是:假设"$-X$"在父母一代中的比例为 p,于是便可以得出父母一代中色盲所占的比例为 $\dfrac{p+p^2}{2}$,然后分别计算其子女一代中色盲所占的比例.

在复杂的事物中进行分类研究,分别计算各类人群中的"$-X$"所占的比例,这是个聪明的办法.把一个大问题分成几个小问题来分别研究,容易计算出结果,最后将各类人群的色盲比例相加,便得到总的结果:也是 $\dfrac{p+p^2}{2}$.这就说明,下一代子女中的色盲比例不会增加(仍然保持不变).由此,使色盲遗传到全人类的担心彻底消除.

这种数量关系的分析、推理和演算,比生理学、解剖学上对人体器官进行直接研究显得简单、方便、轻松.你不觉得这种数学思维、数学语言、数学表述和数学方法,实在太妙嘛!

第一章 怎样学好数学

数学是中学的必修课程之一,是学习其他各门课程的基础,是进一步学习和深造的基础,是每个社会公民的必备素质.因此,每个中学生都必须学好数学.

但是不少学生认为数学难学,不好学、甚至不愿意学.究其原因,主要是因为有些学生对数学的重要性和必要性以及趣味性了解不够,对它缺乏正确的认识.

因此,要想学好数学,需要提高对数学学科的特点、价值和重要作用的认识,激发对数学的学习兴趣;同时掌握数学学习的方法,培养学思结合、刻苦钻研的良好学习习惯.

第一节 数学是什么

一、数学是人类文化的重要组成部分

"数学是什么?"这个问题对于不同的人有不同的回答.对于数学专业的人来说,数学是一门关于模式(空间形式和数量关系)的科学;对于中学生来说,它是一门中学必修的基础课;而对于非数学专业的社会公众来说,数学是一种文化.

数学的确是一种文化,而且是人类文化的重要组成部分.

凡是经过人类双手或大脑思维所创造的、一切非自然的物质财富和精神财富,都属于文化范畴.所以,数学作为人类思维的创造物,是人类文化的一种.那种认为文化只是"读书识字",把数学排除在文化之外的观点,是非常错误的.

"知识就是力量".人类改造自然、创造物质财富和精神财富的力量来源于知识.知识来源于人类大脑的思维,人类在思考和实践中获得知识、技能和智

慧．数学不仅是自然科学和社会科学的共同基础，而且是思维的体操．人们通过学习数学，不仅可以把握事物的空间形式和数量关系，而且培养和发展了思维能力．所以，数学不仅是人类文化的组成部分，而且是重要的组成部分．

二、数学的特点

数学是人类文化的组成部分，但是，它又是一种特殊的文化，有其自身的特点．

一般人都可以感受到：数学不仅与文学艺术等人文学科不同，而且与物理、化学、生物等自然科学也不同．数学最显著的特点就是它的抽象性、精确性和逻辑性，以及它的广泛应用性．

第一，数学的抽象性．数学中研究的数"2"，不是"2个人""2个苹果"等具体物件的数量，而是完全脱离了这些具体事物的抽象的"数"．数学中研究的形——三角形、四边形等，也不是三角板、长方形纸片或足球场等具体的形状，而是与这些具体事物完全无关的、抽象的几何图形．

第二，数学的精确性．数学计算式子，如"3+5=8"，它是精确的，不是近似的、估计的．欧氏几何定理"三角形的内角之和等于180°"，是从几何公理和定理，经过逻辑推导出来的，而非猜测、估计、测量或实验得到的．

第三，数学的逻辑性．与物理、化学等自然科学不同，数学理论、定理和公式等，都不是通过观察和实验得出的，而是逻辑推理的结果．从这个意义上说，数学是思维科学．

第四，数学应用的广泛性．这是因为，数学理论的抽象性超越一切具体物质内容，也超越具体自然学科，所以数学理论、定理和公式的应用范围不受学科和实际应用范围的限制．例如，式子"3+5=8"可以用在所有的领域，用在所有的物质对象上．

第二节　为什么要学习数学

一、数学的价值

数学的抽象性，决定了数学应用的广泛性．在小学数学和中学数学里学习的是算术、代数和几何知识，是人们日常生活中应用最为广泛的知识．随着社会的进步,概率统计知识逐渐进入人们的日常生活领域.例如,彩票中奖率、股票期望值、期望寿命、风险投资等,都要用到概率统计知识,所以现行中学数学教材增加了概率统计的内容.

现代数学新的理论成果,未必都能立即找到实际应用,但这并不能说明这些抽象的现代数学理论就没有用.数学中的许多理论、定理和公式,是在经过相当长的时间之后,才发现其在实际中的应用的.例如,圆锥曲线理论,早在公元前3世纪就已经形成,但是在以后的两千多年里,并没有发现它的实际应用.然而17世纪以后,天文学家发现,太阳系中的地球等行星以及宇宙中的天体,都是沿着圆锥曲线的轨道运动的,从而使圆锥曲线理论在天文学和天体力学中获得了重要应用.

科学史上像这样的典型事例很多,说明数学理论的巨大力量和实际价值是不容置疑的.这是数学的胜利,也是数学理论巨大价值的体现.

在我们日常的生活中,时时处处都有数学的参与,都有数学在起作用.

二、学习数学是全面提高自身素质的需要

学数学不仅仅是学知识和技能,学数学可以提高人的修养和素质.数学可以培养人严谨求实和精益求精的思想、创新精神,以及数学的核心素养.

例如,各行各业的实际工作中,需要"证明"和证明思想的参与.在日常生活中,也常常需要"证明".

如果我们缺乏"证明"意识,失去某种"证明",事情可能就办不成,甚至会遭受损失.

对于中小学生来说,这种"证明"的意识以及证明的思想方法从哪里可以得到呢？主要从学校教育中获得.而在我国中小学普遍没有"逻辑"课程,只有数学课程可以担负起学生"证明"意识和证明的思想方法的培养任务.通过一系列数学定理、公式的学习,通过证明题的反复练习,经过一个长期的潜移默化的过程,学生关于"证明"的意识和证明的思想方法才能获得.

因此,数学课程中有关数学"证明"的教学意义,不仅在于数学知识体系自身,更重要的还是在于它的文化价值:培养数学思想和关于证明的意识,这是全面提高自身素质的需要.

三、学会数学地思考问题

诚然,不能指望每个数学定理或数学公式在我们的日常生活中都能够用到.事实上,我们在学校中所学的数学定理,如勾股定理、三垂线定理等,除了做数学题目以外,在以后的工作和生活中很少直接用到,甚至于根本就没有用过.但是,通过数学学习所获得的数学思想方法和数学思维习惯,在我们的日常生活和实际工作中,却时时处处都在起作用.特别是,现代社会越是发展,所见所做的事情越是复杂,更需要我们用数学的思维方式、方法去观察、思考和理解,即需要我们"数学地"去思考和解决那些实际问题和理论问题.

所谓"数学地"思考和理解问题,说得详细一点,就是要用前面说过的基本数学观点——数量观点、变量和函数观点、概率和统计观点、形数观点等数学观点来看问题.

我们相信,如果我们能用这些数学观点全面考察事物的各个方面,用这样的数学观点去"数学地"进行思考,那么我们一定能把问题解决得很完美.

第三节 数学:学与思的结合

在2000多年前,孔子就说过:"学而不思则罔,思而不学则殆."因为数学是思维科学,数学知识是逻辑思维的产物,学数学不动脑筋是不行的.

"学"是基础.数学的基本概念、基本命题(定理、公式)、基本推理和基本证明方法,都是需要学习掌握的.因为在解决具体的数学问题时,不仅需要正确的思维方法、探索精神和正确的解题策略,而且需要灵活运用多种数学知识.

对数学的"学",要求认真、踏实、一丝不苟,这是由数学的严谨性决定的.对数学的"思",则要求坚持、刻苦、持之以恒.这是因为数学是极为精密而严格的科学,来不得半点马虎.

问题是数学的"心脏".所以从某种意义上说,学习数学就是学习解决问题.这里的"问题",除了纯数学问题外,还有可转化为纯数学问题的一般的实际问题.

学习数学,强调要有探索和研究精神.特别是对于实际问题的解决,更需要探索精神.数学地思考和解决实际问题,首先需要建立数学模型.而建立数学模型是需要一定的经验和技巧的,需要专门学习并从典型的数学建模实例中得到启发和借鉴.

数学解题的思维方法有其特点和窍门,需要通过解题的实际活动进行专门训练.

中学数学教学中提倡"探究性教学""变式教学",而在数学的学习中,也要求我们进行"探究性学习"和"变式学习",即在解题学习中能够举一反三、发散思维,在解题后还要进行反思和总结.关于这种学习方式,我们将在以后各章中用具体的实例予以解读.

第四节　如何阅读数学书籍

数学书籍包括数学课本和数学课外书籍,而对于学生来说,主要是把课本学好.

一般来说,数学书中会包含数学定理和公式,大部分还有例题和习题,需要读者开动脑筋,深入思考.所以,阅读数学书籍与阅读语文和小说的要求是不同的,阅读方法也有很大的区别.

一、阅读数学书籍,基本要求是要能"理解"书上所说的道理

阅读数学书籍时,对书中的定理、公式以及相关题目,不能只停留在"知道""了解"的程度,要真正懂得其中的逻辑联系,要把书上的知识纳入自己的知识体系之中.

具体地说,首先要把书上的数学概念搞清楚,弄懂它的内涵和外延.对概念的定义,要反复琢磨,分析定义中每个字的意义和作用.其次,要了解与它相关的概念系列,并将它与已经学过的概念联系起来.

例如,"向量"是高中数学引进的重要数学概念.书上向量的定义是:我们把既有大小又有方向的量称为向量.

仔细阅读这个定义,我们可知:首先,向量是一个"量",但是,它又与已经学过的某些"量"(如线段、平面图形面积、物体重量等)不同,它有两个要素,即大小和方向;其次,向量不是凭空捏造出来的,而是许多实际量的抽象与概括,它在现实世界中有许多原型,如力、位移、速度等.与向量相关的概念,有"向量的模""零向量""单位向量"等,它们与向量构成概念系列.

因为向量具有两个要素,所以它在表示形式、运算等方面都与普通量不同,

有其特殊性.在学习向量时,对向量的表示形式、运算等方面,要把握其独特的性质,以认识其与其他量的区别.

二、阅读数学书籍,必须要边读、边算、边推导

书上的定理和公式的推导,往往比较简单,并非每步都有说明.即使每步都写在那里,也未必能一眼看出其间的逻辑联系.因此,对于书上所缺的步骤,读者要在另外的纸上补写出来.已经给出的,也要推算一下,看是否正确.最好在看懂定理和公式的证明之后,自己再推算一遍.因为书上的推导毕竟是别人的思维结果,是别人的发现,而对于读者来说则是第一次发现,只有经过自己实际推演,才能体验这些数学结论发现的过程.这就是人们常说的:眼睛看来终觉浅,自己动手印象深.

对于数学书籍上的例题和习题,学生要尽可能去做.因为数学书籍上的例题和习题,它本身就是数学内容的一部分.编者用它们来作为理论应用的实例,便于读者理解和运用书上的数学理论.读数学书籍时,如果不做书上的例题和习题,那么就不能算把书读懂了、读好了.

对于数学习题解答一类的辅导书籍,则更要先自己做题,再对照书上的解答,检查自己的思路、解答的正误和方法的优劣.因为独立做出了题目,对自己来说是一种科学发现,是对一种成功的激励,是对思维能力的锻炼.只有在较长时间做不出来时,才能查看答案,并对照自己的想法,从中得到启发.读者绝不能不做题目就先看解答,否则读此书籍没有任何学习效果.

三、树立自学数学的信心,养成自学数学的良好习惯

数学的逻辑性,决定了数学书籍比较容易自学.因为无论是数学定理、公式,还是例题、习题,都是因果相连的,即由充分条件推导出结论.所以,只要理解了这种逻辑关联性,就能够从上篇推出下篇,从前提推出结论.做习题也是这样,只要理解了相关的理论,从前提推出结论是不难的.

阅读数学书籍,最好准备一个专用练习本,将做过的习题或问题解答过程集中保存.以后再重读时,可以翻阅做过的练习本,以提示以前做习题的思维经历和经验.这样可以节省时间,加深理解.

我国著名数学家华罗庚就是自学数学成功的典型例子.他少年时期,只读到初中就在家里看店,但他爱好数学,便找来高中数学书自学,并独立思考,认

真做书上的习题,不放过任何一个题目.数年如一日,坚持不懈,他不仅学完了高中全部的数学课程,而且掌握了数学思维的规律,还对一位大学数学教授的一篇论文作出了独立的判断,指出了其中的错误.这件事引起了清华大学数学教授杨武之、熊庆来的注意,破格请他去清华大学工作和学习,从此他进入了数学研究的神圣殿堂.华罗庚在学校里如鱼得水,最后终于攀登上数学的高峰,成为中外闻名的数学大家.

第二章　数学语言与符号

第一节　数学语言

一、数学思维与数学语言

数学是思维的科学,学习数学要学会数学思维.思维是人进行思想活动的过程.人大脑中的任何思想,不仅必须通过语言才能表达,而且只有通过语言才能生成和存在.可以形象地把语言说成是思维的"外衣".可见,思维与语言的关系十分密切.

思维必须借助于语言才能够表达出来,数学思维当然也不例外.不过,数学的思维活动所赖以存在的语言,不是普通的语言,而是特殊的科学语言——数学语言.

语言要有自己的规则,即语法.思维也要有自己的规则,那就是逻辑.不合语法的语言,说出来别人就听不懂.不合逻辑的思维,就不能很好地反映客观事物,就可能产生错误的推理和判断.思维的基本形式与语言的基本形式的对应关系见表2-1.

表2-1

思维的基本形式	语言的基本形式
概念	词(或词组)
判断	句子(单句或复句)
推理	段落(复句或句群)
论证	篇(章)

例如,"三角形"作为一个概念,它是指三条边、三个角组成的平面几何图

形,而"三角形"只是它的名称(名字、名词).概念与它的名称之间结合得如此紧密,以至一听到"三角形"这个名字,马上在脑海里就浮现出它所代表的三角形的特征来;反过来,当看到在黑板上画出的一个三角形时,你马上就能联想到它的名字,并不自觉地说出来——"三角形".当然,思维与语言并非等同,它们也有不同的地方.

第一,思维是人的精神现象,是看不见、听不到、摸不着的,而语言是物质的,是可以凭人们的听觉(对口头语言)、视觉(对书面语言)和触觉(对盲文)来感知其存在.

第二,思维的形式和内容是全人类所共有的.语言是思维的外部表现,是人们交流思维的工具,具有民族和地域的特点.例如,"三角形"作为一个数学概念(思维形式),它所含有的本质意义,各国、各民族人民的理解都是相同的,但是对它的称呼和文字表述却各不相同.中文是"三角形",英文是"Triangle",俄文是"Треуголъник",日文虽然也是"三角形",但读音却与中文大不一样.

第三,思维与语言的对应关系,并非完全"一对一".不同的语词可以表示同一个概念.例如,"等边三角形""正三角形"表示同一个概念.同一个证明过程,可以有不同的表述方式.同一个数学名词,在不同的场合,有时也表示不同的数学概念.例如"整除",在小学数学里,表示两个正整数的相除.到了中学,它不仅表示两个整数的除法运算,而且还可以表示两个多项式的整除运算.而整数的整除和多项式的整除,无论在意义上还是表达形式上都是不同的.又如符号 $\frac{a}{b}$ (是一个数学符号,也是一种数学语言),既可以表示一个分数,也可以表示一个分式,还可以表示"比".显然,分数、分式和比的数学意义是不同的.因此,在阅读数学课本时,要特别注意以上各点认识.

数学语言与数学思维是相辅相成的.正确理解和运用数学语言,不仅关系到对数学知识的理解和表达,而且也关系到数学思维能力的培养.因此,我们要把对数学语言的学习,作为数学学习的重要内容之一,给予充分的重视.

在数学作业本和数学考试卷上,常常出现书写混乱、语法不通、重复颠倒、词不达意、生造词语、用错或写错数学符号等情况,这就是因为某些同学对数学语言不熟悉.

例2 设三角形三边长分别为 a,b,c,满足关系:$\frac{1}{a}-\frac{1}{b}+\frac{1}{c}=\frac{1}{a-b+c}$,则此三角形是( ).

(A)以 c 为底边的等腰三角形　　　(B)以 a 为底边的等腰三角形

(C)等边三角形　　　(D)不等边三角形　　　(E)以上答案都不对

原答案是(E),就是说:该三角形不是等边三角形,不是以 a 为底边的等腰三角形,不是以 c 为底边的等腰三角形,也不是不等边三角形.因此,这只有一种可能的情况:该三角形是以 b 为底边的等腰三角形.因此"一定不是以上各种情形".但事实如何呢? 看以下的推演:

由 $\dfrac{1}{a} - \dfrac{1}{b} + \dfrac{1}{c} = \dfrac{1}{a-b+c}$,得 $\dfrac{a+c}{ac} = \dfrac{a+c}{b(a-b+c)}$,即 $(a-b)(b-c) = 0$.

$\therefore a-b=0, b-c \neq 0$ 或 $a-b \neq 0, b-c = 0$ 或 $a-b = 0, b-c = 0$.

$\therefore a=b, b \neq c$ 或 $a \neq b, b=c$ 或 $a=b=c$.

所以,此三角形是以 c 为底边的等腰三角形(三边不等),或此三角形是以 a 为底边的等腰三角形(三边不等),或此三角形是等边三角形.

也就是说:满足条件的三角形,可能是(A)、(B)、(C)中的某一种,但"不一定是"(A)、(B)、(C)、(D)中的某一种.

所以,原答案出了问题.之所以出错的原因在于:混淆了"一定不是"与"不一定是"这两个数学术语的意义.

为了学好数学语言,准确理解数学术语和数学符号,要认真阅读数学课本,深入体会数学语言(包括数学符号)的含义.在平时作业书写、考试答卷时,要严格要求自己,运用规范化的数学语言和数学符号.

二、数学语言的特点

我们平时说话所使用的语言,是普通的自然语言.而数学语言可分为抽象性数学语言和直观性数学语言,主要包括数学概念、术语、符号、式子、图形等.数学语言还可分为文字语言、符号语言、图形语言三类.各种形态的数学语言各有其优越性,如概念定义严密,揭示本质属性;术语引入科学、自然,体系完整规范;符号含意简明,书写方便,且集中表达数学内容;式子将关系融于形式之中,有助于运算,便于思考;图形表现直观,有助于记忆,有助于思维,有益于问题解决.

数学语言作为数学理论的基本构成成分,具有高度的抽象性、严密的逻辑性、应用的广泛性.简单地讲,数学语言科学、简洁、通用.

普通的自然语言即日常生活中所用的语言,这是我们熟悉的,用它来表述的事物,我们感到亲切,也容易理解.其他任何一种语言的学习,都必须以自然语言为解释系统.数学语言也是如此,通过两种语言的互译,就可以使抽象的数学语言在现实生活中找到借鉴,从而能透彻理解、运用自如.例如,列方程是把文字表达的数量关系用数学符号来表示,这是利用数学知识解决实际问题的必要程序.

我们要注意数学语言与普通语言的准确"对译":既能将用普通语言表达的数学问题、数学式子用数学符号表示出来,同时又能用普通语言来表述包含数学符号的数学语言.

为了学好数学语言,我们要认识数学语言的特点.那么,数学语言有哪些特点呢?

(一)数学语言的显著特点:符号多、公式多

一般人对数学的抱怨是:满纸符号和公式,乱七八糟,看起来令人头疼、令人费解!其实,数学书籍和数学文章运用一些符号,开始是不得已;而采用之后又十分必要,并且越来越离不开.

在中国古算书里,符号和公式都没有,即使有,也极少.

与自然语言表述相比,用数学符号表示的数学语言来表述数学思维的过程和结果,具有明显的优点:一是叙述简洁;二是表达的意思清楚明白;三是利用公式计算,近似于机械操作,有一套可以遵循的操作"程序".另外,数学符号还有一定的象形性.例如,数学符号" > "比数学术语"大于"要形象得多,也便于识别.

中学数学符号有百种之多,它们不仅用于组成公式,而且也用来代替普通词语进行推理和证明,或用来定义数学概念.例如," ⇒ "等价于"由此导出";" ⇔ "等价于"当且仅当";超越数 e 定义为极限 $\lim\limits_{n \to \infty}\left(1+\dfrac{1}{n}\right)^n = e$,其中 $n \in \mathbf{N}$;集合 A 与 B 的交集,定义为 $A \cap B = \left\{x \mid x \in A \text{且} x \in B\right\}$.

关于数学符号,我们应注意以下几点:

(1)要准确理解数学符号的意义,能将数学符号与普通词语实现准确的"对译".

每个数学符号或由数学符号组成的数学式子,都要能"读"得出来.例如,上述两个式子,第一个式子读作:" e 等于1与 n 分之一和的 n 次幂,且当 n 趋向于无穷时的极限";第二个式子读作:"集合 A 与集合 B 的交集",是由集合 A 与集合 B

的公共元素组成的集合.

许多中学生说"数学书只能看,不能读",这大概是因为他们不会将数学符号"翻译"成普通词语.所以,对每一个数学符号,我们都要知道它的"读法".相反,有了数学符号,我们要善于运用它们来表述数学思维过程和推导出来的结果.例如,符号"⇒""⇔"等.

(2)要注意各种数学符号的区别和联系.

不同符号可以表示相同意义.如"×"与"·"都是乘法符号,意义相同;但所用的场合有所区别:一般说,"×"表示两个数相乘,而"·"表示数与字母、字母与字母相乘;数或字母与数学式子相乘,有时乘号可以省略.而导数符号 $\dfrac{\mathrm{d}y}{\mathrm{d}x}$ 与 y' 的意义则完全相同.

同一符号在不同的场合也可能有不同的意义.如符号"−"有三种意义:一是表示减法的运算符号;二是表示负数的性质符号,如"−3"读作"负三"而不能读成"减三";三是表示相反数的转向符号,如"−a"表示数 a 的相反数,至于它是正数还是负数,并不明显,因为数 a 本身的正负未定.如果不明确符号"−"的这三种意义,就可能出现错误.如将" $\dfrac{-a}{b}=-\dfrac{a}{b}$ "读成"负数除以正数等于负数",或者认为" $\sqrt{-a}$ "无意义等.

有些符号样子相似,但它们的意义不同,读法也不同.如"="" ≡ "" ∽ "" ≌ "分别读作"相等""恒等""相似于"和"全等于".

(3)使用数学符号时,要依照课本中的规范,遵照符号规则,不能生造只有自己才懂的非规范符号.如繁分式的写法中有三条横线,但它们的长短不能随便画.即 $\dfrac{\dfrac{a}{b}}{\dfrac{c}{d}}$, $\dfrac{\dfrac{a}{b}}{c}\Big/d$ 与 $a\Big/\dfrac{\dfrac{b}{c}}{d}$ 的意义是不同的.再如,a 的三次根式" $\sqrt[3]{a}$ "不能写成
" $3\sqrt{a}$ ",对数" $\log_{a}b$ "也不能写成" $\log ab$ "等.

当学到一些新的数学符号时,要对它们仔细辨认,并注意与原有相似符号的区别和联系.

(二)数学语言的又一特点:符号精确、简练

首先,数学语言中的句子,除在提出问题时使用疑问句和祈使句以外,绝大多数都是陈述句,没有感叹句.陈述的语气,要么是肯定的,要么是否定的,没

有、也不允许有似是而非、模棱两可的句子.

其次,所有数学名词都是、也必须是经过阐明(定义)的、确定的,所有关联词都有完全确定的意义.不能随便改变,或想当然地给予臆断.

例如,某数学习题集上有这样一个问题:有一圆形粮仓,高 a 米,内部底面周长 b 米,该粮仓大约能装大豆多少斤?(大豆每立方米约重 1600 斤).

这里用"圆形粮仓"来描述粮仓的立体形状,就是一个没有阐明的名词.因为"圆"是平面图形,不是立体图形."圆形"修饰立体,是没有这种表述的.

又如问题:"求 $(1-2x)^5(1-3x)^4$ 展开式中前三项",也是有问题的,因为这里的"展开式中的前三项"没有阐明.因为多项式各项按照不同方式(升幂、降幂或其他排法)排列,它的"前三项"是不同的,所以答案是不确定的.

(三)结构严密,形式严谨

数学书籍或数学论文,一般都是由公理、定理、推论(系)及定义等所组成.它们前后联系紧密,顺序不可移动.每种数学问题的叙述和证明,都有固定的格式.

例如,几何证明题解答的格式为三步,即已知、求证和证明,并且每一步证明都要有充分的理由.

又如运用数学归纳法时,要分两个步骤:(1)先证明当 $n=1$ 时命题成立;(2)假设命题对 $n=k$ 时成立,利用归纳假设,证明命题对 $n=k+1$ 也成立.

如此等等.

三、明确几个常用的数学关键词语

(一)当、仅当、当且仅当

它们都是两个相关命题的推导关联词.设 A,B 是两个命题.

"当 A 成立时,B 成立",这说明命题 A 是命题 B 的充分条件.若用符号表示就是:"$A \Rightarrow B$".

"仅当 A 成立时,B 成立",这说明命题 A 是命题 B 的必要条件.若用符号表示就是:"$A \Leftarrow B$".

"当且仅当 A 成立时,B 成立",这说明命题 A 是命题 B 的充分必要条件.若用符号表示就是："$A \Leftrightarrow B$".

由此可知，"当"表示由 A 向 B 的顺向推导关系，"仅当"则表示由 B 向 A 的推导关系，而"当且仅当"表示 A 与 B 的双向推导关系（等价关系）．

(二)且(与)、或、非

它们是命题的逻辑关联词．设 A,B 是两个命题．

"A 成立，且 B 成立"，表示 A,B 同时成立．

"A 成立，或 B 成立"，表示以下三种情况之一成立：A 成立，B 不成立；A 不成立，B 成立；A,B 同时成立．

如果将命题 A,B 看作集合，那么"A 与 B"就是 A,B 的交——$A \cap B$，"A 或 B"就是 A,B 的并——$A \cup B$．

"非"用在命题 A 之后——"A 非"，表示 A 不成立．

如果视 A 为集合，那么"A 非"就是 A 的补集．

"且"与"或"的用法，在解不等式时要特别注意．

例3 解不等式组：$\begin{cases} x > 1, \\ x - 2 > 2x - 5. \end{cases}$

解析：它是由两个不等式组成的，这两个不等式是互相独立的．所求的解，既要满足第一个不等式，又要满足第二个不等式，即是第一个不等式的解集 $A = \{x \mid x > 1\}$ 与第二个不等式解集 $B = \{x \mid x < 3\}$ 的交集：$A \cap B = \{x \mid 1 < x < 3\}$，或写成 $x \in (1, 3)$．

例4 解不等式：$(x-1)(x-3) > 0$．

解析：这是一元二次不等式．要使两个代数式的乘积为正，有以下两种情况：$\begin{cases} x - 1 > 0, \\ x - 3 > 0 \end{cases}$ 或者 $\begin{cases} x - 1 < 0, \\ x - 3 < 0. \end{cases}$

因为前者的解集为 $A = \{x \mid x > 3\}$，后者的解集为 $B = \{x \mid x < 1\}$，

所以本题的解为"A 或 B"，即 $A \cup B = \{x \mid x < 3\} \cup \{x \mid x < 1\}$．

"非"，是对命题 A 的否定．"非 A"与 A 形成对立性矛盾，而不是简单的对比性矛盾．而"A 非"与 A 是对立性矛盾，也可以是对比性矛盾．

例5 设命题 A 为"$a=0, b=0$"，则"A 非"是_____．

解析："A 非"就是命题"$a \neq 0$ 或 $b \neq 0$"，而不是"$a \neq 0$ 且 $b \neq 0$"．这一点，要特别

整理：

注意.

(三)都、都不、不都

"都不"是全部否定,"不都"是部分肯定、部分否定.应该注意的是:"都"的反面意思是"不都",而不是"都不".即"都"与"不都"是一对对立性矛盾,而"都"与"都不"是对比性矛盾.

例6 判断哪些是对比性矛盾? 哪些是对立性矛盾?

① △ABC 三边相等——△ABC 是等边三角形;②三边都不相等——△ABC 是不等边三角形;③ △ABC 三边不都相等——△ABC 可能是不等边三角形,可能是等腰三角形,但不是等边三角形.

解析:①与②是对比性矛盾,①与③是对立性矛盾.

(四)至多、至少

"至多""至少"是对事物肯定和否定的数量上的限制副词.它们是两个内涵相交的概念,而不是对立的概念.例如,"集合 A 至多有 k 个元素"与"集合 A 至少有 k 个元素"有公共的交点——"A 恰好有 k 个元素".因为当集合 A 恰好有 k 个元素时,这两个命题都成立.

"集合 A 至多有 k 个元素",包括以下各种可能: A 是空集合, A 有 1 个元素, A 有 2 个元素, $\cdots\cdots$, A 有 k 个元素.其中 k 是此类集合元素个数的上界.此类集合只有有限个——$k+1$ 个.

同样,"集合 A 至少有 k 个元素",包括以下各种情形: A 有 k 个元素, A 有 $k+1$ 个元素, $\cdots\cdots$以至无穷集合.此时 k 是集合 A 元素个数的下界.此类集合,则有无限多个.

(五)内、上、中

它们表示点与直线、曲线或平面区域、空间区域的关系时,有特定的意义.

"点 A 在区间 I 内",指点 A 是区间 I 里除端(界)点以外的某一点.

"点 A 在区间 I 上",指点 A 可以是区间 I 的任何一点,包括端点.

当不必区分点 A 是否为区间的端点时,就用"中"来代替"内"和"上",说"点 A 在区间 I 中".

若点 A 属于区间 I 时,一般当区间 I 是开区间时,说"点 A 在区间 I 内";当 I 为闭区间时,说"点A在区间I上";当区间I的开、闭不定时,说"点A在区间I中".

(六)不妨假设、同理可证

有时在定理或题目的证明中,要分几种并列情况来证明,而这几种情况的证明过程又完全类似,这时常常用以下两种办法来处理:一是"不妨假设"对其中一种情况进行证明;二是证明其中的一种情况之后,对于其他情况,则用"同理可证"来交代.但是,如果各种情况的证明不完全一样,那就不能这样处理.

例7 (2005年高考全国Ⅱ卷理科第21题)已知P,Q,M,N四点在椭圆$x^2+\dfrac{y^2}{2}=1$上,F为椭圆在y轴上的焦点,$\overrightarrow{PF}$与$\overrightarrow{FQ}$共线,$\overrightarrow{MF}$与$\overrightarrow{NF}$共线,且$\overrightarrow{PF}\cdot\overrightarrow{MF}=0$,求四边形$PMQN$面积的最小值和最大值.

解析:如图2-1,PQ,MN是椭圆的两条互相垂直的弦,它们都经过焦点$F(0,1)$,直线PQ,MN至少有一条斜率存在.

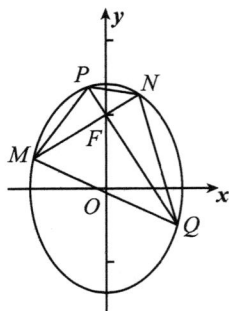

图2-1

不妨设PQ的斜率为k,则PQ的方程为:

$y=kx+1$……(1)

注意,这里所说的直线PQ与MN中至少有一条的斜率存在,是哪一条呢?PQ,MN哪一条都可以,而且对以下的证明没有影响.因此,完全可以"不妨假设"就是直线PQ.又设$P(x_1,y_1),Q(x_2,y_2)$,将(1)代入椭圆方程得

$(2+k^2)x^2+2kx-1=0$,

解得交点横坐标为$x_1=\dfrac{-k-\sqrt{2k^2+2}}{2+k^2}$,$x_2=\dfrac{-k+\sqrt{2k^2+2}}{2+k^2}$,

将x_1,x_2代入(1)式得$y_1=\dfrac{-k^2-k\sqrt{2k^2+2}}{2+k^2}$,$y_2=\dfrac{-k^2+k\sqrt{2k^2+2}}{2+k^2}$.

从而$|PQ|^2=(x_1-x_2)^2+(y_1-y_2)^2=\dfrac{8(1+k^2)^2}{(2+k^2)^2}$,$|PQ|=\dfrac{2\sqrt{2}(1+k^2)}{2+k^2}$.

①当$k\neq0$时,MN的斜率为$-\dfrac{1}{k}$,

同理,可得 $|MN| = \dfrac{2\sqrt{2}\left[1 + \left(-\dfrac{1}{k}\right)^2\right]}{2 + \left(-\dfrac{1}{k}\right)^2} = \dfrac{2\sqrt{2}\left(1 + k^2\right)}{2k^2 + 1}$.

所以,四边形 $PMQN$ 的面积 $S = \dfrac{1}{2}|MN| \cdot |PQ| = 2 \cdot \dfrac{2k^4 + 4k^2 + 2}{2k^4 + 5k^2 + 2}$.

即 $S = 2\left(1 - \dfrac{k^2}{2k^4 + 5k^2 + 2}\right)$. 解之,得 $\dfrac{16}{9} \leqslant S < 2$;

②当 $k=0$ 时,$S = \dfrac{1}{2}|MN| \cdot |PQ| = \dfrac{1}{2} \times 2\sqrt{2} \times 2\sqrt{2} = 2$.

所以,四边形 $PMQN$ 面积的最小值是 $\dfrac{16}{9}$,最大值是 2.

注意:这里用了"同理可得",是因为求 $|MN|$ 与求 $|PQ|$ 的步骤和过程、所依据的原理,都是完全一样的,只不过是换一换相应的字母即可.如果二者求法稍微有所不同,就不能这样做,而只能是对求 $|MN|$ 再来一次.此点务必注意.

第二节　数学符号

数学符号是数学语言的一部分,是数学科学所特有的.随着数学知识的普及应用,数学符号也逐渐成为社会公众的常识,需要我们认真学习,能够准确理解和运用.

中学的数学符号有四大类:基本符号(包括集合符号)、代数符号、几何符号、分析符号,它们构成一个符号系统.

一、基本符号

(一)表示对象的符号

数字:$0,1,2,3,\cdots;\dfrac{1}{2},\dfrac{2}{3},\cdots$;

圆周率:$\pi = 3.14159265\cdots$;

自然对数的底:$e = 2.718281\cdots$;

待定常数:$a,b,c,m,n,\cdots;a_1,b_1,\cdots;a',b',\cdots$;

未知数:$x,y,z,\cdots$;

度、分、秒(角度、弧度):°, ′, ″;

说明:字母 n 一般表示整数,有时也有例外,需要说明.

(二)表示运算的符号

加+;减−;乘×;除÷;

比:;乘方 a^n;开方 $\sqrt[n]{a}$ (n 是正整数,$a>0$);

乘方、开方混合运算 $\sqrt[n]{a^m}$ (n,m 为正整数,n 为整数,m 为偶数,$a \geq 0$);

集合运算符号:集合并 $\cup$、集合交 $\cap$,I 中子集 A 的补集或余集 $\complement_I A$.

(三)表示关系的符号

相等 = ;不相等 ≠;约等于 ≈;全等 ≌;恒等 ≡;

小于等于(或不大于)≤(≯);大于等于(或不小于)≥(≮);等等.

说明:有些书上采用">>"表示"远大于",例如"$\pi >> 0.1$".类似地,采用"<<"表示"远小于",如写:"$\pi << 100$".

(四)其他辅助符号

因为 ∵,所以 ∴;百分号 %;千分号 ‰;小(圆)括号 ( );中(方)括号 [ ];大(花)括号 { };等等.

说明:括号除用在代数运算中、表示运算的顺序以外,还有其他作用.如 (a,b) 表示开区间,$[a,b]$ 表示闭区间,(a,b) 在平面解析几何中还表示点的坐标.

二、代数符号

(一)表示对象的符号

实数 a 的绝对值 $|a|$,虚数单位 i;复数 z 的共轭复数 $\bar{z}$,复数 z 的模 $|z|$,复数的幅角 θ;

三角函数:正弦 $\sin \alpha$,余弦 $\cos \alpha$,正切 $\tan \alpha$,余切 $\cot \alpha$;

反三角函数:反正弦 $\arcsin \alpha$,反余弦 $\arccos \alpha$,反正切 $\arctan \alpha$,反余切 $\operatorname{arccot} \alpha$;

向量 $\overrightarrow{AB}$ ($\boldsymbol{a}$),向量的模 $\left|\overrightarrow{AB}\right|$ ($|\boldsymbol{a}|$);

集合 A,B,C(大写字母)等,全集 I,空集 ϕ;

集合的元素 a,b,e(小写字母)等;

空集 ϕ,自然数集合 $\mathbf{N}$,正整数集合 $\mathbf{N}^*(\mathbf{N}_+)$,整数集 $\mathbf{Z}$,有理数集合 $\mathbf{Q}$,实数集合 $\mathbf{R}$,复数集合 $\mathbf{C}$;

概率中事件和逻辑中命题 A,B,C(大写字母),事件 A 的概率 $P(A)$ 等.

(二)表示运算的符号

关于数的运算:

阶乘 $n!\ =1\times2\times\cdots\times n$;

排列 $\mathrm{P}_n^m=n\times(n-1)\cdots(n-m+1)$;

全排列 $\mathrm{P}_n^n=n!$;

组合 $\mathrm{C}_n^m=\dfrac{n(n-1)(n-2)\cdots(n-m+1)}{m!}$.

指数和对数:

a 的 n 次幂 a^n(a,n 为实数,$a>0$);

以 a 为底,b 的对数 $\log_a b$($a,b>0,a\neq1$);

以 10 为底,b 的对数(常用对数) $\lg b$;

以 e 为底,b 的对数(自然对数) $\ln b$.

关于逻辑运算:

逻辑加(命题的"或") $\vee(+)$;

逻辑乘(命题的"与") $\wedge(\cdot)$;

逻辑非(A 的否定) $\neg A\ (\overline{A})$.

(三)表示关系的符号

恒等 $\equiv$;属于 $\in$,不属于 $\notin(\overline{\in})$,包含于 $\subseteq(\supseteq)$ 等.

(四)其他辅助符号

一元二次方程 $ax^2+bx+c=0$ $(a\neq0)$ 根存在的判别式 $\triangle=b^2-4ac$;

行列式 $\begin{vmatrix} a_{11} & a_{12} \\ a_{21} & a_{22} \end{vmatrix}$, $\begin{vmatrix} a_{11} & a_{12} & c_{13} \\ a_{21} & a_{22} & c_{23} \\ a_{31} & a_{32} & c_{33} \end{vmatrix}$ 等;

矩阵 $\begin{pmatrix} a_1 & a_2 \\ b_1 & b_2 \end{pmatrix}$，$\begin{pmatrix} a_{11} & a_{12} & a_{13} & a_{14} & a_{15} \\ a_{21} & a_{22} & a_{23} & a_{24} & a_{25} \\ a_{31} & a_{32} & a_{33} & a_{34} & a_{35} \end{pmatrix}$ 等；

求和符号 $\displaystyle\sum_{i=1}^{n} a_i = a_1 + a_2 + \cdots + a_n$，求积符号 $\displaystyle\prod_{i=1}^{n} a_i = a_1 a_2 \cdots a_n$；

数列 $\{a_n\}$ 为 $a_1, a_2, \cdots, a_n$，则数列前 n 项的和 $S_n = \displaystyle\sum_{i=1}^{n} a_i$ 等.

三、几何符号

(一)平面几何符号

点 A, B, C(大写字母)等；

直线 AB, a, m 等；

射线 OA(O 为射线端点)；

线段 AB(A, B 为线段的两个端点)；

角即 $\angle AOB$(其中点 O 是角的顶点，OA, OB 是两边)，或 $\angle O$；

$\triangle ABC$(A, B, C 是三个顶点)，直角三角形 ABC 或 Rt$\triangle ABC$；

平行四边形 $\square$，$\odot O$(以 O 为圆心的圆)或 $\odot(O, r)$(以点 O 为圆心，r 为半径的圆).弧 $\overset{\frown}{AB}$ 或 $\overset{\frown}{AmB}$，$\triangle ABC$ 的面积 $S_{\triangle ABC}$，圆的面积 $S_{\odot}$.

说明：(1)三角形的内心、外心、重心、垂心，常常用大写字母 I, O, G, H 来表示；

(2)线段 AB，既表示线段本身，又表示该线段的长度.因此几条线段之间可以进行运算，如 $\angle C$=90° 的直角三角形 ABC 的三边满足勾股定理：$AB^2 + BC^2 = AC^2$.同样，对角也可以运算，如 $\angle A + \angle B = 90°$.

(二)立体几何符号

平面 α, β, γ 等；

平面 $P(A, B, C)$，表示通过三点 A, B, C 的平面；

二面角 α-AB-β(以 AB 为棱，以 α, β 为两个面)；

棱柱(台、锥)侧面积 $S_{棱柱侧}$($S_{棱台侧}$，$S_{棱锥侧}$)等；

四面体 $ABCD$ 的体积 V_{ABCD} 等；

正多面体的顶点数、棱数、面数,常用 V,E,F 表示.

(三)解析几何符号

以 O 为原点,以 Ox,Oy 为二坐标轴的平面直角坐标系 xOy(或 xOy),平面上的点 $M(x,y)$,x,y 为点 M 的两个坐标;

点 P 在平面 α 上,即 $P\in\alpha$;线段 AB 的长为 $|AB|$;直线 l 的斜率 $k=\tan\alpha$(α 为倾斜角).

(四)表示关系的符号

平行 $/\!/$;垂直 $\perp$;平行且相等 $/\!\!/$;
全等于 $\cong$;相似于 $\backsim$;重合 $\equiv$(如线段 AB 与 CD 重合:$AB\equiv CD$).

(五)其他辅助符号

三角形全等判别法:SAS(边角边)、ASA(角边角)、SSS(边边边)、SAA(边角角);
直角三角形全等判别法:HL(直角边、斜边).

四、分析符号

(一)表示对象的符号

映射 $f:A\rightarrow B$;逆映射 $f^{-1}:B\rightarrow A$;
函数 $y=f(x)$,反函数 $y=f^{-1}(x)$;
无穷大 ∞;正负无穷大 $\pm\infty$;
区间:开区间 (a,b),闭区间 $[a,b]$;半开(半闭)区间 $[a,b),(a,b]$.

(二)表示运算的符号

无穷和:$\sum\limits_{n=1}^{\infty}a_n=a_1+a_2+\cdots+a_n+\cdots$;

无穷积:$\prod\limits_{n=1}^{\infty}a_n=a_1a_2a_3\cdots$;

数列极限:$\lim\limits_{n\to\infty}a_n=A$(读作"当 n 趋向于无穷大时,a_n 的极限是 A);

导数 $f'(x)$（或 y'，$\dfrac{\mathrm{d}y}{\mathrm{d}x}$），二阶导数 $f''(x)$（或 $\dfrac{\mathrm{d}^2 y}{\mathrm{d}x^2}$）；

微分 $\mathrm{d}y$（或微分 $\mathrm{d}f(x)$）；

积分：不定积分 $\int f(x)\mathrm{d}x$；定积分 $\int_a^b f(x)\mathrm{d}x$（读作函数 $f(x)$ 从 a 到 b 的定积分）.

（三）其他辅助符号

x 趋向于 a：$x \to a$；存在 $\exists$；任意给定 $\forall$；小正数 $\varepsilon > 0$，$\delta > 0$ 等.

五、使用数学符号应注意的几个问题

第一，要正确了解每个符号的确切意义、读法和用途（包括外文字母的读音）.对于有几种含义的符号，要能区别出不同场合的不同含义.

例如"≡"，在代数里，表示两个代数式在给定的数集里恒等；而在几何里，它却表示两点（或两条直线、平面、立体）重合.二者的读法、意义和用法都不相同.

再如，"+""·"，既是数的加法和乘法运算符号，又是命题的逻辑运算符号，二者的读法虽然一样，但含义和用法却不同.如果不注意，在逻辑命题演算中把它们当作数的运算，那就会产生如"A+A=2A"之类的错误.

第二，新课本与以前课本相比，增加了一些新的数学符号，特别是增加了向量符号.用向量解决立体几何问题，使立体几何题的证明可以代数化、程序化.但也有需要进一步改进的地方.

例如，在平面几何里，线段 AB 同时表示该线段的长度，而在解析几何里，线段 AB 的长度，却要用 $|AB|$ 来表示.这似乎没有必要.但如果说，线段 AB 有方向性考虑的话，那么线段 AB 就可以表示向量 $\overrightarrow{AB}$，它的长度（模）表示成 $|\overrightarrow{AB}|$.不然的话，就混淆了向量 $\overrightarrow{AB}$ 与标量 AB 的区别.

第三，在解题和证明中数学符号大量使用，而在叙述中较少使用.例如，⊙表示圆，△表示三角形.在数学解题或论文中，完全可以用这些符号来替代相应的文字来叙述.事实上，符号比文字更加形象，更为明确，不会引起表述混乱.

思考题

2-1.我国古代数学名著《孙子算经》载有"物不知数"问题:"今有物不知其数,三三数之剩二,五五数之剩三,七七数之剩二.问物几何?"

这就是著名的"孙子问题".就其数学意义来说,它是一个不定方程组,或一次同余式组问题,但却是用普通语言来表述的.

《孙子算经》的"术文"解释道:三三数之,取数七十,与余数二相乘;五五数之,取数二十一,与余数三相乘;七七数之,取数十五,与余数二相乘.将诸乘积相加,然后减去一百零五的倍数,所得最小的正整数,就是所求的答案.

明代数学家程大位在解这个题目时,既没有用数学符号,也没有用公式,而是用一首诗——孙子歌,将题目的解答过程概括出来:

"三人同行七十稀,五树梅花廿一枝.七子团圆正月半,除百零五便得知."

如果用现代的数学语言和数学符号来书写,那么就可以将孙子问题表示成:

求不定方程组: $\begin{cases} N=3x+2, \\ N=5y+3, \\ N=7z+2 \end{cases}$ 的正整数解.

或等价地解以下同余式组: $\begin{cases} N=2(\bmod 3) \\ N=3(\bmod 5) \\ N=2(\bmod 7) \end{cases}$,解法是: $\begin{array}{l} 3 \longrightarrow 70 \times 2 \\ 5 \longrightarrow 21 \times 3 \\ 7 \longrightarrow 15 \times 2 \end{array}$

相加得 $N=70\times 2+21\times 3+15\times 2=233$, $N_0=233-105-105=23$.

试就此例,比较文字语言和数学语言(符号)在表达数学事理时的优劣.

2-2.如图2-2,在⊙O内,弦 CD , EF 都与直径 AB 交成45°角.若 CD , EF 分别交直径 AB 于 P , Q 两点,且⊙O的半径为1.

求证: $PC \cdot QE+PD \cdot QE<2$.

说明:根据弦 CD, EF 关于圆心 O 的位置不同,可以分成三种情况:

(1) CD, EF 分居 O 点两侧;

(2) CD, EF 在 O 点同一侧;

(3) CD, EF 有一条经过圆心 O.

对 (1) 来说,过 O 点作 AB 的垂线 MN,分别交 CD, EF 于点 M, N,若设 $\angle MOC = \alpha$, $\angle NOE = \beta$,用三角方法来解. 这三种情况是否完全类似?

能否只证明 (1),对 (2)、(3) 采取"同理可证"? 为什么?

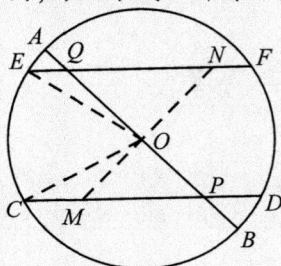

图2-2

第三章　数学推理与证明

第一节　数学推理的意义

推理是人们思维活动的过程,是由一个或几个已知的判断推出一个新的判断的思维形式.概念和判断虽然也是思维形式,但它们本身不能产生新的知识.只有运用推理这种思维形式,才能从旧的知识——科学的概念和真实的判断中获得新的知识.

例8　因为所有正数都不是负数,(前提)

所以所有正数都是非负数.(结论)

例9　因为 1+2=2+1,3+4=4+3,2+5=5+2,1+8=8+1,…,(前提)

所以加法满足交换律.(结论)

例10　凡是无理数都不能表示成分数.(大前提)

又因为 $\sqrt{2}$ 是无理数,(小前提)

所以 $\sqrt{2}$ 不能表示成分数.(结论)

例11　两个三角形相似,则必有两对对应角相等.(大前提)

因为 $\triangle ABC$ 与 $\triangle DEF$ 没有两对对应角相等,(小前提)

所以 $\triangle ABC$ 与 $\triangle DEF$ 不相似.(结论)

以上4例都是推理,但其情况各有不同.例8是由一个前提推出结论,称为直接推理.例9—例11都是由2个或多于2个前提推出结论,称为间接推理.而间接推理又因其推理的方向不同,分为归纳推理和演绎推理.

由某类事物的部分对象具有某些特征,推出该类事物的全部对象都具有这些特征的推理,或者由个别事实概括出一般结论的推理,称为归纳推理(简称归纳).简言之,归纳推理是由部分到整体,或由个别到一般的推理.如例9.

除了归纳,人们在发明创造活动中,还常常应用类比.

例如,在研究球体时,我们自然地会联想到圆.对于圆,我们已经有了比较充分的研究,定义了圆的一些概念,发现了圆的一些性质(表3-1).由于球与圆在形状上和概念上都有类似的地方,即都具有完美的对称性,球面与圆都是到定点的距离等于定长的点的集合,因此我们推测对于圆的特征,球也都具有类似的性质.

表3-1

圆的概念和性质	球的类似概念和性质
圆的周长 $C=2\pi r$	球的表面积 $S=4\pi R^2$
圆的面积 $S=\pi r^2$	球的体积 $V=\frac{4}{3}\pi R^3$
圆心与弦(非直径)中点的连线垂直于弦	球心与不过球心的截面(圆面)的圆心的连线垂直于截面
与圆心距离相等的两弦相等;与圆心距离不等的两弦不等,距圆心较近的弦较长	与球心距离相等的两截面面积相等;与球心距离不相等的两截面面积不相等,距球心较近的面积较大
以点 (x_0,y_0) 为圆心,r 为半径的圆的方程为:$(x-x_0)^2+(y-y_0)^2=r^2$	以点 (x_0,y_0,z_0) 为球心,R 为半径的球的方程为 $(x-x_0)^2+(y-y_0)^2+(z-z_0)^2=R^2$

例如,圆有切线,切线与圆只有一个交点,切点到圆心的距离等于圆的半径;对于球,我们推测可能存在这样的平面,与球只交于一点,该点到球心的距离等于球的半径.平面内不共线的3个点确定一个平面,由此猜想空间中不共面的4个点确定一个球等.

这种由两类对象具有某些类似特征和其中一类对象的某些已知特征,推出另一类对象也具有这些特征的推理称为类比推理(简称类比).简言之,类比推理是由特殊到特殊的推理.

在数学研究中,我们可以从已经解决的问题和已经获得的结论出发,通过类比而提出新问题和得到新发现.例如,匈牙利数学家波利亚(Polya,1887—1985年)曾指出:类比是一个伟大的引路人,求解立体几何问题往往有赖于类比平面几何中的问题.数学中还有向量与数的类比,无限与有限的类比,不等与相等的类比,等等.

法国数学家拉普拉斯(Laplace,1749—1827年)曾经说过:即使在数学里,发现真理的主要工具也是归纳和类比.归纳推理和类比推理的过程概括如图3-1.

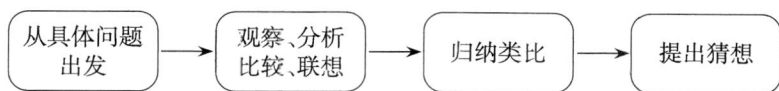

图3-1

可见,归纳推理和类比推理都是根据已有的事实,经过观察、分析、比较、联想,再进行归纳、类比,最后提出猜想的过程,我们把它们统称为合情推理.

通俗地说,合情推理是指'合乎情理'的推理.在数学研究中,得到一个新结论之前,合情推理常常能帮助我们猜测和发现结论;证明一个数学结论之前,合情推理常常能为我们提供证明的思路和方向.合情推理推出的结论,并不一定可靠,但对于发现新知识很有效.

合情推理包括归纳推理和类比推理,二者的区别详见表3-2.

表3-2

项目	归纳推理	类比推理
定义	由某类事物的部分对象具有某些特征,推出该类事物的全部对象都具有这些特征的推理,或者由个别事实概括出一般结论的推理	由两类对象具有某些类似特征和其中一类对象的某些已知特征,推出另一类对象也具有这些特征的推理
特点	由部分到整体,由个别到一般的推理	由特殊到特殊的推理
一般步骤	(1)通过观察个别对象发现某些相同性质; (2)从已知的相同性质中概括出一个明确的一般性命题(猜想)	(1)找出两类对象之间的相似性或一致性; (2)用一类对象的性质去推测另一类对象的性质,得出一个明确的命题(猜想)

演绎推理是从一般性的原理出发,推出某个特殊情况下的结论的推理方法,它是由一般到特殊的推理.如例10、例11.

演绎推理的一般模式是"三段论",其结构和表示见表3-3.

表3-3

"三段论"的结构	"三段论"的表示
①大前提——已知的条件; ②小前提——所研究的特殊情况; ③结论——根据一般原理,对特殊问题作出的判断	①大前提——M是P; ②小前提——S是M(特例); ③结论——S是P

演绎推理有两个前提,第一个是大前提(一般性的原理或规律),第二个是小前提(具体事实),从而推出结论(一个具体的判断).演绎推理推出的结论是

可靠的.

合情推理与演绎推理是相辅相成的,前者是后者的前提,后者论证前者的可靠性.在推理过程中,合情推理和演绎推理是交叉运用、前后衔接的.

在推理过程中,要获得正确的结论,还必须注意以下两点:

第一,推理所依据的前提条件必须是真实可靠的,虚假的条件是不能作为推理前提的.

第二,推理要符合逻辑规则.如果推理不符合逻辑规则,即使前提真实,也推不出真实的结论.数学推理分类如下:

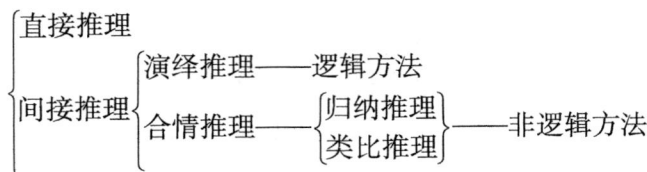

$$\begin{cases} 直接推理 \\ 间接推理 \begin{cases} 演绎推理——逻辑方法 \\ 合情推理——\begin{cases} 归纳推理 \\ 类比推理 \end{cases}——非逻辑方法 \end{cases} \end{cases}$$

例 12 求 $f(x) = \cos x - \cos^2 x$ 的最大值.

解:因为代数式"$A - B^2$"当 $B = 0$ 时有最大值,而 $f(x)$ 具有"$A - B^2$"的形式,故当 $\cos x = 0$ 时,$f(x)$ 有最大值(类比推理),即当 $x = \frac{\pi}{2}$ 时,$f\left(\frac{\pi}{2}\right) = 0$ 为所求的最大值.其实,上述结论是错误的.因为大前提:"代数式'$A - B^2$'当 $B = 0$ 时有最大值",只有当 A 是常数时才正确,而"$\cos x - \cos^2 x$"的第一项"$\cos x$"是变量,不是常数,因此前提失效,所以推出的结论便不再正确.

正确的解法是:

将原式进行配方:

$$f(x) = -\left(\cos x - \frac{1}{2}\right)^2 + \frac{1}{4} = \frac{1}{4} - \left(\cos x - \frac{1}{2}\right)^2 = A - B^2.$$

这样,A 就变成常数 $\frac{1}{4}$,于是就可以利用上述大前提了:当 $\cos x - \frac{1}{2} = 0$ 时,即 $\cos x = \frac{1}{2}$ 时,$f(x)$ 有最大值,最大值为 $f\left(\frac{\pi}{3}\right) = \frac{1}{2} - \left(\frac{1}{2}\right)^2 = \frac{1}{4}$.

演绎推理与归纳推理有三点不同:

第一,推理的方向不同,这已经说过了.

第二,推理的前提数目不同:演绎推理的前提有且只有两个(大前提和小前提),而归纳推理的前提则至少有两个以上.

第三,因果关系的逻辑关系不同:演绎推理的因果关系是可靠的,结论是真实的；而归纳推理特别是不完全归纳法推理，得到的结论是不可靠的，未必真实．

在数学中的演绎推理，主要是运用"三段论"．用集合知识说明"三段论"，如下：若集合 M 中的所有元素都具有性质 P，S 是 M 的一个子集，那么 S 中所有元素也都具有性质 P．

由此可见，应用"三段论"解决问题时，首先应明确什么是大前提和小前提．但为了叙述简洁，如果大前提是显然的，则可以省略．

一个数学问题的证明过程，就是由一连串"三段论"连接而成．上一个"三段论"的结论，成为下一个"三段论"的前提，直到推出结论．

例13 如图 3-2 所示，D,E,F 分别是 BC,CA,AB 上的点，$\angle BFD=\angle A$，且 $DE//BA$．求证：$ED=AF$．

每一步推理的大前提、小前提和结论都写出来，过程如下：

（1）因为同位角相等，两条直线平行，（大前提）

$\angle BFD$ 与 $\angle A$ 是同位角，且 $\angle BFD=\angle A$，（小前提）

所以 $DF//EA$．（结论）

（2）因为两组对边分别平行的四边形是平行四边形，（大前提）

$DE//BA$ 且 $DF//EA$，（小前提）

所以四边形 $AFDE$ 为平行四边形．（结论）

（3）因为平行四边形的对边相等，（大前提）

ED 和 AF 为平行四边形的对边，（小前提）

所以 $ED=AF$．（结论）

若省略以上证明中的大前提，证明过程可简略地写成：

$\because \angle BFD$ 与 $\angle A$ 是同位角，且 $\angle BFD=\angle A$，（小前提）

$\therefore DF//EA$．（结论）

又 $\because DE//BA$，（小前提）

$\therefore$ 四边形 $AFDE$ 为平行四边形．（结论）

$\therefore ED=AF$．（结论）

例14　（2005年高考全国Ⅱ卷理科第18题）如图 3-3，已知四棱锥 $P-ABCD$ 的

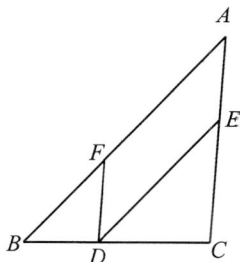

图 3-2

底面为直角梯形，$AB/\!/DC$，$\angle DAB=90°$，$PA\perp$底面$ABCD$，且 $PA=AD=DC=\dfrac{1}{2}AB=1$，

M 为 PB 的中点.

(1)证明：平面$PAD\perp$平面PCD；

(2)求AC与PB所成的角；

(3)求平面AMC与平面BMC所成二面角的大

小.

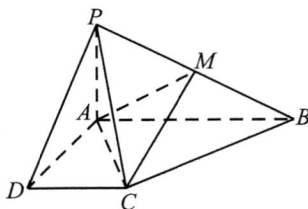

图3-3

证明：(1)因为$PA\perp$平面$ABCD$，(小前提)

所以$PA\perp CD$.(结论)

因为$AB/\!/DC$，$\angle DAB=90°$，(小前提)

所以$CD\perp AD$.(结论)

由三垂线定理知$CD\perp PD$.(结论)

因为CD与平面PAD内两条相交直线AD，PD都垂直，(小前提)

所以$CD\perp$平面PAD.(结论)

又因为平面PCD经过CD，(小前提)

所以平面$PCD\perp$平面PAD.(结论)

(2)、(3)求解过程略.

归纳推理，按照前提所归纳的对象是否完备，可分为完全归纳法、不完全归纳法，以及数学归纳法.

如果前提中所归纳的对象只是列举若干个便得出结论，那么就是不完全归纳.这样是不能下结论的，即使下结论，也是一种猜测或猜想.所以，不完全归纳法得出的结论是不可靠的.

最著名的例子是哥德巴赫猜想.哥德巴赫发现：4=2+2，6=3+3，8=3+5，10=3+7，12=5+7，14=7+7，16=5+11，18=7+11，…，40=11+29，….于是，他便猜想：任何大偶数都可以表示成两个素数之和(此即所谓"1+1"问题).

因为不可能将所有的偶数都列举出来，所以，直到现在，这个问题只能是一个猜想，而不是一个定理.

第二节 逻辑思维的基本规律

一、思维、逻辑与语言的关系

什么是思维？思维是主体对信息进行的能动操作,如采集、传递、存储、提取、删除、对比、筛选、判别、排列、分类、变相、转形、整合、表达等,是人类认识现实世界时动脑筋的过程,是人们对客观对象进行概括分类,形成概念,并运用概念进行判断、推理的过程和能力.思维分广义的和狭义的,广义的思维是人脑对客观现实概括的和间接的反映,它反映的是事物的本质和事物间规律性的联系,包括逻辑思维和形象思维.而狭义的思维是心理学意义上的思维,专指逻辑思维.简言之,思维就是人的大脑对一件事物的认识过程.

我们经常听到有人说,"你的思维很混乱","你的条理很清晰".在这里,"清晰"和"混乱"就意味着你的思维是否具有逻辑性.逻辑是人的一种抽象思维,是人通过概念、判断、推理、论证来理解和区分客观世界的思维过程.逻辑性是思维的一大特性."逻辑"一词起源于古希腊语,古希腊语"logos"即"逻辑",含有"思维"和"语词"的意思.我们也可以理解为,逻辑在思维和语言中起了桥梁与纽带的作用.一个人的思维能否准确合理地表达出来,首先在于他的思维是否具有逻辑性,其次在于他是否可以用逻辑性的语言把头脑中的思维表达出来.

什么是语言？语言是以语音为物质外壳,以词汇为建筑材料,以语法为结构规律而构成的符号系统;它是人类最重要的交际工具,人们利用它来互相交际、交流思想,达到互相了解的目的;它是同思维直接联系的,是思维的符号载体,是人区别于其他动物的本质特征之一.语言起源于五万多年前,在当时人类的思维能力已经发展到了一定的水平.能够对客观世界的事物进行分类和概括,并具有一定的记忆、想象、判断和推理的能力.从这里我们可以发现,思维先于语言而存在.而随着时间的推进,语言又通过抽象化的作用来帮助思维的发展.语言和思维可谓是互相依存,思维越精确就越需要语言.

通过对思维、逻辑和语言定义的分析,我们从中可以发现三者之间具有以下关系:对于一个正确的思维及其表达而言,思维、逻辑和语言这三者是紧密相连的,缺了哪一项都会对我们的认识产生影响;正确的思维必须合乎逻辑,即合乎思维的规律性,而思维的规律性是与客观规律性相吻合的,是正确反映客观现实和规律的.同时,作为思维工具的语言,它应该是能使思维合乎逻辑的工具,即其表达形式必须有助于使二者紧密合理地联系在一起.总的来说,表达出正确的思维是我们的目的,而这一过程中需要语言这个载体及逻辑的桥梁纽带作用.了解思维、逻辑和语言三者之间的关系,不仅有助于培养我们严谨的逻辑思维能力,还能更好地使我们的思维正确反映客观现实和规律.

人与动物的主要区别在于,人能够进行抽象思维,而动物只能凭感官感知事物,不能进行抽象思维.事实证明,感知到了的东西,不一定能立即理解它,只有理解了的东西,才能更深刻地感知它.而且,单纯的感知还可能被假象所蒙蔽.

例15 如图3-4,在边长为8的正方形中,作三条直线,将其分成四块:两个直角梯形、两个直角三角形(图中(1)(2)(3)(4)),然后沿着直线剪开,再拼成如图3-5的矩形.看起来,没有问题.仔细观察、分析后发现,原来的正方形面积为64,而拼成后的矩形面积却为65.竟然多出了一个单位,这是怎么回事呢? 你能用学过的知识解开这个谜团吗?

在图3-5中,通过计算发现,B,C,G三点不共线,B,H,G三点也不共线.因此,拼成的矩形是不完全密合的,中间有一个由小四边形

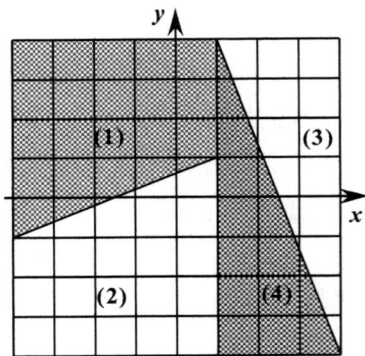

图3-4

$BCGH$构成的缝隙,其面积恰好是1.如果不仔细看是很难发现的.这就说明单纯凭感官得出结论,有时是会出差错的,只有经过计算或证明以后的结论才可靠.

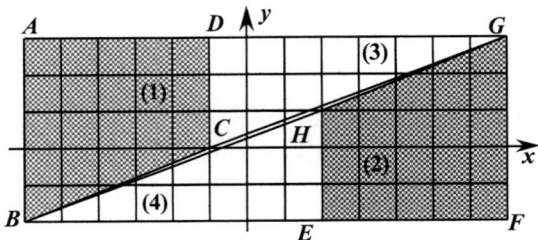

图3-5

二、思维的基本特征

(一)概括性

思维的概括性是指在大量感性材料的基础上,把一类事物共同的特征和规律抽取出来加以概括.概括水平在一定程度上反映了思维的水平.另外,概括是人们形成概念的前提,也是思维活动能迅速进行迁移的基础.概括是随人们认识水平的深入而不断发展的.人们的认识水平越高,对事物的概括水平也就越高.

思维的前提是人们已经形成或掌握的概念.掌握概念,就是对一类事物加以分析、综合、比较,从中抽象出共同的、本质的属性或特征加以归纳.概括是思维活动的速度、灵活迁移程度、广度和深度等智力品质的基础.苏联心理学家鲁宾斯坦认为:迁移就是概括,概括性越高,知识的系统性越强,迁移越灵活.

(二)间接性

思维的间接性是指人们借助于一定的媒介和知识经验对客观事物进行间接的认识.由于思维的间接性,人们才可能超越感觉、知觉提供的信息,认识那些没有直接作用于人的感官的事物和属性,从而揭示事物的本质和规律.从这个意义上讲,思维认识的领域要比感知觉认识的领域更广阔、更深刻.

间接性是思维凭借知识、经验对客观事物进行的间接的反应.首先,思维凭借知识经验,能对没有直接作用于感觉器官的事物及其属性或联系加以反映.例如,清早起来发现院子里的地面湿了,房顶也湿了,就可以判定昨天晚上可能下雨了.其次,思维凭借知识经验,能对根本不能直接感知的事物及其属性进行反映.也就是说,思维继承和发展着感知和记忆表象的认识功能,但已远远超出了他们的界限.思维的间接性使人能够揭示不能感知的事物的本质和内在规律.再次,思维凭借知识经验,能在对现实事物认识的基础上进行蔓延式的无止境的扩展.假设、想象和理解都是通过这种思维的间接性作为基础的.例如,制订计划、预计未来,就是这方面的表现形式.思维的这种间接性,使思维能够反作用于实践,指导实践.

（三）逻辑性

逻辑性这一特征反映出思维是一种抽象的理论认识，表明思维过程有一定的形式、方法，并按着一定的规律进行．概念的形成条件和基础是社会实践．大量丰富的感性经验产生于实践，推动人的认识活动的深化，使之产生了概念．在概念的基础上进一步构成判断和推理．判断是对于思维对象有所肯定或否定的思维形式，以语句形式表达出来．判断是思维形式，但与语句有区别：①判断是思维的形式，而语句是言语的形式；②同一判断可以用不同语句表达，如"一切事物都包含矛盾"这一判断，可以用"不包含矛盾的事物是没有的""哪有不包含矛盾的事物"等语句来表达；③并不是所有语句都表达判断，如"今天星期几"这一语句就不是对事物有所判断；④判断不单反映思维过程，而且也表现着人的情感和愿望，如"我爱北京天安门""我要买电视机"等．判断也能表现出人对事物的评价，这是人以某种标准作为判断的依据．

推理是从一个或几个已知判断推出新判断的思维形式．归纳推理和演绎推理是两种主要推理形式．在归纳推理时，从事实出发，加以概括，从而解释观察到的事物之间的关系，得出一般结论．从一般到个别，将理论、原则运用于实际，这是演绎推理．因此，概念—判断—推理，就是思维的形式．

（四）深刻性

思维的深刻性指人脑在感性材料的基础上，经过思维过程，去粗取精，去伪存真，由此及彼，由表及里，于是在大脑中生成了一个认识过程的突变，产生了概括．由于概括，人们抓住了事物的本质、事物的全体、事物的内在联系，认识了事物的规律性．个人在这个过程中，表现出深刻性的差异，思维的深刻性集中表现在善于深入地思考问题，抓住事物的规律和本质，预见事物的发展进程．具体表现在：①思维形式的个性差异，即在形成概念、构成判断、进行推理和论证上的深度是有差异的；②思维方法的个性差异，即在如何具体地、全面地、深入地认识事物的本质和内在规律性关系的方法方面，正如归纳和演绎推理如何统一，特殊和一般如何统一，具体和抽象如何统一等方面上都是有差异的；③思维规律的个性差异，即在普通思维的规律上、在辩证思维的规律上，以及在不同学科知识运用的具体法则上，其深刻性是有差异的．只有自觉地遵循思维的规律来进行思维，才能使概念明确、判断恰当、推理合理、论证得法，才能使思维具有抽象逻辑性,即深刻性.

　　思维的深广度和疑难程度存在个性差异,即在周密的、精细的程度上是有差异的.一个能在深广度和疑难程度方面进行思维的人,能全面地、细致地考虑问题,照顾到和问题有关的所有条件,能系统而深刻地揭示事物的本质和内在的规律性及各种关系.

(五)灵活性

　　思维的灵活性是指思维活动的智力灵活程度.主要包括五个方面:①思维起点灵活,即从不同角度、方向、方面看问题,能用多种方法来解决问题;②思维过程灵活,从分析到综合,从综合到分析,全面而灵活地做"综合地分析";③概括—迁移能力强,运用规律的自觉性高;④善于组合分析,伸缩性较大;⑤思维的结果往往是多种合理而灵活的结论,这种结论不仅仅有量的区别,而且有质的区别.

(六)独创性

　　思维的独创性强调思维个体差异的智力品质,主要是指独立思考创造出有社会(或个人)价值的具有新颖性成分的智力品质.主体对信息高度概括后进行集中而系统的迁移,再进行新颖的组合分析,找出新异的层次和交结点.概括性越高,知识系统性越强,伸缩性越大,迁移性越灵活,注意力越集中,则独创性就越突出.

(七)批判性

　　批判性是思维活动中独立发现和批判的程度.是循规蹈矩、人云亦云,还是独立思考、善于发问,这是思维过程中一个很重要的品质.思维的批判性品质,来自对思维活动各个环节、各个方面进行调整、校正的自我意识.从思维的个性差异来说,思维的批判性特点有五个:①分析性.在思维过程中,不断地分析解决问题所依据的条件和反复验证已拟定的假设、计划和方案.②策略性.在问题面前,主体根据自己原有的思维水平和知识经验在头脑中构成相应的策略或解决问题的手段,然后使这些策略在解决思维任务中生效.③全面性.在思维活动中善于客观地考虑正反两方面的论据,认真地把握问题的进展情况,随时坚持正确计划,修改错误方案.④独立性.即不为情境性的暗示所左右,不人云亦云,不盲从附和.⑤正确性.思维过程严密,组织有条理;思维结果正确,结论实事求是.

正是有了批判性,人类才能够对思维本身加以自我认识,也就是人类不仅能够认识客体,而且也能够认识主体,并且在改造客观世界的过程中改造主观世界.

(八)敏捷性

思维的敏捷性指思维过程的速度或快慢程度.有了思维敏捷性,在处理问题和解决问题的过程中,能够适应迫切的情况来积极地思维、周密地考虑、正确地判断和迅速地做出结论.有人说,思维的速度包括正确的程度.但我们认为,思维的轻率性绝不是思维的敏捷性品质.我们在培养思维的敏捷性时,必须克服思维的轻率性.

敏捷性本身不像上述特征那样有一个思维过程,但与上述思维特征又相互联系,它既以上述思维特征为必要的前提,又是这些思维特征的集中表现.没有思维的深刻性、灵活性、独创性和批判性,就不可能在处理问题和解决问题的过程中有适应迫切情况的积极思维,并正确而迅速地做出结论.特别是思维活动的概括,没有概括,就不会有"缩减"形式,更谈不上什么速度了.同时,高度发展的思维的深刻性、灵活性、独创性和批判性必须以速度为指标,能够正确而迅速地表现出来.

三、逻辑思维的基本类型

第一,思维是由问题引起的.没有问题,就没有思维活动.

第二,思维不是对事物的直接认识,而是对事物的间接认识,是通过其他媒介或此事物与彼事物之间的联系来获取认识的.

第三,思维的概括性.思维所得出的结论,一般是经过多次思考,概括了多次观察、思考的结果.这样才能"由此及彼,由表及里",使认识发生飞跃,从感性认识发展到理性认识.

思维是人的大脑对客观世界规律性的反映,所以思维的结果要符合客观规律,要正确地反映世界真实情况.但是,要想得到正确的思维结论,必须要使我们的思维活动符合思维规则.这种思维的规则或法则,就称为逻辑.思维与逻辑的关系,就好比语言与语法的关系.思维符合逻辑,思维才能够得到正确的结论;语言要符合语法,说的话别人才能听得懂.

　　逻辑有两种:一是形式逻辑,二是辩证逻辑.客观世界的一切事物,是在不停地变化发展的,但又是相对稳定的.客观事物的发展变化,反映到我们的思维中来,就是辩证逻辑;世界事物的相对稳定性反映到思维中来,就是形式逻辑.

　　形式逻辑与辩证逻辑,在科学性质上是截然不同的.形式逻辑是一门独立的学科,它的研究对象是人类共有的思维形式和思维规律.而辩证逻辑是马克思主义哲学,具有阶级性.

　　在形式逻辑中,不考虑事物的发展变化,也不论思维的具体内容.就此来说,形式逻辑只研究思维的初级规律.然而形式逻辑研究人类的思维形式、思维规律、思维规则和方法,适合全体人类和一切科学.因此,学习形式逻辑,对于人们学习和工作都有重要意义.只有合乎语法的语言,才能把意思表达明白;只有符合逻辑(形式逻辑)的思维,才能正确反映世界现实事物,才富有成果.

　　遵守逻辑的思维,称为逻辑思维.在数学学习和数学教学中所说的逻辑,只涉及形式逻辑.因此,本书以后所说的逻辑,只限于形式逻辑.

　　逻辑思维有自己的规律性.这种规律性表现在各种思维形式的规则上,如概念的定义规则、证明的规则等,更表现在指导整个思维活动的基本规律上.哪些是逻辑的基本规律呢? 早在2000年以前,古希腊的哲学家亚里士多德(公元前384—公元前322年),就总结出逻辑思维的三大基本定律,即同一律、矛盾律和排中律.17世纪末,德国数学家兼哲学家莱伯尼兹(1646—1716年)又增加一条——充足理由律.现在在数学中所谈的逻辑基本定律就是这四条.这四条逻辑的基本定律,是不以人们的意志为转移的,是客观存在的.只有符合这四条逻辑基本定律的思维,才能正确反映客观世界,获得科学知识.反之,若不遵守它们,就是胡思乱想,就会产生逻辑错误,得不出任何科学结论.

(一)同一律

　　物质世界是运动发展的.但在同一条件下,在某个发展阶段上,每一种事物又是确定的、不变的,保持固有的规定性.例如,在课堂里的黑板上,每堂课都要写上不同的文字和图表.但是在一堂课里,板书的内容又有相对的稳定性.黑板上画一个三角形,在没有擦去以前,它就是一个三角形,而不能变为其他图形,否则我们的课就没法上.

　　说得详细一点,同一律就是同一对象在同一时间、地点和同一关系下,是确定的和不变的.同一概念不能同时表达不同的事物,同一事物、同一对象,也不能同时用两个不同的概念来表达它们.简言之,同一律可以这样表述:A就是A.

同一律的意义,是在相同的条件下,保持思维的确定性和始终一贯性.如果思维的目标不确定,忽而是甲,忽而是乙,那么就一定会引起思维混乱,得不出任何明确的结果.如果违反了同一律,就要犯"偷换概念"或"偷换命题"的逻辑错误.

例 16 已知 $a>0$, $b>0$,是直线在 x 轴、y 轴上的截距,且 $\frac{1}{a}+\frac{1}{b}=\lambda$ ($\lambda\neq 0$)……①,λ 为定值.试证:这些直线必通过一个定点.

一种证明方法如下:设直线方程为 $\frac{x}{a}+\frac{y}{b}=1$……②,由①式得 $\frac{1}{b}=\frac{\lambda a-1}{a}$,代入②得 $(x-y-a)+\lambda ay=0$.由此可知②式所表示的直线系通过下列两直线 $x-y-a=0$,$ay=0$ 的交点 $(a,0)$,得证.

我们要问:究竟证得了什么? ——事实上只证得了②式所代表的直线系在 a 为固定值时,它们都通过点 $(a,0)$.而题目中对 a 并无定值要求.所以点 $(a,0)$ 并非定点.因此,原题并未得到证明.上述证明是将求证的命题增加了一个条件:"若 a 为定值".所以,上述证明犯了"偷换命题"的错误.

该题的正确证明过程如下:如上所述,把 $\frac{1}{b}=\frac{\lambda a-1}{a}$ 代入②得:

$$\frac{x}{a}+\left(\lambda-\frac{1}{a}\right)y=1 \text{ 或 } (x-y)+a(\lambda y-1)=0.$$

这表示方程①所代表的直线系,通过两直线 $x-y=0$,$\lambda y-1=0$ 的交点 $\left(\frac{1}{\lambda},\frac{1}{\lambda}\right)$.因为 λ 是定值,所以这个点才是必通过的一个定点.

同一律中的"同一"是有条件的,即要求在相同的条件下,对于同一时间、同一地点的同一.如果这三者不同一,时间、地点或条件改变了,那么同一律就要失效.

例如,在初中阶段,对 x^3-x^2+x-1 进行因式分解,则有 $x^3-x^2+x-1=(x-1)(x^2+1)$.这是正确的答案.但若到了高中,学了复数之后,就应该再进行分解,有 $x^3-x^2+x-1=(x-1)(x+\mathrm{i})(x-\mathrm{i})$,其中 i 是虚单位.

显然,同一个题目,在不同的时期,解答就有不同的结果.原因是条件发生了变化(数域扩大了).

（二）矛盾律

在我们的思维中,对于一个对象,在同一时间、同一关系(条件)下,不能既肯定它,又否定它,需要保持思维的相容性——不矛盾性.所以,"矛盾律"实际上是"不矛盾律".但是人们在习惯上已经这样叫开了,只要理解它的意义也就行了.

矛盾律,可以简单表述如下:A不是非A.这里的"A"可以代表一个概念,或者一个命题."非A"则代表一个与A不同的概念或命题.A与非A,是两个不同的概念或命题.

矛盾律就是要求在数学中不能有矛盾.它与同一律是相辅相成的,它是从反面来肯定同一律.如果违反了矛盾律,就会出现矛盾.

例17 在$\triangle ABC$中,已知:(1)$A:B:C=2:3:4$;(2)$AB:BC=3:2$;(3)$AC=5$.试求$\triangle ABC$的周长.

解法1:设$A=2\alpha$,则$B=3\alpha$,$C=4\alpha$.

由$A+B+C=9\alpha=180°$,得$\alpha=20°$.

所以$A=40°$,$B=60°$,$C=80°$.

设$AB=3x$,$BC=2x$,则

由余弦定理得$AC^2=AB^2+BC^2-2AB \cdot BC \cos B=9x^2+4x^2-6x^2=7x^2=25$.

解得 $x=\dfrac{5}{\sqrt{7}}=\dfrac{5\sqrt{7}}{7}$(舍去负根),

所以 $AB=\dfrac{15\sqrt{7}}{7}$,$BC=\dfrac{10\sqrt{7}}{7}$,故$\triangle ABC$的周长 $L=5+\dfrac{25\sqrt{7}}{7}$.

解法2:由已知$C=2A$及$AB:BC=3:2$,依正弦定理,有 $\dfrac{\sin C}{\sin A}=\dfrac{AB}{BC}=\dfrac{3}{2}$,

即 $\dfrac{\sin 2A}{\sin A}=\dfrac{3}{2}\Rightarrow \cos A=\dfrac{3}{4}$,再由余弦定理得$BC^2=AB^2+AC^2-2AB \cdot AC \cos A$,即

$BC^2=\dfrac{9}{4}BC^2+25-2\cdot\dfrac{3}{2}BC\cdot 5\cdot\dfrac{3}{4}$,整理得$BC^2-9BC+20=0$,解得$BC=4$或$BC=5$,从而$AB=6$或$AB=7.5$.故$\triangle ABC$的周长为15或17.5.

以上两种解法,推理过程都没有错误,但却得出不同的结果,问题出在哪里呢?

解法1是由条件(1)推得$B=60°$,解法2却是由条件(1)(2)联合推得

$cosA = \dfrac{3}{4}$,显然二者结果不同.这就是矛盾的根源.这个矛盾的原因在于问题的条件自身出了矛盾,条件(1)与(2)之间互相矛盾.由此可见,问题的条件少,固然不便求解,而条件多了,也要小心求解.如果条件之间自相矛盾,就违反了矛盾律,犯了逻辑错误,那么题目就没法解答了.

(三)排中律

对于同一个事物,在同一条件、同一时间和同一关系中,要么它具有某种性质,要么不具有这种性质,不能模棱两可.这可以排除我们思维中的不确定性,排除似是而非、模棱两可的因素,这就是排中律的意义所在.为了使所思考的对象明确无误,我们常用"非A"与"A非"(记作 $\overline{A}$)来区别A以外的事物.

例如,已知 A:△ABC 是直角三角形; B:△ABC 是锐角三角形; C:△ABC 是钝角三角形; D:△ABC 不是直角三角形.那么 B,C,D 都是"A非",而"非A"则是"△ABC 不是直角三角形".在 A 与"非A"之中,必有一假,但不一定必有一真.而在 A 与"A非"之中,不仅必有一假,而且必有一真.即 A 与"A非"之中必然一真一假,排中律所说的就是这个意思.

如果用简洁语言来表示排中律的话,那就是:要么是 A ,要么不是 A (即是 $\overline{A}$).矛盾律是解决对比性矛盾的思维原则,而排中律是解决对立性矛盾的思维原则.排中律的一个重要应用,就是提供了反证法的理论(逻辑)依据.

假设我们要证明的命题是"若 A ,则 B ",或简单地写成" $A \Rightarrow B$ ".反证法的步骤是:

(1)反设:假设结论不成立,即结论的反面" $\overline{B}$ "成立.(依据排中律)

(2)由此推出矛盾(与公理、定理或已知事实矛盾),这说明 $\overline{B}$ 不可能成立.(依据矛盾律)

(3)既然 $\overline{B}$ 不成立,那么又依据排中律,必然 B 成立.于是命题得到了证明.

在运用反证法时,正确地提出反设很重要.如果反设不对,那么证明就失效.

例18 假设有以下命题:

(1) $a>0,b>0$ (命题A);(2) $a<0,b<0$ (命题 B_1);(3) $a\leqslant0,b\leqslant0$ (命题 B_2);

(4) $a<0,b\geqslant0$ (命题 B_3);(5) $a\geqslant0,b<0$ (命题 B_4).

请注意:上述命题 $B_1\sim B_4$,都是 A 的对比矛盾命题,但哪一个是命题 A 的对立矛盾命题? ——都不是! 它们每个都只是部分地否定 A, 而非全盘否定 A.
A 的对立性矛盾命题,应该是:$\bar{A}$:a 不大于 0,或 b 不大于 0,即 $a\leqslant0$ 或 $b\leqslant0$.

(四)充足理由律

任何真实的命题之所以成立,是因为有其成立的充分理由.如果我们毫无根据地胡思乱想,是得不到任何科学知识和客观真理的.这表现在逻辑中,就是充足理由律.如用符号来表示的话,就是:如果有 A,是因为有 B.B 是 A 成立的充足理由(或充分条件).

充足理由律,反映了事物之间的必然联系,保证了思维的合理性和周密性,因此保证了思维结果的真理性.同一律、矛盾律和排中律,说的是关于判断、推理和证明这些思维基本形式本身各要素之间的结构和关系,使思维保持稳定性、明确性、相容性.而充足理由律,则是关于推理中的前提与结论之间的、一般思想联系的原则,是关于思维基本形式本身的.它对数学科学特别重要,是由数学的严谨性所决定的.如果违反了充足理由律,那么在数学推理中,就要犯"无据推断"的错误.

在数学中,作为推断理由的,可以是公理、定理和其他事实.假设的、预期的理由以及不真实的论断,都不能作为证明的理由.

例19 求 $\sqrt{2+\sqrt{2+\sqrt{2+\sqrt{\cdots}}}}$ 的值.

这是一个求极限的问题.有的学生这样来求解:

设它的极限是 k,令 $\sqrt{2+\sqrt{2+\sqrt{2+\sqrt{\cdots}}}}=k$,

两边平方,得 $2+\sqrt{2+\sqrt{2+\sqrt{2+\sqrt{\cdots}}}}=k^2$.

于是有 $2+k=k^2$,即 $k^2-k-2=0$,解得 $k=2$ 或 -1(舍去).故所求的极限为 2.

这样的解法对不对呢? 结果是对的,但是解答中违反了充足理由律.因为待求极限是个无限形式,在没有证明极限存在之前,并不知道它是否有极限.我们可以预期它的极限存在,但这不能作为推理的前提和充足理由.

我们在解答之初假设它的极限是 k,是可以的;但是以后的推算若以此假设为根据来进行,就有问题了.因为不能以预期的假设作为推理的充足理由.严格地说,应该先证明极限存在,再去求它的值.

正确解法:先证明这个无限根式的极限存在.

设 $a_1 = \sqrt{2}$, $a_2 = \sqrt{2+\sqrt{2}}$, $a_3 = \sqrt{1+\sqrt{2+\sqrt{2}}}$, $\cdots$, $a_n = \sqrt{2+\sqrt{2+\sqrt{\cdots+\sqrt{2}}}}$ (n 层根号), 显然数列 $\{a_n\}$ 是递增的, 而且因为

$$a_1 = \sqrt{2} < 2; \quad a_2 = \sqrt{2+\sqrt{2}} < \sqrt{2+\sqrt{4}} = 2; \cdots,$$

$$a_n = \sqrt{2+\sqrt{2+\sqrt{\cdots+\sqrt{2}}}} < \sqrt{2+\sqrt{2+\sqrt{\cdots+\sqrt{4}}}} = 2,$$

所以该数列是有界的. 因此数列 $\{a_n\}$ 是收敛的, 极限存在. 故可设为 k. 以下再如上述解答那样, 求出极限 $k=2$.

四、逻辑思维的基本形式

逻辑思维的基本形式是: 概念, 判断, 推理和证明. 逻辑思维的基本方法是分析和综合, 比较和分类, 归纳与演绎, 抽象和概括, 具体化和系统化等, 这些都要结合数学的具体内容才容易说明白.

(一)概念

人们认识的对象, 是自然界、社会、精神领域的各种事物. 事物的性质以及事物之间的关系叫作事物的属性. 只有该事物独有, 而其他事物不具有的属性叫事物的特有属性. 决定一个事物之所以成为该事物并区别于其他事物的属性叫事物的本质属性.

概念是反映对象特有属性或本质属性的思维形式. 概念是词语的思想内容, 概念的存在需要依赖于词语, 词语是概念的表现形式, 同一个概念可以用不同的词语表达.

概念是最基本的思维形式. 判断是由概念构成的, 推理和证明又是由判断的连接而构成的. 如果概念出了毛病, 那么判断、推理和证明都要受其影响, 以至发生错误. 所以对数学概念的认识和理解及其教学, 都要非常注意. 但是概念不是一成不变的, 它可以随着事物的发展而不断完善和发展. 例如, 函数概念就是一个几经发展而不断完善的概念.

正确的思维必须有明确的概念作为基础. 怎样才算作概念明确呢? 怎样才能够使概念明确呢? 我们首先要知道概念的内涵和外延两个方面.

内涵是反映在概念中的对象的特有属性或本质属性, 就是回答事物是什么样的. 外延是具有概念所反映的特有属性或本质属性的对象, 就是回答这类事

物有哪些.例如,平行四边形的内涵,就是它具有的本质属性:平面图形、凸四边形,对边平行且相等,对角相等,邻角互补,对角线互相平分等性质(平行四边形的本质属性);其外延则是一切称之为平行四边形的图形集合,其中包括菱形和正方形.

对任意一个数学概念,都要从内涵和外延两个方面来将它搞清楚、弄明白.内涵是概念的"质"的特征,而外延则是它的"量"的范围.所谓弄清楚了一个概念,就是指弄清了该概念的内涵和外延.概念的内涵和外延成反比关系.如果概念甲的内涵比概念乙的内涵多,那么概念甲的外延一定比概念乙的外延小.反之亦然.例如,图3-6所示的概念系列,就外延来说,其关系为:几何图形⊃平面图形⊃直线图形⊃多边形⊃三角形⊃直角三角形;而就内涵来说,他们所含有的本质属性却越来越多.

概念之间的地位是不同的,它们之间有各种关系.我们要认清和把握它们之间的关系.有很多概念,它们的内涵彼此有相同部分,我们称它们为可比关系.如三角形和四边形,都是直线图形,都是多边形的特例,是可比概念.但有些概念则没有相同部分,便是不可比较的.如三角形和复数,就没有什么共同的属性,是不可比概念.

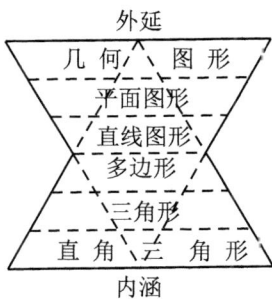

在可比关系中,有相容关系和不相容关系.前者的外延有重合的部分,后者则没有重合的部分.前者,如整数和自然数;后者,如正数和负数.

具有相容关系的概念,又有三种情况:

一是同一关系:两个概念的外延完全相同.如自然数和非负整数,它们的外延完全相重,就是指同一概念.

二是交叉关系:两个概念外延部分重合,部分不重合.如矩形与菱形,其交集是正方形,但是也有不重合的部分.

三是从属关系:一个概念的外延包含在另一个概念的外延之内.如自然数的外延包含在整数概念的外延之内,自然数概念便从属于整数概念.外延大的概念称为"上位概念",外延小的概念称为"下位概念".

具有不相容关系的概念,其外延没有重叠部分,即为矛盾概念,且分为对比关系和对立关系.如果除了它们之外,没有第三者存在,则它们是对立关系,如无理数与有理数.否则是对比关系,如锐角三角形与钝角三角形.

此外还有同位关系(平行关系、并列关系),是指一个概念的下位诸概念之间的关系.如四边形的下位概念有梯形、平行四边形、矩形,它们都是同位关系的概念.

在复习时,根据概念的外延大小,整理清楚概念之间的关系,可以使知识系统化,便于知识的巩固.给概念以明确而合理的定义,是明确概念的逻辑方法.书上许多概念的定义,都未明确以"定义"形式出现,只是用黑体字标出.我们在教学时,要强调说明该概念的定义.

我们在给出一个概念的定义时,应该做到相应相称,即所下定义的概念与被下定义的概念的外延要一致.定义不能出现循环定义或同义语反复.如角度的单位是1°,是用直角的九十分之一来规定的,若又定义说"直角是90°的角",就犯了循环定义的错误.又如"等边三角形是正三角形",就是同义语的重复.

给概念下定义不能用否定词语如"不""不是""没有"等词语来表述.例如"锐角三角形不是钝角三角形",就不能算是定义.

此外,有些概念是元概念,是数学的基本概念,是不能加以定义的.如集合、数、图形等,不能给予定义.因为没有任何数学概念比它们更基本.对于这些基本概念,我们只能通过举例来说明.

(二)判断——命题

判断是人们对对象事物思考的结果,对对象事物的性质有所肯定,或有所否定.数学中的判断,一般称为数学命题,或简称为命题.

既然判断是人们思考的结果,那么就可能出现错误判断.因此,判断在未加以证明之前,可能是正确的,也可能是不正确的.前者称为"真命题",后者称为"假命题".

例如,"3是自然数""-1不是自然数",都是真命题.而"0不是自然数",就是假命题.因为现在已经规定0是第一个自然数,再这样说就错了.

特别需要注意的是,在数学中凡是被证明了的真命题,就称为定理.反之,定理即是被证明了的真命题.我们绝不能说"某个定理不真",只能说"某个命题不真".

从语言结构上看,判断都是陈述句,是对对象事物的某种性质的肯定或否定.因此,我们不能将一些似是而非的语句说成是命题.

平常在数学中要证明的不总是真命题.但是,对于一时不能判定其真假的命题,如哥德巴赫猜想等数学猜想,或者能证明其真,使其变成定理,或者举例说明其假,这都是极有科学价值的科学研究工作.例如,在1993年以前,"费马猜想"还是猜想;而自从英国数学家怀尔斯于1993—1994年给出证明之后,它便成为了一条定理.而欧几里德第五公设,在非欧几何创立之后,它便被证明是不可证明的独立假设.

就逻辑学的一般观点来说,判断有模态判断和非模态判断两种.例如:①2一定是自然数;②-2肯定不是自然数;③0可能是自然数;④3是自然数;⑤负数不是自然数.以上几个语句都是判断.但它们的语气是有区别的.①②是加重语气的肯定或否定;③是模糊的肯定;④是实实在在的肯定;⑤是实实在在的否定.对于它们,我们有不同的称呼:

$$\begin{cases} 模态判断 \begin{cases} 必然判断——①② \\ 可能判断——③ \end{cases} \\ 非模态判断——实然判断——④⑤ \end{cases}$$

实然判断是断定事物具有或者不具有什么属性的判断.在数学中的命题,一般都是实然判断,不需要加重语气,但不能模棱两可.

判断与概念都是思维的基本形式,它们既有联系,又有明显的区别.概念是判断的因素,判断是概念的发展.但概念的真假,与由它们组成的判断的真假,没有必然的联系.当然,命题中不允许有假概念,但真概念组成的命题却不一定就是真命题.如"0不是自然数",在今天是个假命题,但是其中的概念"0"和"自然数",都是真概念.又如"没有内角和等于190°的三角形"是个真命题,但是其中"内角和等于190°的三角形"却是个虚假的概念,因为没有这样的平面图形存在.

同样是实然判断,根据其组成成分的多少,还可分成以下几类:

$$实然判断 \begin{cases} 简单判断 \begin{cases} 直言判断 \\ 关系判断 \end{cases} \\ 复合判断 \begin{cases} 假言判断 \\ 联言判断 \\ 负判断 \\ 选言判断 \end{cases} \end{cases}$$

1.直言判断

也称"性质判断",是断定思维对象具有或不具有某种属性的判断.

为了使性质判断区别于选言判断、假言判断,故称直言判断.

直言判断的形式可以概括为"S是P",其中S是对象主体,是主项;P是它所具有的性质,是宾项.根据直言判断中主项、宾项中概括个体的多少,可以分为以下六种:

(1)单称肯定判断:断定个别对象具有某种性质.如:$\sqrt{2}$是无理数.

(2)单称否定判断:断定个别对象不具有某种性质.如:$\sqrt{2}$不是有理数.

(3)全称肯定判断:断定一类对象的全体具有某种性质.如:所有无理数都是无限不循环小数.

(4)全称否定判断:断定一类对象的全体都不具有某种性质.如:所有无理数都不是有限小数.

(5)特称肯定判断:断定一类对象中有某些对象具有某种性质.如:有的有理数是有限小数.

(6)特称否定判断:断定一类对象中有某些对象不具有某种性质.如:有的三角形不是锐角三角形.

2.关系判断

断定对象与对象之间的关系,称为关系判断.例如:"3与2+1是相等的","偶数与奇数是不相等的".

关系判断中必有关系词(谓项),如等于、大于、小于、包含、相交等.

关系判断可以简单地记为"aRb",其中"R"表示关系.

3.复合判断

包含两个以上的子判断的判断,称为复合判断.常见的有以下几类:

(1)假言判断:由两个子判断组成,前一个是条件,后一个是结论.它的一般形式是:"若S是P,那么S'是P'";或"若S是P,那么S'是非P'".

例如:①若三角形是直角三角形,则它两直角边的平方和等于斜边的平方.

②若实数a为循环小数,那么它不是无理数.

③若实数不是无理数,那么它是无限循环小数.

④若实数不是有理数,那么它不是有限小数.

(2)联言判断:判断中的主项或宾项中有几个对象的判断.

例如:①正方形是矩形,又是菱形.

②矩形和菱形,都是平行四边形.

③无理数,既非有限小数,又非循环小数.

④有限小数和循环小数,都不是无理数.

(3)负判断:一个判断的负判断,是否定该判断的判断.

例如:①等腰三角形是锐角三角形;

②等腰三角形并非都是锐角三角形.

显然,判断①与②互为负判断.

(4)选言判断:断定在几种可能情况下,至少有一种情况或者只能有一种情况存在的判断.

数学命题,本身就是逻辑推理中的判断.其常见的形式有:简单判断中的性质判断,复合判断中的假言判断、选言判断.而又以假言判断应用最多.如果将假言判断的前一个判断"S是P"简写成"A",后一个判断"S'是P'"简写成"B",那么,这个假言判断就可以写成标准格式:"若A则B",或"如果A,那么B",或"已知A,求证B".其中"A"是命题的前提,"B"是命题的结论.一般地,数学命题是由前提和结论两部分组成的.例如,勾股定理:如果△ABC是直角三角形,且BC是斜边,那么$BC^2=AB^2+AC^2$.

有的命题表面上不是标准形式,如"凡直角皆相等",但我们可以将它改写成标准形式:若∠A,∠B皆是直角,那么∠A=∠B.

作为某定理证明所需要的定理,称为"预备定理"或"引理".作为某定理可以直接推导出的定理,称为"推论"或"系".因为凡是定理都是真命题,其结论必然已经蕴涵于前提之中,所以定理的本意就是揭示前提对于结论的蕴涵关系.可用符号表示为"$A \Rightarrow B$".

数学命题的四种形式有:①原命题:"$A \Rightarrow B$";②逆命题:"$B \Rightarrow A$";③否命题:"$\bar{A} \Rightarrow \bar{B}$";④逆否命题:"$\bar{B} \Rightarrow \bar{A}$".这四个命题的关系,两两互为逆否.它们同时为真,同时假,即原命题与其逆否命题是等价命题.这一原则,称为"逆否命题律".如果原命题证明为真,那么其逆否命题也为真.反之亦然.

(三)推理

推理是从一个或几个已知判断中推出新判断的思维形式,对于数学学科来说特别重要.因为数学与物理、化学、生物等实验科学不同,数学是思维科学,是逻辑推理的科学.只有经过逻辑推理得出的结论,才能承认其正确性.

在推理过程中,作为推理依据的已知命题(公理或定理)称为前提,推理得出的判断称为结论.推理的意义就在于从前提推出结论.推理的方法有直接推理和间接推理.

直接推理是从一个前提推出一个结论.如:因为所有自然数都不是负数,所以自然数是非负数.直接推理又称为简单推理.

间接推理是从两个或两个以上的前提推出结论,称为间接推理.如:凡无理数都不能表示成分数.因为 $\sqrt{2}$ 是无理数,所以 $\sqrt{2}$ 不能表示为分数.这是由两个前提推出结论.其中第一个前提是一般性原则,称为"大前提",第二个前提是具体条件,称为"小前提".由大前提与小前提推出结论,这是逻辑推理的标准形式,称为"三段论".用三段论方式进行推理,称为演绎推理.它是从一般性原则出发,推导出具体个别事实.与此相反,从个别事实总结推导出一般原理,称为归纳推理.如:因为 1+2=2+1,2+4=4+2,3+5=5+3,5+1=1+5,…,所以数的加法满足交换律.这里的前提是很多具体的事实,而结论是一般原理.这就是归纳推理,或称为归纳法.

演绎推理所得到的结论是可靠的,归纳推理推出的结论有时不可靠.因为归纳的范围有时没有覆盖全部具体事实.如果归纳时,将所有个别情况都予以归纳,那么就称为"完全归纳法".由完全归纳法得出的结论,当然是正确无疑的.

例 20 证明:三角形周界上任意两点的距离,至少不大于三角形的一边.

分析:这个问题看起来很简单.但是,三角形周界上两点(设为 P,Q),并没有说明它们的具体位置.如果要对任意两点来验证,那将是不可能的.一种有效的办法就是,对两点的位置进行分类,对每类情况进行验证.

分类需要有一个具体标准.现以两点是否在同一边上来分类:

①设两点 P,Q 属于同一条边(包括顶点),如图3-7所示,那么显然 PQ 不大于它们所在的边长;

②设 P,Q 在不同的边上(包括顶点),如图3-8所示.也很容易证明,PQ 小于第三边.

于是对 P,Q 两点分布的所有情况都逐一进行了证明,因此命题成立.这是用完全归纳法证明的一个典型例子.

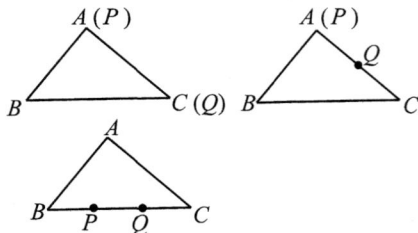

图3-7

上述演绎推理和完全归纳法这两种推理,都是逻辑方法,是可靠的.推出来的结论,是真实的.但除此以外,还有一种推理方式——类比推理,在数学中也是经常运用.例如,以平面的简单情况,

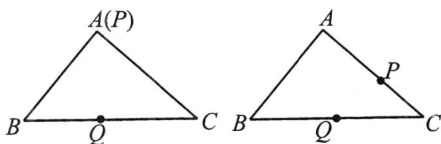

图 3-8

来类比立体的类似情况;以整数理论的某些性质,来类比整式的某些性质.

虽然类比推理不是逻辑方法,推出的结论未必真实可靠,但是在数学推理中还是可用的,至少可以据此推断出大概的目标和方向,为演绎推理寻找正确的思路.

(四)证明

判断有真有假,但是如何能够判断一个命题的真假呢? 只有进行证明.

数学是逻辑严密的科学,数学命题的真理性更需要予以严格证明.引用已知的公理、定理和已知事实,证实一个判断的真实性的思维形式,叫作逻辑论证,或叫证明.证明的依据是充足理由律,而充足理由律也只有在数学证明中才得以表现出其意义.

数学命题的真实性,归根到底要通过实践检验.如"两点之间线段最短""数是存在的"等命题的真实性,是人类通过几千年的实践证明得知的真命题,故谓之公理.

但大多数数学定理,是通过理论证明而间接得到的.如"三角形的内角之和等于 180°"是正确的命题.但是,若用量角器直接去测量三角形的内角,却未必能得到准确的结果.而且三角形类型太多,数量太大,一个个去测量是根本不可能的.怎么办呢? ——进行理论证明.

可以作为证明依据的,有共同约定的公理、已经证明了的定理、公认的定义和已知的事实.证明,不仅对于数学研究者发现定理、创建数学理论很重要,而且对于学生而言,对于早已被确认的定理,对其证明也是必需的.因为只有经过逻辑证明,才能使学生在思想上得到确认,才能使他们心服口服,才能让他们学习到证明的方法.这就是证明的理论力量.同时,证明的需求在人们日常生活中也是需要的.数学的学习使我们能够掌握证明的方法,学会寻找证明的思路,可以发现新的理论命题.

1. 证明的结构

任何证明都是由论题、论据和论证过程三部分构成.

论题,是我们需要证明的目标,需要证明其为真理的判断.论据,是用来证明论题的那些已知为真的判断,是论证的根据.论证过程,是运用逻辑方法("三段式")进行一系列的推理的连接,将前提与结论进行紧密的连接.

证明不同于推理,证明是一系列推理的逻辑连接.

第一,推理是从已知命题(前提)推导出结论;证明则是以论题(待证命题)为终结,寻找其成立的理由(已知命题).因此,证明比推理更为困难,更为复杂.

第二,推理是证明的基本成分,不能对它再进行分割;证明则是一系列推理前后衔接形成的逻辑链条.链条中前一个推理推出的结论,是后一个推理的前提,一环一环地传递下去,直到论题得证.

2. 证明的规则

证明要正确,才能达到证明的目的.要使证明成立,必须要遵守证明的一些规则.

(1)关于论题的规则.首先,必须论题明确,否则就失去了证明的目标;其次,在证明的过程中要遵守同一律,不能转移、偷换和改变论题,否则就会"走题",白费力气.

(2)关于论据的规则.首先,论据必须为真,假命题不能作为论据;其次,论据的真实性不能依靠假设,也不能依据论题本身来证明,否则就犯了循环论证的错误.

(3)关于论证过程的规则.首先,应当遵守推理的规则;其次,在推理中要避免跳跃,否则推理的逻辑链条就会中断.特别是关键之处,不能以"显然"一词进行搪塞.

(4)等价命题与充分必要条件.如果两个命题——甲和乙,同为真假,即甲真 $\Rightarrow$ 乙真,乙真 $\Rightarrow$ 甲真,那么,就说命题甲和乙是等价命题.等价命题对于数学的意义在于,欲证明命题甲,可以改证其等价命题,达到间接证明的目的.

所谓充分必要条件,是说两个命题之间的关系.设这两个命题为 A, B.若由命题 A 可以推出命题 B,则 A 是 B 的充分条件;如果由 B 推得 A,我们则说 A 是 B 的必要条件;如果既有 $A \Rightarrow B$,又有 $B \Rightarrow A$,那么,我们就说 A 是 B 的充分而又必要的条件(简称充要条件).因此,若命题 A 是命题 B 的充要条件,那么 A 与 B 是等价命题.反之,若 A 与 B 是等价命题,那么 A 是 B 的充要条件.

3. 证明的方法

证明的方法,有多种不同的划分.依据证明的方法,有直接证明、间接证明和数学归纳法.间接证明又有反证法和其他间接方法.依据证明的出发点不同,有综合法和分析法.前者从前提直推结论;后者从结论追溯到前提,探索逻辑思路然后再进行综合证明.

(1)直接证明.综合法和分析法,是直接证明中最基本的两种证法.

①综合法:综合法是从原因推导结果的思维方法.具体地说,利用已知条件和某些数学定义、公理、定理等,经过一系列的推理论证,最后导出所要证明的结论成立,这种证明方法叫综合法.综合法,又叫顺推证法或由因导果法.

用 P 表示已知条件和已有的定义、公理、定理等,Q 表示所要证明的结论,则综合法可用框图3-9表示.

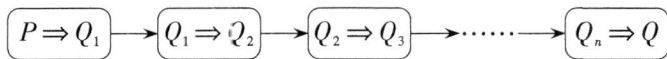

$$\boxed{P \Rightarrow Q_1} \longrightarrow \boxed{Q_1 \Rightarrow Q_2} \longrightarrow \boxed{Q_2 \Rightarrow Q_3} \longrightarrow \cdots\cdots \longrightarrow \boxed{Q_n \Rightarrow Q}$$

图3-9

例21 在 $\triangle ABC$ 中,三个内角 A,B,C 的对边分别为 a,b,c,且 A,B,C 成等差数列,a,b,c 成等比数列.求证:$\triangle ABC$ 为等边三角形.

分析:将 A,B,C 成等差数列,转化为符号语言就是 $2B=A+C$;A,B,C 为 $\triangle ABC$ 的内角,这是一个隐含条件,明确表示出来是 $A+B+C=\pi$;a,b,c 成等比数列,转化为符号语言就是 $b^2=ac$.此时,如果能把角和边统一起来,那么就可以进一步寻找角和边之间的关系,进而判断三角形的形状,余弦定理正好满足要求,于是,可以用余弦定理为工具进行证明.证明过程略.

解决数学问题时,往往要先作语言的转换,把文字语言转化成符号语言,或把符号语言转换成图形语言等,还要通过细致的分析,把其中的隐含条件明确表示出来.

例22 已知椭圆 $\dfrac{x^2}{4}+y^2=1$,过点 $B(-1,0)$ 的直线 l 交椭圆于 C,D 两点,交直线 $x=-4$ 于点 E,点 B,E 分 $\overrightarrow{CD}$ 的比分别为 λ_1,λ_2.求证:$\lambda_1+\lambda_2=0$.

证明:由题意知直线 l 的斜率 k 存在,设直线 l 的方程为 $y=k(x+1)$,

代入椭圆方程整理得 $(4k^2-1)x^2+8k^2x+4(k^2-1)=0$.

设 $C(x_1,y_1),D(x_2,y_2)$,则 $x_1+x_2=-\dfrac{8k^2}{4k^2+1}$,$x_1 \cdot x_2=\dfrac{4k^2-4}{4k^2+1}$.

由 $\overrightarrow{CB}=\lambda_1\overrightarrow{BD}$,得 $(-1-x_1,-y_1)=\lambda_1(x_2+1,y_2)$,

所以$-1-x_1=\lambda_1(x_2+1)$，所以 $\lambda_1=-\dfrac{x_1+1}{x_2+1}$．记点 E 为 $(-4,y_E)$，

同理由 $\overrightarrow{CE}=\lambda_2\overrightarrow{ED}$ ，得 $-4-x_1=\lambda_2(x_2+4)$，所以 $\lambda_2=-\dfrac{x_1+4}{x_2+4}$ ，

所以 $\lambda_1+\lambda_2=-\dfrac{x_1+1}{x_2+1}-\dfrac{x_1+4}{x_2+4}=-\dfrac{2x_1\cdot x_2+5(x_1+x_2)+8}{(x_2+1)(x_2+4)}$ ，

其中 $2x_1\cdot x_2+5(x_1+x_2)+8=2\cdot\dfrac{4k^2-4}{4k^2+1}-5\dfrac{8k^2}{4k^2+1}+8=0$ ，

故 $\lambda_1+\lambda_2=0$ ．

②分析法：分析法是从结果追溯到产生这一结果的原因的思维方法．具体地说，从要证明的结论出发，逐步寻求使它成立的充分条件，直至最后，把要证明的结论归结为判定一个明显成立的条件（已知条件、定理、定义、公理等）为止，这种证明方法叫分析法．分析法又叫逆推证法或执果索因法．

用 Q 表示所要证明的结论，则分析法可用框图3-10表示．

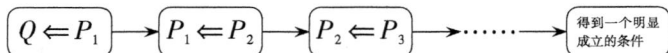

图3-10

例23　已知 $m>0$，$a,b\in\mathbf{R}$，求证：$\left(\dfrac{a+mb}{1+m}\right)^2\leqslant\dfrac{a^2+mb^2}{1+m}$ ．

证明：$\because m>0$，$\therefore 1+m>0$，$\therefore$ 要证原不等式成立，只需证

$(a+mb)^2\leqslant(1+m)(a^2+mb^2)$ 成立，

即证 $m(a^2-2ab+b^2)\geqslant 0$，$(a-b)^2\geqslant 0$，而 $(a-b)^2\geqslant 0$ 显然成立，故原不等式得证．

事实上，在解决问题时，我们经常把综合法和分析法结合起来使用：根据结论的结构特点去转化条件，得到中间结论 P' ；根据条件的结构特点去转化结论，得到中间结论 Q' ．若由 P' 可以推出 Q' 成立，就可以证明结论成立．即"先转化条件，再转化结论，两边同时凑"．

例 24　已 知　$\alpha,\beta\neq k\pi+\dfrac{\pi}{2}(k\in\mathbf{Z})>0$ ，且　$\sin\theta+\cos\theta=2\sin\alpha$……①，

$\sin\theta\cdot\cos\theta=\sin^2\beta$……②．

求证：$\dfrac{1-\tan^2\alpha}{1+\tan^2\alpha}=\dfrac{1-\tan^2\beta}{2(1-\tan^2\beta)}$ ．

证明:先转化条件:因为 $(\sin\theta+\cos\theta)^2-2\sin\theta\cdot\cos\theta=1$,

所以将①②代入,可得 $4\sin^2\alpha-2\sin^2\beta=1$……③(转化条件到此).

再转化结论:要证 $\dfrac{1-\tan^2\alpha}{1+\tan^2\alpha}=\dfrac{1-\tan^2\beta}{2(1-\tan^2\beta)}$,

即证 $\dfrac{1-\dfrac{\sin^2\alpha}{\cos^2\alpha}}{1+\dfrac{\sin^2\alpha}{\cos^2\alpha}}=\dfrac{1-\dfrac{\sin^2\beta}{\cos^2\beta}}{2\left(1-\dfrac{\sin^2\beta}{\cos^2\beta}\right)}$,

即证 $\cos^2\alpha-\sin^2\alpha=\dfrac{1}{2}\left(\cos^2\beta-\sin^2\beta\right)$,

即证 $1-2\sin^2\alpha=\dfrac{1}{2}\left(1-2\sin^2\beta\right)$,

即证 $4\sin^2\alpha-2\sin^2\beta=1$……④(转化结论到此).

由于③④相同,于是原问题得证.

（2）间接证明.反证法是间接证明的主要方法.有时也用到同一法及等价命题法.

①反证法:假设原命题不成立(即在原命题的条件下,结论不成立),经过正确的推理,最后得出矛盾,因此说明假设错误,从而证明了原命题成立,这样的证明方法叫作反证法.反证法证明的主要步骤前文已经有论述.

例25　已知 $a,b,c\in(0,1)$,求证: $(1-a)b,(1-b)c,(1-c)a$ 不能同时大于 $\dfrac{1}{4}$.

证法1:假设三式同时大于 $\dfrac{1}{4}$,

即 $(1-a)b>\dfrac{1}{4},(1-b)c>\dfrac{1}{4},(1-c)a>\dfrac{1}{4}$,

$\because a,b,c\in(0,1)$,$\therefore$ 三式同向相乘得 $(1-a)b(1-b)c(1-c)a>\dfrac{1}{64}$.

又 $0<(1-a)a\leqslant\left(\dfrac{1-a+a}{2}\right)^2=\dfrac{1}{4}$,同理 $0<(1-b)b\leqslant\dfrac{1}{4}$,$0<(1-c)c\leqslant\dfrac{1}{4}$,

$\therefore 0<(1-a)a(1-b)b(1-c)c\leqslant\dfrac{1}{64}$,当且仅当 $a=b=c=\dfrac{1}{2}$ 时,等号成立,

这与假设矛盾,故原命题为真命题.

证法2:假设三式同时大于 $\dfrac{1}{4}$,

$\because 0<a<1,b>0\therefore 1-a>0$,$\therefore \dfrac{1-a+b}{2}\geqslant\sqrt{(1-a)b}>\sqrt{\dfrac{1}{4}}=\dfrac{1}{2}$,

即 $\dfrac{1-a+b}{2} > \dfrac{1}{2}$,同理 $\dfrac{1-b+c}{2} > \dfrac{1}{2}$,$\dfrac{1-c+a}{2} > \dfrac{1}{2}$,

三式相加得 $\dfrac{3}{2} > \dfrac{3}{2}$,这是矛盾的,故假设错误,∴原命题为真命题.

②同一法:若题设涉及的元素只有一个,即是单元素集时,原命题的证明,可以改证其逆命题.

例26 如图3–11所示,在正方形 $ABCD$ 中有一点 E,若 $\angle EAB = \angle EBA = 15°$. 求证:$\triangle ECD$ 是正三角形.

在前提中的 AE,BE 的交点 E 是唯一的,在结论中的 $\triangle ECD$ 的顶点 E 也是唯一的.我们要证明的是:前提中的点 E,就是结论中的以 DC 为一边的正三角形的顶点.因为这二者都是唯一的.如果能证明以 DC 为一边的正三角形的顶点,也就是前提中的点 E,那么原命题也就证明了.这就是说,在命题满足同一法则的条件下,可以改证原命题的逆命题.

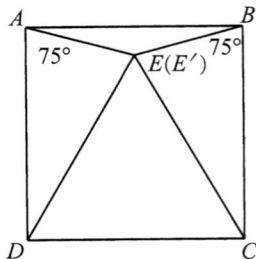

证明:如图3–11所示,设以 DC 为一边,作正三角形 $E'CD$,则 $DE' = AE'$,且 $\angle E'DC = 60°$,从而推知 $\angle ADE' = 30°$,$\angle DAE' = \angle AE'D = 75°$.所以 $\angle BAE' = 15°$.

同理,可以证明 $\angle ABE' = 15°$.因此,点 E' 与 E 重合为一点,亦即 $\triangle ECD$ 为正三角形.

本例是同一法证明的典型例子.

③等价命题法:我们知道,原命题与逆否命题是等价的,若遇一个命题难以证明,我们就可以改证它的逆否命题,达到间接证明的目的.

例27 对角互补的四边形内接于圆.

直接证明比较困难.我们可以改证它的逆否命题:若四边形不内接于圆,那么其对角不互补.这就较为容易证明.

证明:设四边形 $ABCD$ 不内接于圆,如图3–12所示,过其三顶点 A,B,D 作 $\odot O$,则 C 点必不在圆上,或在圆外,或在圆内.

①假设点 C 在圆外,设 CD 交圆于 E 点,连接 BE,则四边形 $ABED$ 为圆内接四边形,则其对角互补,即 $\angle A + \angle DEB = 180°$.

因为 $\angle DEB$ 是 $\triangle BCE$ 的外角,所以 $\angle DEB > \angle C$.

从而知 $\angle A + \angle C < 180°$,即对角 $\angle A$ 与 $\angle C$ 不互补.

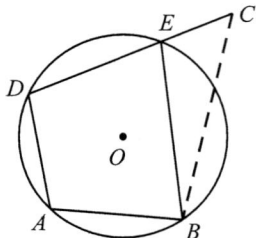

图3–12

②若C点在圆内,类似地可以证明:$\angle A+\angle C>180°$,对角$\angle A$与$\angle C$也不互补.证毕.

(3)数学归纳法.要证明一个与正整数n有关的命题,可按下列步骤进行:

第一步,证明当n取第一个值$n_0(n_0\in \mathbf{N}^*)$时命题成立;

第二步,假设当$n=k(k\geq n_0,k\in \mathbf{N}^*)$时命题成立,证明当$n=k+1$时命题也成立.

只要完成这两个步骤,就可以断定命题对从n_0开始的所有正整数n都成立.

上述证明方法叫作数学归纳法.使用数学归纳法时,首先,要熟知数学归纳法证明问题的一般步骤;其次,要注意:①数学归纳法的两个步骤缺一不可;②第二步证明的关键是要运用归纳假设,特别要弄清由$n=k$到$n=k+1$时命题变化的情况.运用归纳假设后,可采用分析法、综合法、作差(商)比较法、放缩法加以证明,充分运用基本不等式、不等式的性质等放缩技巧,使问题得以简化.运用放缩法时,要注意放缩的"度".

例28　求证:$(n+1)(n+2)\cdots(n+n)=2^n\cdot 1\cdot 3\cdot 5\cdot\cdots\cdot(2n-1)(n\in \mathbf{N}^*)$.

证明:(1)当$n=1$时,等式左边=2,右边=2,等式成立.

(2)假设当$n=k(k\in \mathbf{N}^*)$时等式成立,

即$(k+1)(k+2)\cdots(k+k)=2^k\cdot 1\cdot 3\cdot 5\cdot\cdots\cdot(2k-1)$,

那么,当$n=k+1$时,左边=$(k+1+1)(k+1+2)\cdots(k+1+k+1)$

$=(k+2)(k+3)\cdots(k+k)(2k+1)(2k+2)$

$=(k+1)(k+2)(k+3)\cdots(k+k)(2k+1)\cdot 2$(依归纳假设)

$=2^k\cdot 1\cdot 3\cdot 5\cdot\cdots\cdot(2k-1)(2k+1)\cdot 2$

$=2^{k+1}\cdot 1\cdot 3\cdot 5\cdot\cdots\cdot(2k-1)(2k+1)$

即当$n=k+1$时等式也成立.

根据(1)和(2)可知,等式对所有$n\in \mathbf{N}^*$都成立.

例29　已知数列$\{a_n\}$,当$n\geq 2$时,$a_n<-1$,且$a_1=0$,$a_{n+1}^2+a_{n+1}-1=a_n^2$.

求证:当$n\in \mathbf{N}^*$时,$a_{n+1}<a_n$.

证明:(1)当$n=1$时,a_2满足$a_2^2+a_2-1=0$且$a_2<0$,∴$a_2<a_1$.

(2)假设当$n=k(k\in \mathbf{N}^*)$时,$a_{k+1}<a_k$.

$a_{k+1}^2-a_k^2=(a_{k+2}^2+a_{k+2}-1)-(a_{k+1}^2+a_{k+1}-1)$

$\qquad\qquad =a_{k+2}^2+a_{k+2}-a_{k+1}^2-a_{k+1},$

即$a_{k+1}^2-a_k^2=(a_{k+2}-a_{k+1})(a_{k+2}+a_{k+1}+1)$

$\because a_{k+1} < a_k \leq 0$，$\therefore a_{k+1}^2 - a_k^2 > 0$，

又 $a_{k+2} + a_{k+1} + 1 < -1 + (-1) + 1 = -1 < 0$，

$\therefore a_{k+2} - a_{k+1} < 0$，$\therefore a_{k+2} < a_{k+1}$.

即当 $n=k+1$ 时，命题成立.

根据（1）和（2）可知，当 $n \in \mathbf{N}^*$ 时，$a_{n+1} < a_n$.

第三节 数学证明的文化意义

一、证明是社会的普遍需求

不少人以为只有数学命题才需要"证明"，好像"证明"是数学的专利.其实不然，"证明"并不是为数学所专有，而是社会的一种普遍需要.

（一）在各个学科的知识体系中，都包含有证明或证明的思想

不仅数学、物理、化学、生物等自然学科如此，而且政治、经济、历史、地理、哲学，乃至于文学艺术等社会科学，也是如此.例如，力学中的牛顿三大定律，是牛顿经过实验和数学论证得到的，其他定律则是以此为基础推导出来的，整个力学理论形成了一个严密的逻辑系统.其他自然学科的其他定律，也都是经过大量实验、直接证明或间接证明得到的.

总之，自然科学中的定律，特别是表述成数学公式的定律，都是经过证明的——通过实验的直接证明，或者是从基本定律中推论而得出的.

完善的法律体系应该是一个逻辑体系：以《宪法》为根本大法，其他法律则是《宪法》的演绎和推论.西方某些国家的法律体系，就是参照欧几里德《几何原本》的逻辑体系来构架的.

古代社会经济面貌、历史事件的真实性，单纯从历史文书的记载来看，是很难令人信服的.因为这些历史文书是几经转述的，即使每次转述的可信度为90%（应该说可信度是很高的了），经过10次转述，其可信度也降到了很低.那么，怎么才能了解历史的本来面貌呢？——要依靠大量的地下的考古发现，才能得到实证.所以，我国"夏商周断代工程"，也要依靠大量考古发现的实物来进行论证.

(二)在各行各业的实际工作中,都需要"证明"和证明思想的参与

政治制度的优越性,需要历史和现实来证明.具体规章制度的合理性和有效性,也都要由实践来检验.检验,就是一种实践证明.

经济建设方面,凡是大的建设项目,事先都要进行"可行性论证".一个建筑单位能否承担某个工程建设,要有"资质证明";产品出厂,要有"合格证";商店出售的商品,要有商标和使用说明书,甚至要有"防伪商标";正规出版社出版的书,要有书号和条形码;等等.

(三)在日常生活中,也常常需要"证明"

证明身份,要有"身份证";证明学历,要有毕业证书;证明有驾驶资格,要有"驾驶证";证明职务,要有工作证;退休职工,要有"退休证";青年人结婚了,要有"结婚证";夫妇生孩子,要有"准生证"等;卖房子,要有"房产证"等;打官司,要凭"人证"和"物证";参加高考、外出打工、出国留学等,要有"健康证明";等等.

如果在这些方面,我们缺乏"证明"意识,失去某种"证明",事情可能就办不成,甚至会遭受损失.

(四)前面所说的"证明",与严格意义上的数学证明有所不同

数学证明是从公理出发,符合形式逻辑的演绎证明.而在非数学学科、社会和日常生活中所说的证明,常常是事理证明、事实证明和实验证明(以下称为一般证明).但是,这些"证明"的基本思想都是一样的:后者要有前者作为成立的条件.所以,如上所说各项以及平常所说的"说话要有根据,做事要有前提",就已经包含了这种"证明"的基本思想.

另外,数学证明方法提供了一般证明的基本方法,规范了一般证明的步骤.数学中的归纳法、演绎法、反证法等,也为其他学科和日常生活所常用.例如,自然科学中的实验证明就是归纳证明(往往是枚举归纳),日常所说的反驳就是反证法.

二、数学证明的文化意义

(一)证明的意识是人的一种文化修养

数学,就其本质来说,是一种文化——数学文化.一个人的数学修养,是其文化修养的重要组成部分.数学文化的明显特点,是它的抽象性和逻辑性.而"证明"则是体现数学文化这种特点的最高形式.因此,我们可以说,证明的意识是数学修养的核心内容.

(二)关于证明意识的培养,要突出数学思想,淡化证明技巧

正因为数学教学中关于证明的意义,主要不在数学定理和证明题本身,所以在学习定理和证明题目时,应该突出关注其中的数学思想,而不应强调其数学证明的技巧性和特殊性.这里所说的证明中的数学思想主要是指:关于证明的思维原则,归纳和演绎的意义,直接证法和反证法的一般步骤,以及各种证明方法的逻辑规则等.

本书作者之一胡炳生先生的一位学生,是一个已经工作多年的中学数学教师,他去看老师时,说了一番值得深思的话:我在上中学时,曾经听过您的一次数学讲座.当时您讲的具体内容,早就记不得了,但是当时您用来形容寻找解题思路的一句话——"东方不亮西方亮,条条大路通北京",我至今还记忆犹新.每当我遇到难题——不管是数学问题还是非数学问题时,就想起您的这句话,用它来鼓励自己,打开思路.

看来,作者那次数学讲座的意义,并不是它的具体数学内容,而是这一句看似题外的话,在学生的思想上起了作用.其实,这句话形象地反映了一个数学思维原则——开放性和灵活性,对学生的素质提高来说,它确实是比一个具体的数学定理更为有用.

思考题

3-1. 用同一法证明三角形中位线定理: 三角形两边中点连线, 平行于第三边且等于第三边的一半. 反之, 过三角形一边中点平行于底边的平行线, 平分第三边.

3-2. 证明三角形的外心定理、内心定理、重心定理和垂心定理.

3-3. 证明三角形半角公式 $\tan\dfrac{A}{2}=\dfrac{r}{p-a}$ 和欧拉不等式 $R \geqslant 2r$.

3-4. 证明"圆幂定理": 若从点 P 向圆引割线 PAB, A, B 是它与圆的两个交点, 则点 P 对定圆 $\odot O$ 的幂 $PA \cdot PB$ 为定值.

3-5. 报纸、杂志的宽与长之比为黄金比吗? 如果不是, 那么二者的比例是什么呢?

试以 A_4 纸为例, 来进行测量, 并探讨其原因.

3-6. 设命题 A: 两个三角形的面积和两边相等; 命题 B: 两个三角形全等. 则命题 A 是 B 的 (　　).

(A) 充要条件　　　　(B) 充分但非必要条件

(C) 必要但非充分条件　　(D) 既非必要又非充分条件

第四章　体验数学之美

　　孔子说过:"知之者不如好之者,好之者不如乐之者."现代教育学也告诉我们:兴趣是学习的内动力.学习数学也是如此,要想学好数学,需要对数学产生兴趣.如何才能对数学产生兴趣呢？ 要能够体验数学之美.数学是美的吗？ ——答案是肯定的.

　　"美"是什么？ 古今中外,仁者见仁,智者见智,各有不同的理解.从中国古人造字来看:"美"字上面是个"羊"字,下面是"大"字.可见在物资极度缺乏的古代,人们以"羊大为美".那时人们能吃到一只大肥羊,就觉得很美了.这是从味觉上来体会"美"——味道美,就是美.随着社会的发展和人们生活水平的提高,"美"从味觉逐渐扩展到听觉、视觉和其他方面.孔子在听过韶乐以后就说过:"闻韶乐,(吃肉)三月不知其味."就是说,他听到韶乐以后,三个月都不知道肉的味道了.韶乐之美,又胜于肉味之美.除了肉味之美,还有音乐之美、绘画之美、舞蹈之美,以至其他感官所感受到的美.

　　总之,美是外界客观事物(外观和内涵)作用到人的感官,而引起人们心理上的愉悦和兴奋的心理反应.美是客观存在的.不同的人对美有不同的趋向,感受到美的程度和层次也不同,甚至大相径庭.然而,以下几点却是多数人所认同.

　　第一,"真、善、美"是联系在一起的.凡是美的事物,一定是真的、善的.假的、恶的东西,一定与"丑"联系在一起,一定是不美的.数学是真、善、美的统一.

　　第二,美是有层次的.首先是分感性和理性两个层次,前者层次较低,后者层次较高.科学美属于理性美,而数学美又属于科学美.

　　第三,数学美的价值,主要不在于供人们欣赏,而在于方法论上的意义.一方面,人们利用数学美去发掘和创造美好的事物,如"黄金分割"在绘画、建筑设计上的应用.另一方面,数学家对于数学美的追求,是研究和发现数学新理论的不竭动力.例如,我国著名数学家陈景润,在极其艰难困苦的环境中,孜孜以求地钻研数学难题——哥德巴赫猜想,终于获得进展.数学使陈景润如此痴迷,对他的吸引力如此之大,就是因为在他的眼里,数学之美实在太强烈了.

　　数学美包含着科学美的基本要素,主要包括和谐美、对称美、简捷美和奇异美.而这些数学美,能够激发我们对数学学习的兴趣,对掌握数学学习的方法有指导意义.

第一节　什么是数学美

　　数学是美丽的,哪里有数哪里就有美.

　　数学美,究竟是什么呢? 可以用一个字来形容它,那就是"妙"! 所谓"美妙",就是"妙"是"美"的高级境界.当然,数学美不是人人都能欣赏的.能够欣赏到数学这种美妙的人,需要有一定的数学修养.这正如欣赏音乐要有音乐修养,欣赏绘画要有美术修养一样.我们来看几个简单的例子.

　　例30　看以下两个算式:

　　(1)54×3=162——在算式中,1,2,3,4,5,6,每个数字都只出现一次.

　　(2)453×6=2718——从1到8一共8个数字,每个数字都只出现一次.

　　这是多么奇妙啊! 这不就好像是一首诗或一首歌曲吗? 你是否能够将1—9这9个数字分别填入下面的方格中,使之不重、不漏呢? 请你试一试:

　　□□□×□□=□□□□

　　例31　四阶完美幻方.将数字1—16,排列成四行四列,使它的每行、每列、两条对角线上的四个数字之和,都是34(称为"幻和"),如图4-1所示.

7	12	1	14		7	12	1	14	7	12	1	14
2	13	8	11		2	13	8	11	2	13	8	11
16	3	10	5		16	3	10	5	16	3	10	5
9	6	15	4		9	6	15	4	9	6	15	4

图4-1　　　　　　　图4-2

　　不仅如此,被中心线分开的四个2阶小幻方的幻和,也是34;四个角上的四个数字之和、中间四个数字之和,两对边中间各两个数字之和,也都是34.此外,若将两个相同的幻方连接起来排列,那么左、右各有三条斜对角线上的四个数字之和,也是34.如图4-2所示.这是多么完美,多么奇妙啊! 这绝不是自然界的自然之物,而是人类思维的产物,是人类智慧的结晶.我们对它的赞美,除了一个"妙"字以外,还能说什么呢?

(一)数学的外在美

1. 对称美

对称是美学的基本法则之一,数学中许多的轴对称、中心对称图形,都被赋予了平衡、协调的对称美.就连一些数学概念本身都呈现了对称的意境——整—分、奇—偶、和—差、曲—直、方—圆、分解—组合、平行—交叉、正比例—反比例.自然界中无数原生物也都具有先天性的对称美,例如树叶、花朵、蝴蝶等.人们根据数学这一美学,设计了许许多多具有这种特征美的产品,例如房屋、饰品、服装等.这种美不仅应用在了人们的直观视野里,而且还引申到"非纯对称的相对对称"(以下简称"相对对称")的文学作品里,文学创作结构讲究"头尾呼应"(即相对对称),情节、人物身份或性格也大部分有着相对对称的特点.

2. 形象美

黑格尔说:"美只能在形象中出现."谈到形象美,一些人便只联想到影视、雕塑或绘画等,而数学离形象美是遥不可及的.其实数学的数形结合,也可以组成世间万物的绚丽画面.以下是美得让人晕厥的数学几何图形,如图4-3所示.

图4-3 美丽的几何图形

3. 和谐美

最具有这一特色的当属欧氏几何学的黄金比例(约0.618),它简直就是宇宙的美神.黄金分割比是破解身材优美的密码,如图4-4.由黄金分割引出的黄金矩形(矩形长、宽比例是黄金比),它在形式比例上具有相当高的美学价值,如生活中的许多物品(国旗、图书、火柴盒等)都采用了这一优美图形.传说中,蒙娜丽莎的脸就是黄金矩形的脸,所以才会留下千古流芳的"蒙娜丽莎微笑".哪里有黄金比,哪里就有美的闪光.

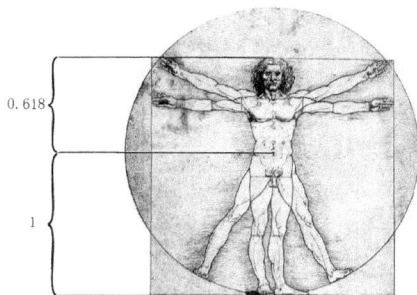

图4-4 身材的黄金比例

(二)数学的内在美

1. 和谐美

数学的和谐美不只在于它的外表,还有它的内在.上帝之数就是有这种内在和谐美的心灵之数.上帝之数又称完美之数,它所有的真因子(包括1,但不包括本身)之和正好等于这个数本身.例如,6的所有真因子1,2,3之和刚好等于6;28的所有真因子1,2,4,7,14之和也刚好等于28.6和28是最小的两个完美数,由于6是古代传说中的上帝创造世界所用的天数,而28是月亮绕地球一周所需的天数,所以人们又把这样的完美数称为上帝之数.这种数恰如其分地展现出了部分与整体统一的和谐美.数如此,我们个人与团体又何尝不需要如此呢? 一个优秀的团队,就要有这种完美数的特点,才有牢不可破的凝聚力! 品数做人,我们要做一个具有数学精神和数学修养的现代人!

数学的内在和谐美还在于当今的许多数学知识分支的统一.解析几何把数与形有机地结合在一起,一度被排斥门外的概率论也被请上了数学的大雅之堂.这些数学分支如今都有了错综复杂的关系网,紧密结合、和谐统一在一起.

毕达哥拉斯学派更是认为万物皆是数,数的原则统治了宇宙中的一切现象.例如,数学定义中的圆,它的周长和半径之间有着异常简洁的和谐美的关系,它的完美无缺没有任何一个画家和文学家能够描绘出来.

一些优美的曲线是数学形象美与和谐美结合的产物.例如,得之于自然界的四叶玫瑰线、对数螺旋线,如图4-5与图4-6所示.

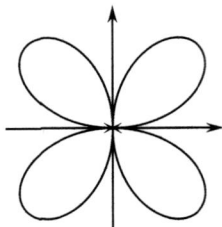

图4-5　四叶玫瑰线　　　图4-6　对数螺旋线

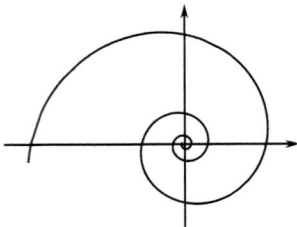

2. 秩序美

毕达哥拉斯认为,数本身就是世界的秩序、宇宙的秩序.数学追求的目标是从混沌中找出秩序,使经验升华为规律,将复杂还原为基本.这是数学美之秩序性的体现.人类的生存是按照美的秩序原则来构建的,追求美实质上就是追求秩序,而数就是世界、宇宙的秩序.因此,人们追求美就是在追求秩序、追求数.美是真和善的代言,数学家陈省身说:中国文化倡导的真、善、美与数学追求的真、善、美不谋而合,这是数学的魅力,大自然中所有的一切都可用数学公式来描述.

数学中有一些微观的数字本身是具有秩序美的.220和284就是一对有着秩序美的亲和数,它们又称为象征着人们无间亲密的"联谊数"或"婚姻数".220的全部真因子(不含本身)1,2,4,5,10,11,20,22,44,55,110之和为284,而284的全部真因子(不含本身)1,2,4,71,142之和又恰为220.这种"你中有我,我中有你"、有着形象逼真秩序美的亲和数,是数学之神送给人类美好祝愿的最神圣的礼物.

3. 简捷美、严谨美、逻辑美

数学内在的各种美,有时可独立存在,有时又像是一个大家庭,相互统一团结在一起.

复杂的自然界中所有的一切,数学家都可以用自己简单的数字公式或语言高度抽象出来.他们以其简洁的形式,从一组简洁的公理、概念出发,进行精确计算、严谨推理,就可曲象推论出各种令人惊叹的定理或公式,使人们洞察到数学内在的和谐性、严谨性、逻辑性和秩序性.计算机的代码非常简单,只有0和1,却可编写出无数个深奥无比的程序软件;质数定义"只有1和它本身的两个约数的数"中的一个"只"字—字值千金;"两点确定一条直线"中的"确定"高度概括了定义的严谨性.用简单的形式表达深邃的内涵,如同绘画时只用三种颜色就可绘制出各种色彩缤纷的图画来,又如同音乐简谱中只凭借七个音符就能谱写出千万首动人的乐章……

"世事纷繁,加减乘除算尽;宇宙广大,点线面体包完."言简意赅,归纳人世百态、宇宙万物.数是美的元素,数学是美丽的学科! 真正的数学家把对数学的研究和追求当作有着艺术享受的快乐.

第二节 数学的和谐美及其应用

数学的和谐美,表现在数的系统、数学结构、数学公理体系的相容性中.

数与数之间、形与形之间,相互联系、相互沟通,紧密联系在一起.五个最重要的"数",即$0,1,\pi$(圆周率)、e(自然对数的底数)和i(虚数单位),竟然可以月一个公式联系在一起:$e^{i\pi}+1=0$(欧拉公式).这多么和谐!

一个直角三角形的三边的长度a(勾)、b(股)、c(弦),恰好满足$a^2+b^2=c^2$.反之,如果一个三角形的三边的长度满足$a^2+b^2=c^2$,那么它一定是直角三角形.这多么奇妙!

通过建立平面直角坐标系,曲线与方程居然能够一一对应.圆、椭圆、双曲线和抛物线,都是圆锥与一个平面的截线,并都能用一个二次方程来表示.在平面极坐标系里,"圆锥曲线"能用一个统一的公式来表示.

数学,尤其是在中学、大学里学习的基础数学,是和谐的、彼此相容的.基于这种认识,我们在追求数学和谐美的思想激励下,便可以发现某些数学问题的优美解法.例如,通常所说的化归、数形结合、补形等解题方法,都有追求数学和谐美的动因在起作用.数学家可以从追求数学和谐美的过程中,激发出创造性的灵感,发现新的定理、公式以及新的数学理论.

例32 求$\tan20°+4\sin20°$的值.

分析:根据三角函数的几何意义,凡是求三角函数值的问题,都可以考虑构造直角三角形,用"数形结合"的思想来解决.

证明:如图4-7,构造 Rt$\triangle ABC$,使$\angle C$=90°,$\angle A$=60°,$\angle B$=30°,AC=1,则 $AB=2$,

$BC=\sqrt{3}$.

在BC上取一点D,使$\angle ADB$=110°,

则$\angle CAD$=20°,$\angle BAD$=40°,

$CD=AC \cdot \tan 20°=\tan 20°$.

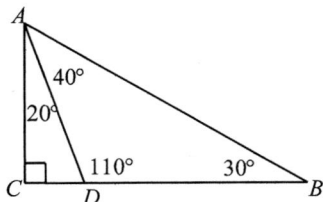

图4-7

在$\triangle ABD$中,由正弦定理,得

$$BD=\frac{AB \sin \angle BAD}{\sin \angle ADB}=\frac{2 \sin 40°}{\sin 110°}=\frac{2 \sin 40°}{\sin 70°},$$

即 $BD=\dfrac{2 \sin 40°}{\cos 20°}=\dfrac{2 \times 2 \sin 20° \cos 20°}{\cos 20°}=4 \sin 20°$.

$\because CD+DB=CB=\sqrt{3}$,$\therefore \tan 20°+4 \sin 20°=\sqrt{3}$.

本题先将数转化为形,再将形还原为数,从中可以看出形与数的内在联系,是多么和谐!

第三节 数学的对称美及其应用

回文数中的对称美.回文数指的是像1357531,5678765这样左右对称的数.即:把这个数各个数位上的数字按相反的顺序重新排列后,得到的数和原来一样.整数乘法中就有有趣的回文数:11的平方等于121,111的平方等于12321,1111的平方等于1234321,11111的平方等于123454321.数学中的对称美在这里体现得淋漓尽致.对称的排列、优美的意境,让人感受到数学的美,感受到对称美.

图形的对称往往以其直观的形式呈现在人们的眼前,展现对称性的根本就是点的对称、线的对称,在此基础上衍生出线段的平分和角的平分线.平面图形(等腰三角形、等边三角形、等腰梯形、菱形、矩形、正方形、正多边形、圆等)和立体图形(长方体、正方体、圆台、正棱锥、正棱柱等),都有对称性的具体表现,轴对称和点对称赋予了它们美观,所以数学是绚丽多彩、千姿百态、引人入胜的.

时间无头无尾,空间向任何一个方向都可以不断的延伸,在相对的两个方向都是对称存在的.世界万物都是对立的统一,都包含有矛盾的两个方面,这两个方面是对立的.因此,统一中包含有对立和对称,这反映在数学上就是对称性.

正数与负数、运算与逆运算、命题与逆命题、微分与积分等,都是对立的,并含有对称的意义.正方形、菱形、圆、圆锥曲线、正多面体等,都是对称图形.数学式子中的对称性,如对称多项式、对称不等式.此外,还有对偶命题等.

在解题时,利用图形和式子的对称性,往往可以收到事半功倍的效果.

例33　如图4-8,六边形 $ABCDEF$ 的各个内角相等,且 $AB+BC=11$, $FA-CD=3$.求 $BC+DE$ 的值.

分析与求解:题目中所给的六边形,是一个不对称的图形,处理起来比较复杂,不易发现已知量和未知量之间的联系.

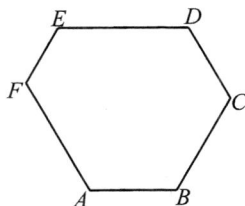
图4-8

如果把它化为一个对称图形,那么问题就容易解决.你能做到吗? 我们试一试.

这虽然是一个不规则图形,但其中有规则的因素,它的六个内角都相等.根据多边形内角和定理,知道它每个角都等于 $120°$.于是我们有以下几种方法,来构造规则的对称图形

方法1:如图4-9,将各边延长,构成一个正三角形 $\triangle PQR$,依次设 $AB=a$, $BC=b$, $CD=c$, $DE=d$, $EF=e$, $FA=f$,则

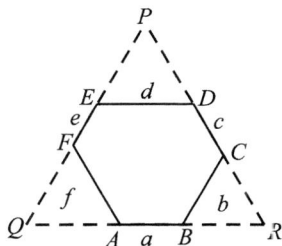
图4-9

$AQ=FQ=f$, $CR=BR=b$, $DP=EP=d$,

从而 $PQ=d+e+f=QR=f+a+b=PR=d+c+b$.于是

$BC+DE=b+d=PR-c=(a+b+f)-c=(a+b)+(f-c)=14$.

方法2:如图4-10,延长 BA, EF 交于点 P,延长 BC, ED 交于点 Q,构成平行四边形 $PBQE$,则

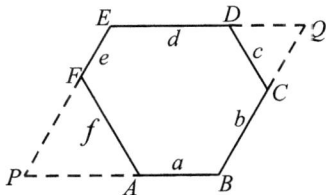
图4-10

$DC=CQ=DQ=c$, $AP=AF=PF=f$,

且 $a+f=c+d$, $\therefore d-a=f-c=3$.

从而 $BC+DE=b+d=(a-b)+(d-a)=11+3=14$.

以上证明的思想,就是将原来不规则的图形,补成规则的、对称的图形.此外,我们还可以将它补成其他类型的对称图形,如长方形、等腰梯形等.读者不妨试一试.

第四节　数学的简捷美及其应用

简捷是一种美,人们对于数学中简捷的追求是永无止境的.建立公理体系时,人们试图找出最少的几条公理;证明命题时,人们力求完整、简练;进行计算时,方法要求尽量简捷、明快……使用数学符号是实现数学简捷性的重要手段.数学中有许多符号,这些符号均有其独特的含义,使用它们方便、简捷和精确.例如,$\sqrt{2}=1.4142135\cdots$,右边无限不循环,写不尽,但它却可用$\sqrt{2}$表达;圆的周长与直径的比即圆周率为$3.141592653\cdots$,也是无限不循环,但它却可用希腊字母π表示;我们还用"Σ"表示求多个和以至无穷多个数字的和,"$n!$"表示阶乘等.读者可以想象如果没有现今的数学符号,整个数学领域将会是怎样!

世界万事万物,都是由基本粒子构成的,物质世界的这种统一性,蕴涵了普遍联系的简单性.反映在数量关系上的简单性,决定了数学的简捷美.例如,

圆锥曲线的统一极坐标方程:$\rho=\dfrac{ep}{1-e\cos\theta}$(其中$e$是离心率,$p$是焦距);

棣莫佛公式:$(\cos\theta+\mathrm{i}\sin\theta)^n=\cos n\theta+\mathrm{i}\sin n\theta$;

多面体欧拉公式:$V-E+F=2$(其中V是顶点数,E是棱数,F是面数);

《几何原本》中465个定理,全部都建立在5条几何公理、5条公设之上.如此等等,都体现出了惊人的简捷美.

解数学题时,追求简捷美,不仅能激发学习数学的兴趣,往往还可以独辟蹊径,发现优美而简捷的解法.

例34　蝴蝶定理:如图4-11,设M为圆O内弦PQ的中点,过点M作弦AB和CD.设AD和BC各相交PQ于点E和点F,则M是EF的中点.

蝴蝶定理的英文是Butterfly Theorem,它是古典欧氏平面几何的最精彩的结果之一.这个命题最早出现在1815年,而"蝴蝶定理"这个名称最早出现在1944年《美国数学月刊》上,题目的图形像一只蝴蝶.这个定理的证法多得不胜枚举,但都比较繁杂.下面的证明是由单墫给出的.

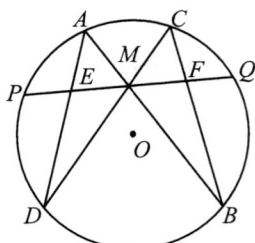

图4-11

证明:如图4-12,以点M为坐标系原点,以PQ所在直线为x轴建立直角坐标系.可设圆O的方程为$x^2+(y-a)^2=r^2$,直线AB的方程为

$y=k_1x$，直线 CD 的方程为 $y=k_2x$.

由于圆和两相交直线构成二次曲线系，其方程为：

$$\mu\left[x^2+(y-a)^2-r^2\right]+\lambda\left[(y-k_1x)(y-k_2x)\right]=0.$$

设 $y=0$，可知点 E 和点 F 的横坐标满足二次方程

$$(\mu+\lambda k_1k_2)x^2+\mu(a^2-r^2)=0.$$

由于 x 的系数为 0，则 $x_1+x_2=0$，即 $x_1=-x_2$.

所以 $ME=MF$.

这个方法多么简捷，多么漂亮！

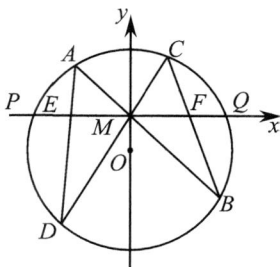

图4-12

例35（2000年全国高考题）设 $\{a_n\}$ 是首项为1的正数数列，且满足：$(n+1)a_{n+1}^2-na_n^2+a_{n+1}a_n=0(n=1,2,3,\cdots)$，则其通项公式为 $a_n=$ ____.

分析：由已知得 $\left[(n+1)a_{n+1}-na_n\right](a_{n+1}+a_n)=0(n=1,2,3,\cdots)$.

$\because a_n>0$，$\therefore a_{n+1}+a_n>0$. $\therefore (n+1)a_{n+1}-na_n=0$，

即 $(n+1)a_{n+1}=na_n\cdots\cdots(*)$. 到这里，一般都会将 $(*)$ 式处理为 $\dfrac{a_{n+1}}{a_n}=\dfrac{n}{n+1}$，然后令 $n=1,2,3,\cdots,n-1$，得到 $n-1$ 个式子，利用连乘得到 a_n 的表达式.

但如果换一种眼光整体观察 $(*)$ 式，就会得到一个新的数列 $\{na_n\}$，$(*)$ 式便是其递推公式，它明白地告诉我们：该数列是常数列！故通项 $na_n=1\cdot a_1=1$，$\therefore a_n=\dfrac{1}{n}$.

该方法何其简捷明快，一种解题后的美感油然而生！

例36（2009年清华大学自主招生试题）设 $x,y\in\mathbf{R}$，$x+y=1$，求证：对任意正整数 n，有 $x^{2n}+y^{2n}\geqslant\dfrac{1}{2^{2n-1}}$.

证明：易知当 $x=0$，或 $y=0$，或 x,y 有一个为负数时上述结论显然成立，也就是说本题只要证明当 x,y 为正数时结论成立即可.

由 $2n$ 维均值不等式可得：

$$x^{2n}+\underbrace{\left(\dfrac{1}{2}\right)^{2n}+\left(\dfrac{1}{2}\right)^{2n}+\cdots+\left(\dfrac{1}{2}\right)^{2n}}_{2n-1\text{个}}\geqslant 2nx\left(\dfrac{1}{2}\right)^{2n-1},$$

$$y^{2n} + \underbrace{\left(\frac{1}{2}\right)^{2n} + \left(\frac{1}{2}\right)^{2n} + \cdots + \left(\frac{1}{2}\right)^{2n}}_{2n-1\text{个}} \geq 2ny\left(\frac{1}{2}\right)^{2n-1}.$$

上述两式相加即可得证.

上述证明极其简捷,让人拍案叫绝!那为何这样构思呢?原因是无论是已知条件,还是求证结论均具有轮换式(或对称式,或轮换对称式)的特征.我们考虑等号成立的条件,即 $x=y$,并结合 $x+y=1$ 可得 $x=y=\frac{1}{2}$,则 $x^{2n}=\left(\frac{1}{2}\right)^{2n}$,因此需凑 $\left(\frac{1}{2}\right)^{2n}$ 与之匹配.之所以凑 $2n-1$ 个 $\left(\frac{1}{2}\right)^{2n}$,是为了使用 $2n$ 维均值不等式时可以将 x^{2n} 从根号内顺利"剥离"出来,并且得到 x,进而与另一处得到的 y 相加,为直接利用 $x+y=1$ 创造条件,从而将问题完美解决.

例37 我们把平分三角形周长的直线叫作三角形的分周线.

如图4-13,在 $\triangle ABC$ 中,设 $BC=a, CA=b, AB=c$,周长为 $2p$,直线 l 与 AB, AC 分别交于点 D, E,且有

$$AD + AE = BD + BC + CE = \frac{a+b+c}{2} = p.$$

则直线 l 是 $\triangle ABC$ 的一条分周线.

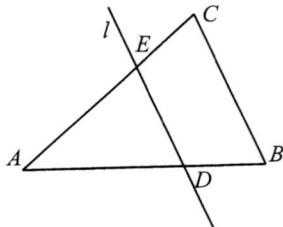

图4-13

显然,对于一个三角形,分周线有无数条.但过某边上已知点(含顶点)的分周线有且只有一条.

性质1 分别过三角形三个顶点的三条分周线相交于一点,这个点叫作三角形的"第一界心".

性质2 分别过三角形三条边中点的三条分周线相交于一点,这个点叫作三角形的"第二界心".

性质3 $\triangle ABC$ 的第一界心 J、第二界心 K 与 $\triangle ABC$ 重心 G 共线.

性质1—性质3是由重庆市第十六中学夏培贵老师发现的,并用解析法给出证明,证明过程比较繁杂,原文发表在安徽《中学数学教学》1999年第2期第19至20页上.

在追求简捷美心理的驱使下,浙江省慈溪市掌起初级中学陈传孟老师给出了性质1—性质3的简捷而优美的证明方法.

他的证明思路是:首先证第一界心 J 和重心 G、内心 I 共线,再证第二界心 K 和 G, I 共线,于是 J, K, G(还有 I)就共线了.

性质4 △ABC的第一界心J与△ABC的重心G、内心I共线.

①首先证明AD,BE,CF交于一点.

如图4-14,设BE交CF于J_1点,△ACF被直线BE相截于B,J_1,E,

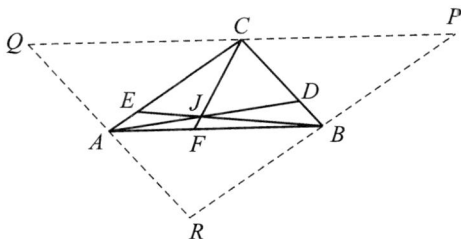

图4-14

由梅内劳斯定理,有 $\dfrac{CJ_1}{J_1F} \cdot \dfrac{FB}{BA} \cdot \dfrac{AE}{EC} = 1$.

若设△ABC三边及半周长分别为 a,b,c,p,

则AF=CD=p-b,BF=CE=p-a,AE=BD=p-c,

所以 $\dfrac{CJ_1}{J_1F} = \dfrac{BA}{FB} \cdot \dfrac{EC}{AE} = \dfrac{c}{p-a} \cdot \dfrac{p-a}{p-c} = \dfrac{c}{p-c}$,

从而 $\dfrac{CJ_1}{CF} = \dfrac{c}{p}$.

设AD交CF于点J_2,同理可证 $\dfrac{CJ_2}{CF} = \dfrac{c}{p}$,因此$J_1$与$J_2$重合,即第一界心J.

②再证J,G,I共线.

过A,B,C分别作对边平行线,交成△PQR.

又设点J到PQ,PR,QR的距离分别为d_c,d_b,d_A,点C到AB的距离(即△ABC边AB上的高)为h_c,则 $\dfrac{JC}{CF} = \dfrac{d_c}{h_c} = \dfrac{c}{p}$,因此,$d_c = \dfrac{2S_{\triangle ABC}}{p}$ 是一定值.

同理可得,$d_A = d_B = \dfrac{2S_{\triangle ABC}}{p}$ 也是同一定值.这就是说,点J到△PQR三边等距离,且J在△PQR内,故J是△PQR的内心.

显然,△PQR与△ABC关于G点成逆中心位似,因此这两个三角形的内心J和I也关于点G成逆位似.所以这三点在一条直线上.

性质5 △ABC的第二界心K与△ABC的重心G、内心I共线.

证明:如图4-15,设D,E,F分别为△ABC三边中点,K为第二界心,

∵AU=BC+CU,

∴AE+EU=BC+EC-EU,

2EU=BC+EC-AE=BC,

∴2EU=BC,

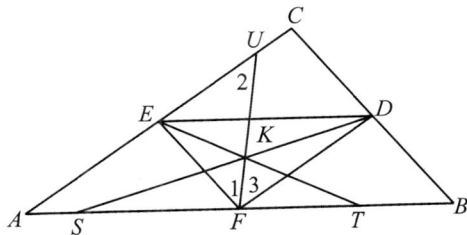

图4-15

$\therefore EU = \dfrac{a}{2}$，又 $EF = \dfrac{BC}{2} = \dfrac{a}{2}$，

$\therefore EU=EF,\therefore \angle 1=\angle 2$，又 $DF /\!/ CA$，

$\therefore \angle 2=\angle 3$，

$\therefore \angle 1=\angle 3$，即 FU 为 $\angle DFE$ 的平分线.

同理 DS,ET 分别是 $\angle EDF,\angle DEF$ 的平分线.

故点 K 是 $\triangle DEF$ 的内心.

又显然，$\triangle ABC$ 与 $\triangle DEF$ 关于公共重心 G 点成逆位似，

故 $\triangle DEF$ 的内心 K 与 $\triangle ABC$ 的内心 I 关于 G 点成逆位似(K,I 分居 G 两侧)，

即 K,G,I 共线.

以上几何证法，与原解析证法相比，显得十分巧妙，而且十分简捷.

性质6　$\triangle ABC$ 的第一界心 J、第二界心 K 与重心 G 共线.

证明：由性质4、性质5知，J,K 均在直线 GI 上，故 J,K,G 共线.

性质6的推论　$\triangle ABC$ 的第一界心 J、第二界心 K 与重心 G、内心 I 共线，且 $JK:KG:GI=3:1:2$.

证明：由性质4知，$\triangle PQR$ 与 $\triangle ABC$ 关于 G 点成逆中心位似，位似比 $k=-2$，从而 J 与 I 在 G 两侧，且 $JG:GI=2:1$.

又由性质5知，$\triangle ABC$ 与 $\triangle DEF$ 关于公共重心 G 点成逆位似，位似比 $k=-2$，从而 K 与 I 也在 G 两侧，且 $KG:GI=1:2$.

综上所述得，$JK:KG:GI=3:1:2$，点 J,K,G,I 四点同在同一条直线上的位置如图4-16所示.这是一个十分精彩的结论，完全可以与"欧拉直线"相媲美.

图4-16

说明：任意三角形的外心 O、重心 G、垂心 H 都在同一条直线上，这条直线叫作"欧拉直线"，且 $OG:GH=1:2$.

性质4—性质6的推论以及证明过程发表在安徽《中学数学教学》1999年第6期第9页上.

第五节　数学的奇异美及其应用

人人都有求新求异的心理，新颖或奇异的事物往往能引起人们愉悦的心理感受.数学史上打破常规、求新求异的事例比比皆是.数学的奇异美，就是数学

发展过程中求新求异的表现.

数学的奇异美,在解题方法论上的应用很多,表现在逆向思维、反证法、变更思路、变量替换、举出反例、用不等式证明等式等方面.

例38 因式分解: $-x^3-ax^2+2ax+a^2-1$.

这是关于变量 x 的3次多项式,若以 x 为主变量来分解因式,没有通用的方法.如果我们换一个角度来考虑:以参变量 a 为主变量来看,它便是关于 a 的2次方程,这样来分解因式,那就方便多了.

将上式改写成以 a 为主变量的多项式: $a^2-(x^2-2x)a-x^3-1$,求得与它相应的一元二次方程的两个根为 $a=-x-1$, $a=x^2-x+1$.于是就有,

$$原式 = \left[a-(-x-1)\right]\left[a-\left(x^2-x+1\right)\right] = (x+a+1)(-x^2+x+a-1).$$

例39 如图4-17所示,在正方形 $ABCD$ 中有一点 E,若 $\angle EAD=\angle EBC=75°$,求证: $\triangle EDC$ 是正三角形.

这是一道传统名题,通常是用同一法来证明.其他综合的证明方法也很多,但下面用不等式来证明等式的方法,特别有趣.由对称性可知, $ED=EC$,故只要证明 $DE=DC$ 即可.

现假设 $DE \geqslant DC$……①,则 $\angle CDE=\angle DCE \geqslant \angle DEC$,

从而 $\angle CDE \geqslant 60°$,所以 $\angle ADE \leqslant 30°$.

因为 $\angle ADE=180°-75°-\angle DAE \leqslant 30°$,所以 $\angle DEA \geqslant 75°$.

从而 $\angle DAE \leqslant \angle DEA$.

在 $\triangle AED$ 中, $DE \leqslant AD=CD$……②

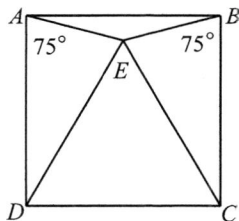

图4-17

由不等式①②,即得等式 $DE=DC$.因此, $\triangle EDC$ 是正三角形.

请注意:这里的证法,在开始时所做的假设:" $DE \geqslant DC$ "与所证的结论" $DE=DC$ "是相容的,并不矛盾.所以,这虽然是一种间接的证法,但并不是反证法.

第六节 黄金分割及其应用

一、黄金分割

定义:如图4-18所示,若点 C 把一条线段(AB)分成大(AC)、小(CB)两段,且

$\dfrac{小段}{大段} = \dfrac{大段}{全段}$,即 $\dfrac{CB}{AC} = \dfrac{AC}{AB}$,则称点 C 分线段 AB 成中

外比.我们通常把这样的分割称为黄金分割,点 C 称

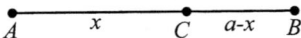

图4-18

为线段 AB 的黄金分割点.其比值为 $\dfrac{\sqrt{5}-1}{2}$.取其小数点后四位的近似值是

0.618,这个数通常叫作黄金数,用希腊字母 Φ 表示.

证明:在图4-18中,设 $AB=a$,$AC=x$,则 $CB=a-x$.

代入 $\dfrac{CB}{AC} = \dfrac{AC}{AB}$,得 $x^2=a(a-x)$,即 $x^2+ax-a^2=0$,

解得 $x = \dfrac{-1 \pm \sqrt{5}}{2}a$,舍去负值,$x = \dfrac{\sqrt{5}-1}{2}a$,

若设 $a=1$,则 $\Phi = \dfrac{AC}{AB} = \dfrac{x}{a} = \dfrac{\sqrt{5}-1}{2} \approx 0.618$.

二、黄金分割点的作法

如图4-19,线段 AB 的黄金分割点 C 的作法如下:

①作线段 AB 的垂直平分线,得线段 AB 的中
点 M;

②过点 B 作 AB 垂线 l;

③以点 B 为圆心,以 BM 为半径作圆交 l 于点 N;

④连接 AN,BN,以点 N 为圆心,以 NB 为半径
作圆交 AN 于点 P;

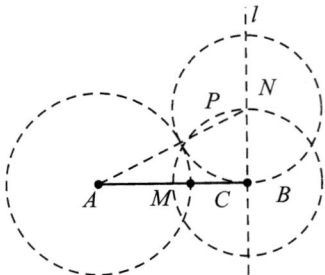

图4-19

⑤以点 A 为圆心,以 AP 为半径作圆交 AB 于点 C.

图4-19是按以上作图步骤,由《几何画板》软件构造的,用尺规也可以作出.

在隐藏图4-19中的三个圆与直线 l,便得到图4-18.需要说明的是,《几何
画板》(5.06版)可直接构造线段 AB 的中点,所以图4-19中没有显示第一步尺规

作出点 M 的痕迹.

下面根据定义证明点 C 就是线段 AB 的黄金分割点.

证明:设 $AB=a$,由以上作法可知 $NB=NP=\dfrac{a}{2}$,$AC=AP$.在 Rt$\triangle ABN$中,

$$AN=\sqrt{AB^2+NB^2}=\sqrt{a^2+\left(\frac{a}{2}\right)^2}=\frac{\sqrt{5}}{2}a \ ,$$

$$\therefore \ AC=AP=AN-NP=\frac{\sqrt{5}-1}{2}a .$$

设 $a=1$,则 $\dfrac{AC}{AB}=\dfrac{\sqrt{5}-1}{2}$,所以点 C 是线段 AB 的黄金分割点.

在实际应用时,黄金数不用根式表达,而是用其前四位小数近似值,即 0.618,因为这是黄金数的前四位小数的近似值,已经很精确了.

在美学界,黄金数被认为是最合理的比例.在建筑设计上有广泛应用.例如,有的大橱窗的宽与长的比例,大型建筑的宽与长的比例等.人体各个部位也存在黄金数,如人体头部的宽与长之比等.欧洲中世纪画家们在画人物肖像时,处处都体现黄金数等.

黄金分割的应用还有就是画圆内接正五边形和正十边形,并以此来画正五角星.画正五角星的关键是作圆内接正五边形,而作圆内接正五边形的关键是作出 36° 的角,这就需要用到黄金分割.

三、黄金三角形

(一)作一个角等于 36°

如图 4-20,作法如下:

①任作一条线段 AB;

②作线段 AB 的黄金分割点 P;

③分别以点 A,B 为圆心,以 AP 为半径作圆,设二圆在 AB 右侧的交点为 D;

④连接 AD,并延长交⊙B于点 C,连接 BC,则∠$BAC=36°$.

证明:在图 4-20 中,连接 BD,BC,CP,

由作法可知,$AD=BD=BC=AP$.

设∠$BAD=\alpha$,则∠$ABD=\alpha$,∠$BDC=$∠$BCD=2\alpha$.

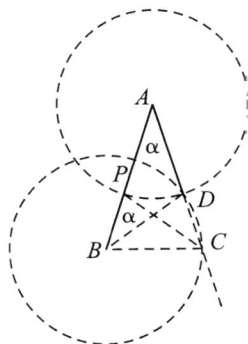

图 4-20

∵ AB 的黄金分割点是 P，∴ $\dfrac{PB}{AP}=\dfrac{AP}{AB}$，∴ $\dfrac{BP}{BC}=\dfrac{BC}{BA}$，

而 ∠ABC=∠CBP，∴ △ABC∽△CBP，

∴ ∠BCP=∠BAC=α.

∴ ∠ACP=∠ACB-∠BCP=$2\alpha-\alpha=\alpha$.

∴ $AP=CP$，∴ $AD=BD=BC=AP=CP$.

∴ △PAC≌△DAB，∴ $AC=AB$.

∴ ∠ABC=∠ACB=2α.

∴ $5\alpha=180°$，即 $\alpha=36°$，∴ ∠BAC=$36°$.

定义：顶角为 $36°$，底角为 $72°$ 的等腰三角形叫作黄金三角形.

在图 4-20 中，△ABC 与△BCD 都是黄金三角形.

（二）探究黄金三角形的性质

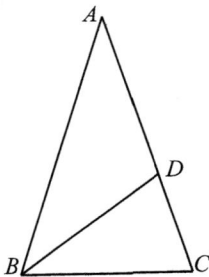

图4-21

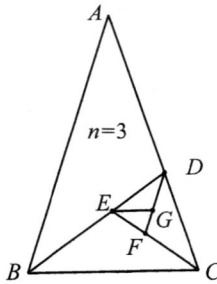

图4-22

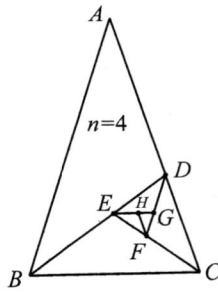

图4-23

已探究出黄金三角形至少有以下性质：

性质 1 如图 4-21，作黄金三角形 ABC 底角∠B 的平分线交 AC 于点 D，则△BCD 也是黄金三角形.

事实上，∵ ∠ABC=$72°$，∴ ∠DBC=$\dfrac{1}{2}$∠B=$36°$，又∠C=$72°$，∠BDC=$72°$，

∴ △BCD 也是黄金三角形.

图 4-22 与图 4-23 是由《几何画板》(5.06 版)将图 4-21 中的△BCD 分别迭代 3 次与 4 次得到的.可以将图 4-21 中的△BCD 迭代 $n(n≥3)$ 次，得到一个黄金三角形序列，记为 $\{\triangle_n\}$.

性质 2 所有黄金三角形都相似，且△$_{n+1}$ 与△$_n$ 的相似比为 Φ.

性质 3 在黄金三角形序列 $\{\triangle_n\}$ 中，△$_{n+3}$ 的右腰与△$_n$ 的左腰平行.

例如,在图4-22口,$DF/\!/AB,EG/\!/BC$.

性质4　在黄金三角形序列 $\{\triangle_n\}$ 中, $\triangle_n$, $\triangle_{n+1}$, $\triangle_{n+3}$ 底边上的三条高所在的直线共点.

下面证明 $\triangle ABC,\triangle BCD,\triangle DEF$ 底边上的高所在的直线共点.

证明:如图4-24,设 AA' , BB' 分别是 $\triangle ABC,\triangle BCD$ 底边上的高,

设 AA' , BB' 相交于点 P ,连接 DP ,并延长交 BC 于点 D' .

∵ $AB=AC,EB=EC$,∴ AA' 过点 E ,同理 BB' 过点 F .

在 $\triangle PEF$ 中,∵ $\angle PEF=\dfrac{1}{2}\angle BAC+\dfrac{1}{2}\angle ACB=54°$,

$\angle PFE=\dfrac{1}{2}\angle ABC+\dfrac{1}{2}\angle ACB=54°$,

∴ $\angle PEF=\angle PFE$,∴ $PE=PF$,

又 $DE=DF$,∴ D,P 在线段 EF 的垂直平分线上,

从而 $DP\perp EF$.∴ $\triangle ABC,\triangle BCD,\triangle DEF$ 底边上的高所在的直线共点.

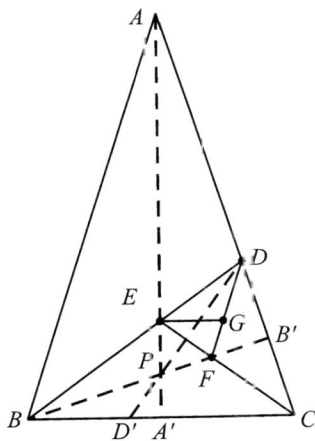

图4-24

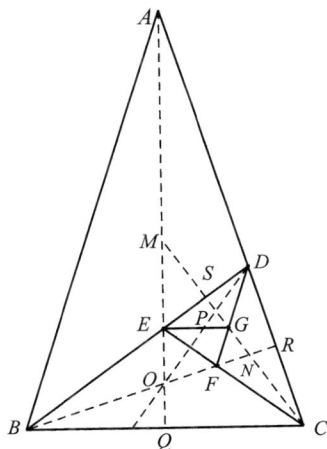

图4-25

性质5　在黄金三角形序列 $\{\triangle_n\}$ 中,相邻的三个三角形 $\triangle_n$, $\triangle_{n+1}$, $\triangle_{n+2}$ 底边上的高所在的直线围成的三角形也是黄金三角.

证明:如图4-25, AQ,BR,CS 分别是 $\triangle ABC,\triangle BCD,\triangle CDE$ 底边上的高所在的直线,它们围成的三角形是 $\triangle OMN$.在 $\triangle OMN$ 中,

∵ $\angle OMN=\dfrac{1}{2}\angle BAC+\dfrac{1}{4}\angle ACB=36°$,

$\angle ONM=\angle CNR=90°-\dfrac{1}{4}\angle ACB=72°$,

$\angle NOM = \angle BOQ = 90° - \dfrac{1}{4}\angle ABC = 72°$,

$\therefore \triangle OMN$ 是黄金三角形.

性质6 如图4-26,设 $\triangle ABD$, $\triangle BCE$, $\triangle CDF$ 的外接圆圆心分别为 O_1, O_2, O_3,则

①$\odot O_1$ 与 BC 相切,且切点为 B;②$\odot O_2$ 与 AB, AC 相切,且切点为 B, C;③$\odot O_3$ 与 BC, BD 相切,且切点为 C, D.

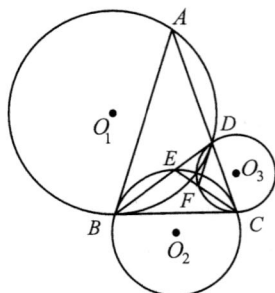

图4-26

下面仅对①给出证明,其余类似.$\because \triangle ABC \backsim \triangle BCD$,

$\therefore \dfrac{AB}{BC} = \dfrac{BC}{CD}$,而 $AB=AC$,$\therefore CB^2 = CD \cdot CA$,而 CA 是 $\odot O_1$ 的割线,点 D 在 $\odot O_1$ 上,$\odot O_1$ 与 BC 相切,且切点为 B.

若连接 $O_1 B$,$O_1 A$,通过角的计算得 $\angle O_1 BC = 90°$,也可证明 $\odot O_1$ 与 BC 相切.

四、黄金矩形

定义:宽与长的比是 $\dfrac{\sqrt{5}-1}{2}$(约为0.618)的矩形叫作黄金矩形.可以通过折纸折叠出一个黄金矩形,详见《数学(八年级下册)》(人民教育出版社2013年9月第1版)第64页.黄金矩形的尺规作图方法如下:

如图4-27,先作矩形的长边 AB,其次作出 BA 的黄金分割点 D_1,再以较长部分 BD_1 为另一边作矩形 $ABCD$.在图4-27中,矩形 ADC_1D_1,矩形 $AD_1C_2D_2$,矩形 $AD_2C_3D_3$,矩形 $AD_3C_4D_4$ 这四个黄金矩形是由《几何画板》(5.06版)将黄金矩形 $ABCD$ 迭代4次生成的.

已探究出黄金矩形至少有以下性质:

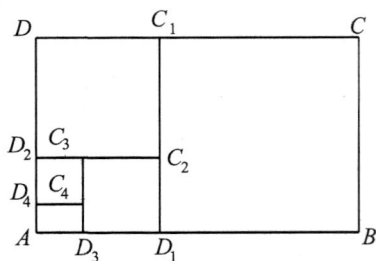

图4-27

性质1 ①如图4-27,在黄金矩形 $ABCD$ 内作正方形 BCC_1D_1,则矩形 ADC_1D_1 也是黄金矩形.

证明:设 $\dfrac{AD}{AB} = \Phi$,$AB=a$,则 $AD = a\Phi$,$DC_1 = DC - C_1C = a - a\Phi$.

只要证 $\dfrac{AD}{AB} = \dfrac{DC_1}{DA}$,即证 $\Phi = \dfrac{a - a\Phi}{a\Phi}$,即证 $\Phi^2 + \Phi - 1 = 0$,……(*)

$\because \Phi = \dfrac{\sqrt{5}-1}{2}$，$\therefore (*)$式成立.

②如图4-27,再在黄金矩形ADC_1D_1内作正方形$DC_1C_2D_2$,则矩形$AD_1C_2D_2$也是黄金矩形.仿①②继续作下去,或由《几何画板》(5.06版)将图4-27中的矩形$ABCD$迭代$n(n \geq 3)$次,便得到一个黄金矩形序列,记为$\{\square_n\}$.

性质2 所有黄金矩形都相似,且$\square_{n-1}$与$\square_n$的相似比为Φ.

证明略.

性质3 如图4-28,A,C_2,C三点共线,A,C_3,C_1三点共线,且$AC \perp DD_1$.

证明:$\because \dfrac{D_2C_2}{C_1C} = \dfrac{\sqrt{5}-1}{2}$,$\dfrac{D_2A}{C_1C_2} = \dfrac{\sqrt{5}-1}{2}$,$\therefore \mathrm{Rt}\triangle C_2D_2A \backsim \mathrm{Rt}\triangle CC_1C_2$,

$\therefore \angle C_1C_2C = \angle D_2AC_2$,又$\because \angle D_1C_2A = \angle D_2AC_2$,$\therefore \angle C_1C_2C = \angle D_1C_2A$.

$\therefore A,C_2,C$三点共线.

同理可证A,C_3,C_1三点共线.

$AC \perp DD_1$的证明留给读者.

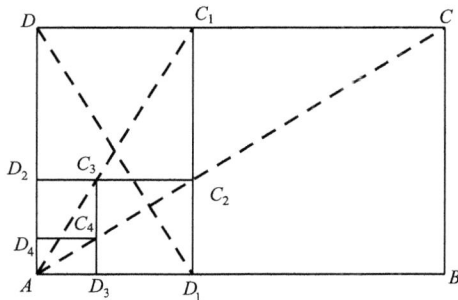

图4-28

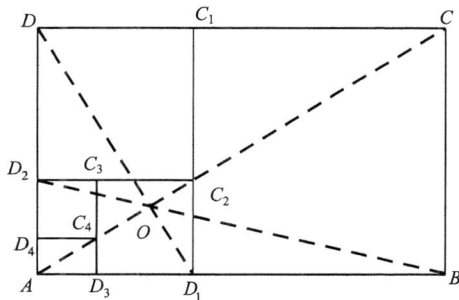

图4-29

性质4 如图4-29,AC,DD_1,BD_2三线共点.

证明:设AC,DD_1交于点O,连接BO,D_2O.

$\because \angle D_1AO = \angle DCO$,$\angle AD_1O = \angle CDO$,$\therefore \triangle AD_1O \backsim \triangle CDO$,

$\therefore \dfrac{OA}{OC} = \dfrac{D_1A}{DC} = \dfrac{D_1A}{DA} \cdot \dfrac{DA}{DC} = \dfrac{\sqrt{5}-1}{2} \cdot \dfrac{\sqrt{5}-1}{2} = \Phi^2$,

又$\because \dfrac{D_2A}{BC} = \dfrac{D_2A}{AD_1} \cdot \dfrac{AD_1}{BC} = \dfrac{\sqrt{5}-1}{2} \cdot \dfrac{\sqrt{5}-1}{2} = \Phi^2$,$\angle BCO = \angle D_2AO$,

$\therefore \triangle BCO \backsim \triangle D_2AO$,

$\therefore \angle BOC = \angle D_2OA$,$\therefore B,O,D_2$三点共线,

$\therefore AC,DD_1,BD_2$三线共点.

性质5 如图4-29，$\dfrac{OD}{OC}=\dfrac{OA}{OD}=\dfrac{OD_1}{OA}=\dfrac{OC_2}{OD_1}=\Phi$；$\dfrac{OD_2}{OB}=\Phi^2$．

读者可仿性质4的证明证明性质5．

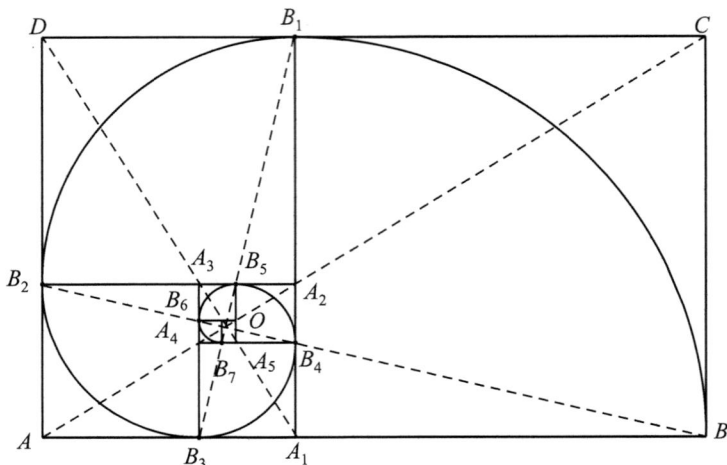

图 4-30

性质6 如图4-30，在黄金矩形$ABCD$中，由《几何画板》(5.06版)将点A迭代若干次得到的点(象)是$A_1,A_2,A_3,A_4,A_5,\cdots$，将点$B$迭代若干次得到的点(象)是$B_1,B_2,B_3,B_4,B_5,B_6,B_7,\cdots$．则：

①A,A_4,A_2,C四点共线，A_1,A_5,A_3,D四点共线，且$AC\perp A_1D$；

②B,B_4,B_6,B_2四点共线，B_1,B_5,B_7,B_3四点共线，且$B_1B_3\perp BB_2$．

读者可仿性质3的证明证明性质6．

性质7 如图4-30，设AC与A_1D的交点为点O，则AC,A_1D,B_1B_3,BB_2四线共点．

读者可仿性质4的证明证明性质7．点O是黄金矩形$ABCD$内的一个黄金点．当迭代次数逐步增大时，黄金矩形越来越小，迭代的终点是点O．细心的读者一定会发现，图4-30中的迭代，使矩形依次按逆时针方向旋转90度，但图4-29中的迭代，使矩形先按逆时针方向旋转90度，再顺时针转90度，旋转方向交替进行．

性质8 如图4-30，①$\dfrac{OD}{OC}=\dfrac{OA}{OD}=\dfrac{OA_1}{OA}=\dfrac{OA_2}{OA_1}=\dfrac{OA_3}{OA_2}=\dfrac{OA_4}{OA_3}=\cdots=\Phi$；

②$\dfrac{OB_2}{OB}=\dfrac{OA}{OC}=\dfrac{OB_3}{OB_1}=\dfrac{OA_1}{OD}=\cdots=\Phi^2$．

读者可仿性质4的证明证明性质8.

性质9 如图4-30,在黄金矩形$ABCD$中,由《几何画板》(5.06版)将点B迭代若干次得到的点(象)$B_1,B_2,B_3,B_4,B_5,B_6,B_7,\cdots$在同一对数螺线上.

证明略.

五、正五角星

在图4-31中,阴影部分是一个正五角星,它是由正五边形$ABCDE$的5条对角线围成的平面区域,给人以美感.为什么美?因为图4-31中有很多黄金分割点与黄金三角形.

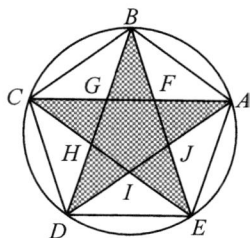

图4-31

设对角线AC与BE,BD的交点分别为F,G,对角线CE与DB,DA的交点分别为H,I,对角线BE与DA的交点为J,则:

①$\triangle ACD$,$\triangle BDE$,$\triangle CEA$,$\triangle DAB$,$\triangle EBC$;$\triangle AFJ$,$\triangle BGF$,$\triangle CHG$,$\triangle DIH$,$\triangle EJI$;$\triangle ABG$,$\triangle AIE$,$\triangle BCH$,$\triangle BJA$,$\triangle CDI$;$\triangle CFB$,$\triangle DGC$,$\triangle DEJ$,$\triangle EHD$,$\triangle EAF$都是黄金三角形.

②点F,G,H,I,J都是所在线段的黄金分割点.

例如,可以证明:$\dfrac{AF}{CF}=\dfrac{CF}{AC}=\dfrac{FG}{CG}=\dfrac{CG}{CF}$.

六、黄金分割在几何作图上的应用

(一)作已知圆的内接正五边形

作法1:如图4-32.

①在⊙O内任作一弦PE;

②以PE为一边作角$\angle EPA$=36°,点A是角的另一边与⊙O的交点;

③连接AE,以点A为圆心,以AE为半径作圆交⊙O于点B;

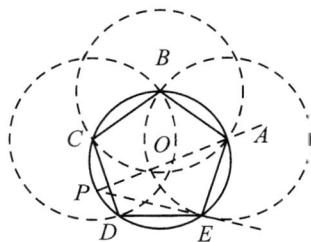

图4-32

④以点B为圆心,以AE为半径作圆交⊙O于点C;

⑤以点C为圆心,以AE为半径作圆交⊙O于点D;

⑥连接AB,BC,CD,DE,擦去虚线,得正五边形$ABCDE$.

作法2:如图4-33.

①过圆心O和⊙O上一点P作直线交⊙O于另一点Q;

②过点O作直线$OB\perp OP$,交⊙O于点B;

③以点P为圆心,以OP为半径作圆交⊙O于点R,S;

④连接RS交OP于点G;

⑤以点G为圆心,以GB为半径作圆交OQ于点H;

⑥以点B为圆心,以BH为半径作圆交⊙O于点C,A;

⑦以点C为圆心,以CB为半径作圆交⊙O于点D;

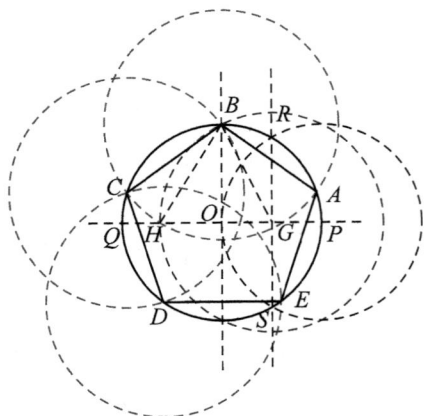

图4-33

⑧以点D为圆心,以DC为半径作圆交⊙O于点E;

⑨依次连接B,C,D,E,A,擦去虚线,得正五边形$ABCDE$.

证明:设⊙O的半径为R,由作法及勾股定理得$OG = \dfrac{R}{2}$,$BG = \dfrac{\sqrt{5}}{2}R$.

$\because HO = HG - OG = BG - OG = \dfrac{\sqrt{5}-1}{2}R$,

$\therefore BH^2 = BO^2 + HO^2 = R^2 + \left(\dfrac{\sqrt{5}-1}{2}R\right)^2$,

$\therefore BC = BH = \dfrac{1}{2}\sqrt{10-2\sqrt{5}}\,R$.

下面证明正五边形的边长是$\dfrac{1}{2}\sqrt{10-2\sqrt{5}}\,R$.

如图4-34,在黄金三角形ABC中,作底边BC上的高AD,则AD平分$\angle BAC$,

$\because \angle BAC=36°$,$\dfrac{BC}{AB} = \dfrac{\sqrt{5}-1}{2}$,

$\therefore \sin 18° = \sin\angle BAD = \dfrac{BC}{2AB} = \dfrac{\sqrt{5}-1}{4}$.

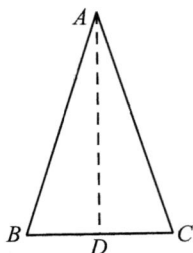

图4-34

由 $\sin^2\alpha + \cos^2\alpha = 1$ ，可算得 $\cos 18° = \dfrac{1}{4}\sqrt{10 + 2\sqrt{5}}$ ．

由 $\sin 2\alpha = 2\sin\alpha\cos\alpha$ ，可算得 $\sin 36° = \dfrac{1}{4}\sqrt{10 - 2\sqrt{5}}$ ．

由正弦定理可知，半径为 R 的圆内接正五边形的边长为

$$2R \cdot \sin 36° = \dfrac{1}{2}\sqrt{10 - 2\sqrt{5}}\,R .$$

（二）作已知圆的内接正十边形

由正弦定理可知，半径为 R 的圆内接正十边形的边长为

$$2R \cdot \sin 18° = \dfrac{\sqrt{5}-1}{2}R .$$

而在图 4-33 中，$HO = \dfrac{\sqrt{5}-1}{2}R$ ，因此只要以 HO 为半径，以点 B 为圆心，在 $\odot O$ 上画弧便可得到正十边形的第二个顶点，……，直到全部画出 10 个顶点为止，从而作出正十边形．

七、黄金分割在摄影中的应用

在日常生活中，我们经常用手机或相机拍摄各类照片.怎样才能拍出有美感的照片呢?

笔者用的手机中，执行"设置→相机→参考线"操作后，再打开"相机"准备拍照时，手机屏幕上就会出现如图 4-35 所示的"参考线".

那么相机中为什么要设置图 4-35 这样的"参考线"? 让我们以"数学的眼光"来深究其中的奥秘.

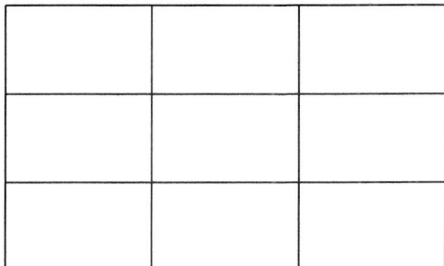

图 4-35

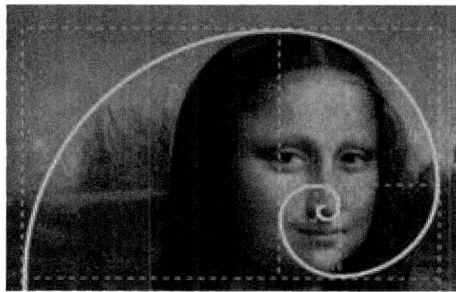

图 4-36

图4-36是"蒙娜丽莎"头部的构图,头部整体给人以美感.尤其是蒙娜丽莎鼻尖所对应的位置,它有什么奥秘吗?

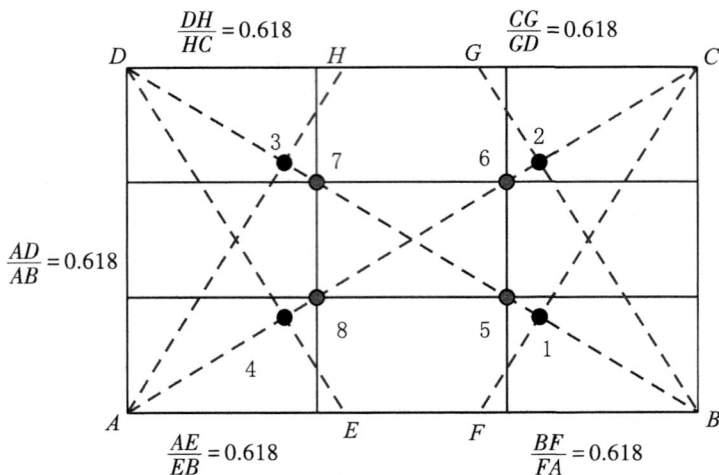

图4-37

在图4-37中,四边形$ABCD$是用《几何画板》(5.06版)构造的黄金矩形.点E,F是AB边上的两个黄金分割点,点H,G是CD边上的两个黄金分割点.过AB,BC,CD,DA的三等分点的线段,将黄金矩形$ABCD$分成九个全等的小黄金矩形,在矩形$ABCD$内的四条线段呈"井"字形状,四条线段两两相交的交点依次记为5,6,7,8.

在图4-37中,由黄金矩形性质6可知,$AH \perp BD$,$CF \perp BD$,$DE \perp AC$,$BG \perp AC$.由黄金矩形性质7可知,以上互相垂直的两直线的交点就是黄金矩形内的黄金点.矩形$ABCD$内共有四个黄金点,依次记为1,2,3,4.

像图4-37这样,由九个全等的小黄金矩形构成的图形通常叫作"九宫格".

在图4-37中,点1在点5的东偏南方向,点2在点6的东偏北方向,点3在点7的西偏北方向,点4在点8的西偏南方向,而且两点之间的距离很近.因此,在摄影、绘画的实际操作过程中,通常用"九宫格"中的5,6,7,8这四个点作"参照点",近似地确定四个黄金点的位置.这是一个便于实际操作的好办法.

在图4-35中,"蒙娜丽莎"脸部含有两个黄金点,并且眉心、鼻尖各对应一个黄金点,这就是"蒙娜丽莎"为什么这么美的奥秘.

到此,怎样用黄金分割构图,让你的照片拍得更美,聪明的读者一定会有所感悟.

如何调出手机中的"参考线"或"九宫格"呢?

苹果手机用户的操作为:"设置→照片与相机→网格";安卓系统手机用户的操作为:"设置→相机→参考线".欣赏下图(如图4-38),可发现数学美蕴涵其中.

帕特农神庙(左下螺旋)

自由女神像(左下螺旋)

最后的晚餐(左下螺旋)

掷铁饼者(右下螺旋)

图4-38

思考题

4-1. 作图证明：$\tan 15° + \cot 15° = 4$.

4-2. 作图求 $\tan 22.5°$ 的值.

4-3. 已知 $f(x) = \dfrac{x}{1+x}$，计算 $\displaystyle\sum_{n=1}^{2006} f\left(\dfrac{1}{n}\right) + \sum_{n=1}^{2006} f(n)$.

4-4. 如图 4-39，六边形 $ABCDEF$ 的各个内角相等．
若 $AB=1$，$BC=CD=3$，$DE=2$，求此六边形的周长．

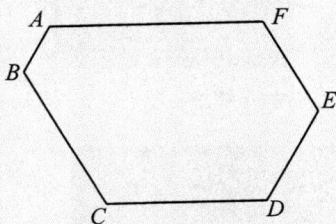

图 4-39

4-5. 已知 a,b,c 为实数，下列各式能否为 0？为什么？

(1) $\dfrac{a}{bc} + \dfrac{b}{ac} + \dfrac{c}{ab}$；

(2) $\dfrac{a-b}{(b-c)(c-a)} + \dfrac{b-c}{(a-b)(c-a)} + \dfrac{c-a}{(a-b)(b-c)}$.

4-6. 已知实数 a,b,c 满足 $a+b+2c=1$，$a^2 + b^2 + 6c + \dfrac{3}{2} = 0$.

求 a,b,c 的值.

第五章　解数学题的方法

人们常说:问题是数学的心脏.不是吗？数学中的定理、公式、例题和习题,以及各种其他数学题目,无不是数学问题.学习数学要学会解题是重要内容,也是基本要求.但是,我们不应该搞"题海战术",为解题而解题.那种认为解题越多越好,只要多做题就能学好数学的观念,是不对的.因为数学题目千变万化,题目是做不完的,题目的变化是很难把握的.那么,我们应该抱什么样的态度来解题呢？——用研究的态度,用研究的方法.

第一节　解题的一般程序

一、问题解决的基本要求

数学里所谈的"问题"有两类:一类是纯粹数学形式化的问题;一类是非纯粹数学形式化的一般问题,但可以转化为数学问题.本章中所说的"问题",是指实际问题或非数学形式化的问题.实际问题包括生产和日常生活中的问题,以及其他学科内容的问题.对于这些非数学形式化的问题,我们要用数学的方法来解决,这就是"问题解决"的本意.

既然要用数学方法来解决实际问题,首先要把它变成数学问题,就是要将它"数学化",变成一个纯数学形式化的问题,然后才能用数学方法来解决.最后怎么求解呢？将它进行"标准化",化成课本上列出的标准类型.其一般过程如图 5-1 所示.

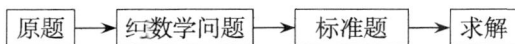

原题 → 纯数学问题 → 标准题 → 求解

图5-1

本书绪论中例1"运输问题"的解决过程就是如此.

二、问题解决的一般思考程序

数学问题解决的过程,有大脑思维活动过程和书面表达过程之分,前者在先,看不见,摸不着.但是大量解题的实践经验表明,一般人的解题思维过程,是按照"观察—联想—转化"的步骤进行的.然后通过解题设计,使其变为书面形式.它们的关系如图5-2所示.

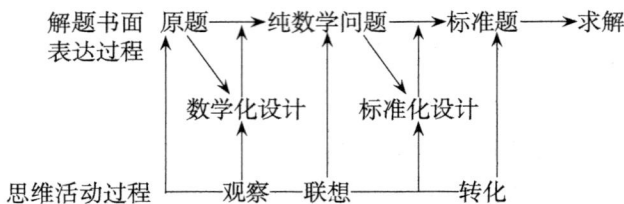

解题书面 原题 ——→ 纯数学问题 ——→ 标准题 ——→ 求解
表达过程 ↑   ↑   ↑
         数学化设计   标准化设计
思维活动过程 —— 观察 —— 联想 —— 转化

图5-2

人的思维活动,是要靠问题来激发的.没有问题,就没有积极的思维活动.在解题的思维过程中,我们总是要自己不断设问,不断回答和解决所提问题,并设计出各种图表、算式,不断改进它们,借此来不断推进自己的思维活动,积极思考,使解题不断获得进展,并最终完成解题任务.

在"观察—联想—转化"的思维过程中,通常可以提出一些什么有价值的问题来促进我们进行思考呢? 根据我们解题的实际经验,并参考著名数学教育家波利亚在《怎样解题》中所提的建议,按照思考的顺序,可以列出以下问题,见表5-1.

表5-1

步骤	促进思考所提的问题
观察	1.要求解(证)的问题是什么? 它是何种类型的问题? 2.已知条件(数据、图形、事项及其与结论的联系)是什么? 要求的结论(未知事项)是什么? 3.所给的图形、式子有何特点? 能否用一个图形(几何图形、函数图形或示意图)或数学式子把问题表示出来? 能否在图上加上适当的记号,使问题更清晰? 4.有些什么隐含的条件?
联想	1.此题以前做过吗? 以前见过吗? 在哪里见过? 以前做过或见过类似的问题吗? 当时是如何考虑的? 2.题目中的一部分(图形或式子)在哪里见过吗? 在什么问题中见过的?

步骤	促进思考所提的问题
联想	3.题中所给出的式子、图形,与记忆中的什么式子、图形最相似? 它们之间可能有什么联系? 4.解这类问题,通常采用哪些方法? 可能用哪种方法较为方便? 试一试如何? 5.由已知条件可以推出些什么结论来? 它们对解题有帮助吗? 欲得所求结论还需要哪些条件? 如何来找出这些条件? 6.与本题有关的知识(基本概念、定理、公式等)有哪些?
转化	1.能否将复杂的式子化简? 2.能否对条件进行划分,将大问题分成几个小问题? 3.能否将其化为基本命题? 4.能否进行变量替换、恒等变换或几何变换,将问题变得更明确一些? 5.能否进行"形数互化",用几何方法解代数问题,或用代数方法解几何问题? 6.能否利用等价变换(逆否命题律、同一法则、分断式命题律,或其他方式),将问题变成一个较为熟悉的等价问题? 7.最终目的,将未知变成已知.

当然,并不是所有问题的求解过程都需要经历上述所有程序,有些简单问题的求解过程可以短一些.究竟需要经过多长过程,这要根据具体问题做具体分析.

三、问题解决的思考原则

所谓"思考原则",就是在解题过程中的基本想法和指导思想.归纳起来就是:熟悉化原则、简单化原则和灵活性原则.

(一)熟悉化原则

面对一个陌生的问题,我们的一个基本想法就是:如果熟悉了,那就好办了.因此我们要尽可能地从这个问题中找出熟悉的因素——见过的图形,见过的式子,学过的公式,学过的数学概念,熟悉的数学名词、术语,等等.总之要从这个陌生题目中尽可能找出所熟悉的东西,并尽可能地将它们与自己熟悉的数学知识、数学方法和已有的解题经验联系起来.这就是熟悉化原则.

一般地,在国内数学考试中所遇到的问题,都没有超过中学所学的数学知识范围,完全陌生的题目是极为少见的.所以,在解题过程中,熟悉化原则总是可以起作用的.这就要求我们要仔细观察、深入思考,进行广泛而全面的联想.

为了方便取用,我们要将已经掌握的数学知识、方法和经验,进行整理和系统化,使之排列有序、脉络清楚、归类储存,这样方能在联想中方便取用.

例如,平面几何中与圆的切线有关的定理,共有四条:切线长定理、切割线定理、弦切角定理和切线垂直过切点的半径定理.所以,凡是遇到切线的有关问题,就要联系上述四条定理,因为总是要用到上述定理中的一条或几条.这样便较有成功的把握.又如,遇到解不等式问题,就要想到关于证明不等式的三种最常用的方法:相差法、相比法和缩放法.当然还有其他方法,但是这三种方法最为简便,无需作代换.这就是说,平时需要将知识进行归类整理,需要时才能方便取用.

例40 如图5-3所示,矩形 $ABCD$ 中,$AP \perp BD$,$PE \perp DC$,$PF \perp BC$.

证明:$\left(\dfrac{PE}{BD}\right)^{\frac{2}{3}} + \left(\dfrac{PF}{BD}\right)^{\frac{2}{3}} = 1 \cdots\cdots$ ①.

分析:这是一道平面几何证明题,证明一个关于线段的恒等式.过去没有见过、更没有做过这个题目.但是图中直角多,直角三角形多,这都是可以利用的条件.类似于①式的数学式子,——两个 2 次方之和等于 1,我们见过吗? 有什么公式与①式最相像?

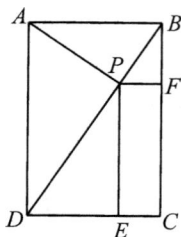

图5-3

如果将①式变形为:

$$\left[\left(\dfrac{PE}{BD}\right)^{\frac{1}{3}}\right]^2 + \left[\left(\dfrac{PF}{BD}\right)^{\frac{1}{3}}\right]^2 = 1 \cdots\cdots ②.$$

那么,它就变成两个平方项之和等于 1.于是,我们想起了最熟悉的式子莫过于基本三角恒等式:$\sin^2\alpha + \cos^2\alpha = 1 \cdots\cdots$ ③.

如果能找一个参数角 α,使②式的第一项等于 $\sin^2\alpha$,第二项等于 $\cos^2\alpha$,那么,我们的问题就解决了.实际上,只要设 $\angle PDE = \alpha$,就可以了.

这样的联想称为"相似联想",它是"熟悉化原则"的体现,在我们的记忆中,尽可能地搜寻与陌生数学式子的相似物.

(二)简单化原则

遇到复杂问题时,想办法将其化简,这是最自然的想法,也是最有效的思考原则.试想一下,我们所做过的每一道题,哪一次不是经过化简之后甚至是多次化简之后,才得到解决的呢?

例如,在恒等式或方程问题中,总是设法把无理式化为有理式,把有理式化为整式,把整式化为一次或二次多项式,从而使问题得到解决.

在几何作图问题中,总要设法化为一系列基本作图.在遇到复杂问题时,设法分几种不同情况来讨论,把大问题化成几个较为简单的小问题,等等.

例41 下列哪一个数一定不是某个自然数的平方数( )?

(A)$3n^2-3n+3$ 　　(B)$4n^2+4n+4$ 　　(C)$5n^2+5n-5$

(D)$7n^2+7n+7$ 　　(E)$11n^2-11n-11$

这是一个设计很巧妙的题目.

先看第一个:$3n^2-3n+3$对任何自然数n,它都不是自然数的平方——k^2吗?

对于这个问题,有以下几种不同的思考方式:

①如果对某个自然数n和k,有$3n^2-3n+3=k^2$,那么,(A)就被淘汰.

但"$3n^2-3n+3=k^2$"是一个一般的二元二次不定方程,要判断它是否有正整数解,是很困难的.

②现将k改为具体的正整数$k=1,2,3$来考虑方程:$3n^2-3n+3=1$,$3n^2-3n+3=2$,$3n^2-3n+3=3$,它们是否有正整数解?

这三个方程都是二次方程,要判断它们是否有正整数解,是有办法的.用求根公式就可以进行判别,但却比较费事.

③将问题再行简化:考虑$n=1,2,3$时,$3n^2-3n+3$是否为平方数?

这就成了一个算术问题.容易计算得:当$n=2$时,$3n^2-3n+3=9=3^2$,是平方数.于是(A)被淘汰.

类似地,对于(C)、(D)、(E)也可以用同样的办法来判断:当$n=2$时,$5n^2+5n-5=5^2$,$7n^2+7n+7=7^2$,(C)、(D)被淘汰;当$n=3$时,$11n^2-11n-11=11^2$,(E)也被淘汰.既然只剩下(B),当然一定是选择它了.

从以上的分析来看,从①到②,是逐渐简单化的过程.想法①,方程为一般情况,求解十分困难;想法②,已经简单化,方程变为二次,但还是比较复杂;想法③,则最为简单,只需要进行算术计算就行了.

可见,在解题的思考中,简单化的思想是多么重要!当然可能有人要问:为什么把对(B)的检验跳过去了呢?——在实际思考中,第二步当然也是要检验的.但是,当令$k=1,2,3$,它都不是平方数时,是否还要令$k=4,5,6$,继续检验呢?对于聪明一些的学生讲,他宁可把它先搁置起来,跳过它去考虑下一个.因为假如答案就是(B),那么,无论进行多少次检验都是白费.还不如将它跳过去,考虑以下几个选项.因为如把其他几个都否定了,就能够从反面肯定(B)项.

(三)灵活性原则

波利亚在《怎样解题》一书的最后,讲了一个有趣的心理学实验:在三面围有篱笆的场地上,放有一只饿鸡.篱笆外放有一个鸡的食物盆,鸡看到食物盆,就直扑过去,但被篱笆挡住了,过不去.于是它就将头从篱笆的小空隙伸出去,企图用嘴去啄食,啄不到,它就拼命地挣扎.直到它筋疲力尽,却仍不愿离开.但是最后并没有达到目的.

如果篱笆里放的是一只小狗,外面仍放一个食物盆,那它会怎么样呢?——小狗开始时,也会向食物盆直扑过来.在遇到篱笆后,它便会沿着篱笆来回巡视,看有没有比较大一些的篱笆空隙.如果有一个大空,它就钻出去了.否则,它会继续来回地巡视,巡视的范围越来越大.因为篱笆只围了三面,所以,最后它会从篱笆的尽头再跑过来吃到食物.

如果篱笆里面放一个小孩,那他会如何呢?他也许会先向前跑几步,但看到篱笆挡住跑不过去,便向四处张望,当看到他的后面并没有篱笆时,他便从后面篱笆的空处跑了过去,从而达到目的.

这个例子给我们以很好的启示:鸡的失败,在于它"钻牛角尖",从不去考虑另外的出路.狗与小孩的成功,在于他们灵活地扩大视野,变换思路,正所谓"东方不亮,西方亮",这边不通走那边.总之,只有灵活地变换思路,多方探索,才能取得胜利.

在问题解决的过程中,再聪明的人也不能保证不碰壁,但是聪明的人在碰壁之后,便立刻回头,另谋出路,绝不会在同一个地方重复碰两次壁.

在解题之前,我们多设想几条思路.在解题的过程中,遇到困难时,需要及时改变思路,发散思维,这就是灵活性的意义所在.

第二节　解题的基本策略

数学知识的排列,是由简单逐渐到复杂的过程.数学问题也是从简单题目到复杂的难题.代数建立在算术之上,算术离不开加、减、乘、除四则运算;几何建立在点、线、面、体基本关系(公理)上,而整个数学都是从"1+1=2"开始的.再复杂、困难的数学题,总是由简单命题复合或演化而成的.如果我们学会将数学题化解为简单的、基本的数学题,那么我们就能够解决任何困难而复杂的题目.

因此,我们解题的总策略就是化归:将面临的问题设法转化为简单的基本问题,使其便于解决.但在转化时,要根据具体情况做具体处理,讲求方法.实现这种策略的具体办法,通常有以下几种.

一、从"1"开始

如果命题与自然n有关,那么可以从n=1开始,来考查命题的条件与结论联系的途径,从中探索在一般情况下的某些信息.

例42 平面内n条直线,最多可将平面分成多少个区域?

观察与思考:这是一个与自然数n有关的命题,设n条直线把平面分成的区域数为 $f(n)$.

我们需要了解 $f(n)$ 与n的具体联系形式.

从n=1开始,先考查一条直线的情况.

显然,一条直线把平面分成两个区域,即 $f(1)=2$;

n=2 时 , 两 条 直 线 把 平 面 分 成 4 个 区 域 , 即 $f(2)=4$.

n=3呢? 我们也知道 $f(3)=7$ (如图5-4).

图5-4

这样,从n=1,2,3得到问题的一些信息,见表5-2.

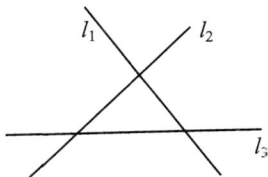

表5-2

n	$f(n)$	增加的区域数
1	2	—
2	4	2
3	7	3

从表5-2中,我们似乎看到了 $f(n)$ 与n的联系方式: $f(n)=f(n-1)+n$.

对不对呢? 当然还要证明.但是这一发现,实在太重要了!

例43 (1994年全国高考题)数列 $\{a_n\}$ 中, a_n 是正整数, $S_n=a_1+a_2+\cdots+a_n$.若 a_n 与2的等差中项等于 S_n 与2的等比中项.求 S_n 的通项公式.

分析:这是一道与n有关的问题.已知条件是: $\dfrac{a_n+2}{2}=\sqrt{2S_n}$ ……(1).

为简单起见,从n=1开始考虑:

当$n=1$时，$S_1 = a_1$，(1)式变为：$\dfrac{a_1 + 2}{2} = \sqrt{2a_1}$，容易解得 $a_1 = 2$；

当$n=2$时，$S_2 = a_1 + a_2$，(1)式变成：$\dfrac{a_2 + 2}{2} = \sqrt{2(a_1 + a_2)}$，代入 $a_1 = 2$，解得 $a_2 = 6$；

同理，可解得 $a_3 = 10$.

由此，可以猜想：数列 $\{a_n\}$ 是以 2 为首项、公差为 4 的等差数列. 即 $a_n = 2 + 4(n-1) = 4n - 2$. 从而 $S_n = \dfrac{2 + (4n-2)}{2}n = 2n^2$.

对不对呢？可以验证一下.

二、考虑特殊情况和极端情况

当命题与自然数不相关时，可以先考虑条件中的特殊的甚至是极端的情况. 从中探询一些前提与结论的一般关系. 这对选择题和填空题特别有效.

例44 如图 5-5，P 为 $\triangle ABC$ 内一点，过点 P 分别作 BC，AC，AB 的平行线 FL，DH，EI，若设 $BC=a$，$AC=b$，$AB=c$，$HI=a'$，$EF=b'$，$DL=c'$，则 $f(P)=\dfrac{a'}{a}+\dfrac{b'}{b}+\dfrac{c'}{c}=($).

(A)1 (B)2 (C)3 (D)$\dfrac{1}{2}$.

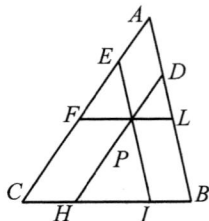

图 5-5

分析与思考：既然点 P 可以为 $\triangle ABC$ 内任何一点，那么，我们可以这样选取一点，使 $f(P)$ 容易计算. 例如：

①取 P 为 $\triangle ABC$ 的重心 G（这是特殊情况）如何？

显然，这时 $f(P) = \dfrac{a'}{a} + \dfrac{b'}{b} + \dfrac{c'}{c} = \dfrac{1}{3} + \dfrac{1}{3} + \dfrac{1}{3} = 1$.

②令点 $P \to A$（这是极端情况），那么 $FL \to A$，从而 $HI = a' \to AB = a$，$EF = b' \to 0$，$DL = c' \to 0$.

所以 $f(P) = \dfrac{a'}{a} + \dfrac{b'}{b} + \dfrac{c'}{c} = 1 + 0 + 0 = 1$.

例45 设球半径 R，过球面上的点 P，引球的三条弦，使其两两垂直，则这三条弦的平方和为（   ）.

(A)$2R^2$ (B)$3R^2$ (C)$4R^2$ (D)$5R^2$

分析：①以互相垂直的三条弦 AB，AC，AD 为三条棱，作球的内接长方体，则这内接长方体的主对角线 AA' 通过球心. 容易证明：$AB^2 + AC^2 + AD^2 = (AA')^2 = 4R^2$. 即应选(C).

②取三条弦之一,如AB是球的直径(这是极端情况),那么与AB相垂直的弦AC,AD的长度,应为0.因此答案显然应该是(C).

两相比较,第一种解法,需要证明"球内接长方体的主对角线AA'通过球心",这并不很简单.而第二种解法,考虑极端情况,结论则是显然的,无须证明.只要想到就行了.

以上都是选择题,用特殊值(点)进行试探的方法,确有取巧之处.

例46 给定正数p,q,a,b,c,其中p,a,q成等比数列,p,b,c,q成等差数列.则方程$bx^2-2ax+c=0($ 　　　　$).

(A)无实数根　　　(B)有二根同号　　　(C)有二根异号　　　(D)有相等根

分析:如果就一般情况来证明,那么十分困难.但如果取几个特殊值来考察,就简单多了.例如,取p,a,q依次为$1,2,4$(最简单的等比数列);取p,b,c,q依次为$1,2,3,4$(最简单的等差数列),那么,上述方程就成为$2x^2-4x+3=0$.容易检验知:由于$\triangle=(-4)^2-4\times(2)\times(3)<0$,

所以此方程无实数根.即应选(A).

这是多么简单,多么明显!

三、一分为几

将题目的条件划分为若干部分,对每个部分的情况来分别验证题目的结论是否成立.这样,就将问题分成若干个小问题,而每个小问题明确且容易解决.不过,要注意的是,这实际上是完全归纳法的具体运用,所以,需要将条件所包含的所有情况都要概括完全,否则就要犯"以偏概全"的错误.

例47 如图5-6,P为$\triangle ABC$的BC边上的一点,过点P作$PE/\!/AB$,$PF/\!/AC$.

证明:在$\triangle PBF$,$\triangle PCE$,$\square AEPF$三者中,至少有一个面积不小于$\triangle ABC$面积的$\dfrac{4}{9}$.

分析:三者中至少有一个的面积不小于$\triangle ABC$面积的$\dfrac{4}{9}$,究竟是哪一个呢?——这要看P点在什么位置.

设M,N是BC上的三等分点.如果P点靠近B点、在BM内,那么显然$S_{\triangle PCE}:S_{\triangle ABC}\geqslant\left(\dfrac{2}{3}\right)^2=\dfrac{4}{9}$,故

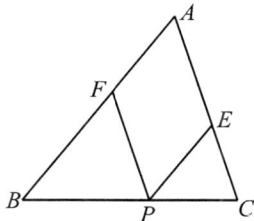

图5-6

$S_{\triangle PCE} \geqslant \dfrac{4}{9} S_{\triangle ABC}$.同理,如果 P 在 NC 之内, $S_{\triangle PBF} \geqslant \dfrac{4}{9} S_{\triangle ABC}$.

因此,只剩下 P 点在 MN 内的情况.这时要证明 $\square AEPF$ 的面积不超过 $\triangle ABC$ 面积的 $\dfrac{4}{9}$,就可以了.于是,我们可以按照 P 点的位置在 BM,MN,NC 上的三种情况,将问题分为三个小问题来证:

①设 P 点在 BM 上,这时有 $S_{\triangle PBF} \geqslant \dfrac{4}{9} S_{\triangle ABC}$;

②设 P 点在 NC 上,这时有 $S_{\triangle PCE} \geqslant \dfrac{4}{9} S_{\triangle ABC}$;

③设 P 点在 MN 上,这时有 $S_{\square AEPF} \geqslant \dfrac{4}{9} S_{\triangle ABC}$.

这样三个小问题中的前两个是显然的,第三个问题虽然稍微有一点难度,但因其前提和结论都比较明确,所以比原来的命题容易得多.

为方便起见,设 $S_{\triangle ABC} = 1$,设 $BP : BC = \lambda\left(\dfrac{1}{2} < \lambda < \dfrac{2}{3}\right)$,则 $S_{\triangle PBF} = \lambda^2$,$S_{\triangle PCE} = (1-\lambda)^2$.由 $S_{\square AEPF} = S_{\triangle ABC} - (S_{\triangle PBF} + S_{\triangle PCE})$,知

$$S_{\square AEPF} = 1 - \lambda^2 - (1-\lambda)^2 = 2(\lambda - \lambda^2) = \dfrac{1}{2} - 2\left(\lambda - \dfrac{1}{2}\right)^2 \geqslant \dfrac{1}{2} - 2\left(\dfrac{2}{3} - \dfrac{1}{2}\right)^2 = \dfrac{4}{9}.$$ 证毕.

例 48 设 a,n,k 是正整数, $n > 4k$,证明: 10 整除 $a^n - a^{n-4k}$.

分析:这是关于整除的问题,一般地说,问题比较困难.能否将其划分为若干简单的小问题呢?——可以从 n 的末位数考虑,把问题分成三类、10 个小问题.

因为 10 整除 $a^n - a^{n-4k}$,等于说 $a^n - a^{n-4k}$ 的末位数是 0,所以只要证明其末位数为 0 即可.

(1)如果 n 的末位数为 $0,1,5,6$,那么,这时 a^n 与 a^{n-4k} 的末位数相同(仍是 $0,1$ 或 $5,6$),所以 $a^n - a^{n-4k}$ 的末位数为 0,问题已经解决.

再考虑其他情况:

(2)如果 n 的末位数是 $2,4,8$,此时将原式变形: $a^n - a^{n-4k} = a^{n-4k}(a^{4k}-1)$.

因为 $a^{4n} = (a^n)^4$ 的末位数是 6, $a^{4k}-1$ 的末位数是 1,又因 a^{n-4k} 是偶数,故 $a^n - a^{n-4k} = a^{n-4k}(a^{4k}-1)$ 的末位数是 0.

(3)如果 n 的末位数是 $3,7,9$,此时 a^{4k} 的末位数是 1, $a^{4k}-1$ 的末位数是 0,从而 $a^n - a^{n-4k} = a^{n-4k}(a^{4k}-1)$ 的末位数也是 0.

到此,不论 a 的末位数是什么数, $a^n - a^{n-4k}$ 的末位数都是 0,于是命题得到了完

全的证明.

四、等价变换

如果前提条件不易划分,一时又看不出从何入手,可以将题目进行整体变换,变为与原命题等价的题目,也可以进行连续变换,直到将命题变成基本题,或者是容易求解的题目.

例49 $\triangle ABC$ 中内角 A,B,C 的对边分别为 a,b,c.

证明:$\sin A + \sin B + \sin C = 4\cos\dfrac{A}{2}\cdot\cos\dfrac{B}{2}\cdot\cos\dfrac{C}{2}$.

分析:利用三角形边角关系公式,将三角形角的关系变换成边的关系,便可以使原三角恒等式变换为代数式恒等式.

证明:利用正弦定理将左边变成:$\dfrac{a}{2R}+\dfrac{b}{2R}+\dfrac{c}{2R}=\dfrac{a+b+c}{2R}=\dfrac{p}{R}$,其中 p 为三角形半周长.

利用半角公式,将右边变为:

$$4\sqrt{\dfrac{p(p-a)}{bc}}\cdot\sqrt{\dfrac{p(p-b)}{ac}}\cdot\sqrt{\dfrac{p(p-c)}{ab}}=4\sqrt{\dfrac{p^2 p(p-a)(p-b)(p-c)}{(abc)^2}}=4\dfrac{pS}{4RS}=\dfrac{p}{R}.$$

故原式成立.

例50 (2005年全国高考题)$\triangle ABC$ 中内角 A,B,C 的对边分别为 a,b,c,已知 a,b,c 成等比数列,且 $\cos B=\dfrac{3}{4}$.

(1)求 $\cot A+\cot C$ 的值;(2)设 $\overrightarrow{AB}\cdot\overrightarrow{BC}=\dfrac{3}{2}$,求 $a+c$ 的值.

思路1:(1)由已知 $\cos B=\dfrac{3}{4}$,得 $\sin B=\dfrac{\sqrt{7}}{4}$,由 $b^2=ac$,得 $\sin^2 B=\sin A\sin C$,于是有

$$\cot A+\cot C=\dfrac{\cos A\sin C+\cos C\sin A}{\sin A\sin C}=\dfrac{\sin B}{\sin^2 B}=\dfrac{1}{\sin B}=\dfrac{4\sqrt{7}}{7}.$$

(2)由已 $\overrightarrow{AB}\cdot\overrightarrow{BC}=\dfrac{3}{2}$ 知,$ac\cos B=\dfrac{3}{2}$,即 $b^2=ac=2$.

由余弦定理知 $b^2=a^2+c^2-2ac\cos B$,即 $2=a^2+c^2-4\cos B$,

$(a+c)^2=a^2+c^2+2ac=9$,所以 $a+c=3$.

思路2:将三角形中角的关系化成边的关系,利用代数方法来解.

由已知 a,b,c 成等比数列，设公比为 $q(q>0)$，则 $a=bq$，$c=\dfrac{b}{q}$.

又由 $\cos B=\dfrac{3}{4}$ 及余弦定理，得 $b^2=(bq)^2+\left(\dfrac{b}{q}\right)^2-2b^2\cdot\dfrac{3}{4}$，解得 $q=\sqrt{2}$，或 $\dfrac{\sqrt{2}}{2}$.

当 $q=\sqrt{2}$ 时，$\cos A=\dfrac{b^2+c^2-a^2}{2bc}=-\dfrac{\sqrt{2}}{4}$，所以 $\sin A=\dfrac{\sqrt{14}}{4}$；

$\cos C=\dfrac{a^2+b^2-c^2}{2ab}=\dfrac{5\sqrt{2}}{8}$，所以 $\sin C=\dfrac{\sqrt{14}}{8}$，故 $\cot A+\cot C=\dfrac{4\sqrt{7}}{7}$；

当 $q=\dfrac{\sqrt{2}}{2}$ 时，同理可得 $\cot A+\cot C=\dfrac{4\sqrt{7}}{7}$.

因此，不论 q 如何，都有 $a+c=b\left(q+\dfrac{1}{q}\right)=3$.

例51　（2005年江苏高考题）如图5-7，$\odot O_1$，$\odot O_2$ 的半径都是1，$O_1O_2=4$，过动点 P 作两圆的切线 PM，PN，M，N 为切点，使得 $PM=\sqrt{2}PN$. 试建立适当坐标系，求动点 P 的轨迹方程.

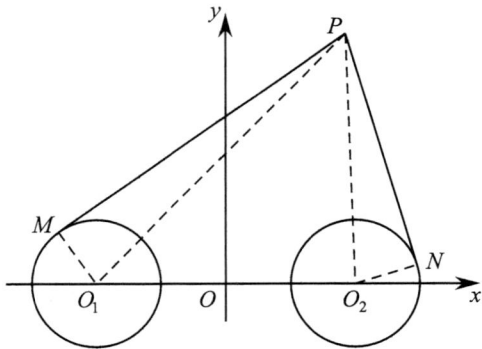

图5-7

分析：这是一个几何轨迹问题. 建立坐标系，将它转化为代数问题.

解：以 O_1O_2 的中点 O 为原点，O_1O_2 所在直线为 x 轴，O_1O_2 的垂直平分线为 y 轴，建立直角坐标系，则 $O_1(-2,0)$，$O_2(2,0)$. 由已知 $PM=\sqrt{2}PN$，得 $PM^2=2PN^2$.

因为两圆的半径均为 1，$\triangle PMO_1$，$\triangle PNO_2$ 均为直角三角形，所以 $PO_1^2-1=PM^2=2PN^2=2\left(PO_2^2-1\right)$.

设 $P(x,y)$，则 $(x+2)^2+y^2-1=2\left[(x-2)^2+y^2-1\right]$，即 $(x-6)^2+y^2=33$ 为所求

动点 P 的轨迹方程.

说明:建立直角坐标系之后,关键是把 PM,PN 的关系,转化为 PO_1,PO_2 的关系.这样,就把原来三个点——P,O_1,O_2 的问题,化为一个 P 点的问题.这体现了转化的思想.

五、形数转化

数学的研究对象是数和形,一般来说,代数研究数和式,几何研究形——几何图形.但是形和数之间的联系是十分紧密的.形中有数,数中也有形.形和数既互相联系,又可以互相转化,解析几何就是用坐标把形与数紧紧联系在一起,使代数与几何互相转化而成为一体.除此以外,三角、向量、复数和复平面等,也能成为沟通形与数的联系途径.

在数学解题中,经常把形与数联系起来,用图形帮助分析和解决代数问题,是寻求问题转化、化简的重要思想方法.

例 52 求 $\sin^2 20° + \cos^2 50° + \sin 20° \cdot \cos 50°$ 的值.

联想与分析: $\sin 20°$ 与 $\cos 50°$,都不是特殊三角函数值,不能直接查表求值,即使查表求得的值也是近似值.但是我们看这个式子,似乎与一个熟悉的公式——余弦定理很相似.

能不能利用余弦定理来解决呢?

这只要设 $\sin 20° = a$, $\cos 50° = b$,把此式子写成:

$$a^2 + b^2 + 2 \cdot \frac{1}{2} \cdot \sin 20° \cdot \cos 50° = a^2 + b^2 - 2ab \cos 120° \cdots\cdots(*)$$

于是,以 a,b 为两邻边,夹角 $120°$ 做成的三角形,其第三边长度的平方就是 $(*)$ 的值.

从而使我们获得了如下解题的思路:如图 5-8,以 1 为直径作圆,作该圆内接三角形 ABC,使得 $\angle ACB=120°$,$\angle ABC=40°$,$\angle CAB=20°$.由正弦定理知,

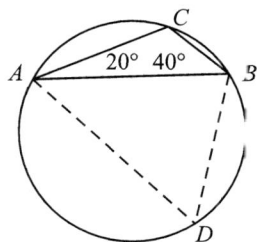

图 5-8

$$BC = 2R \sin \angle CAB = \sin 20°,$$

$$AC = 2R \sin \angle ABC = \sin 40° = \cos 50°,$$

而

$$AB^2 = a^2 + b^2 - 2ab \cos 120° = \sin^2 20° + \cos^2 50° + \sin 20° \cos 50°$$

又由正弦定理知，$AB = 2R\sin 120° = \sin 60° = \dfrac{\sqrt{3}}{2}$，故 $AB^2 = \left(\dfrac{\sqrt{3}}{2}\right)^2 = \dfrac{3}{4}$．

延伸阅读

苏步青谈读书与做题

　　苏步青（1902—2003 年），中国著名的数学家、教育家，中国微分几何学派创始人，被誉为"东方第一几何学家"．苏步青将自己的毕生精力无私地奉献给了人民的教育事业，为祖国培养了一大批优秀的数学人才，包括中国科学院院士．以下是他关于谈读数学书的感悟．

　　在中学的数学课本里，一些基本的概念是逐步地被引导进来的，要把基本的概念了解清楚，可以说是学好数学的第一个步骤．如果概念还没有理解清楚，就急急忙忙地去证明定理、做习题，那是没有不碰壁的．有些同学在课堂里听了老师的讲课以后，回到家里就拿起笔来做习题，这时大概对以下两类习题的演算不大会感到困难：一类是用到的基本概念已经正确理解了的习题．由于正确理解了概念，解答所配的习题就比较容易，而通过习题的演算反过来还可以进一步明确概念以及从概念导出来的结论——定理．另一类是课堂里老师给大家看过的例题的类似习题．对这类只要"依样画葫芦"的习题，即使基本的概念还没有理解清楚，也可以做出来，但是如果遇到习题稍有更改，就会感到无从下手．像这种看来似乎能演算而实际是"描红"的情况，在今天的中学生里并不是罕见的．不少同学对数学竞赛的试题感到困难．原因不是别的，就是从来没有见过这类题目．

　　正确地理解数学的基本概念之所以重要，是因为它是掌握数学基础知识的前提．犹如造房屋那样，基础打得牢靠些，将来在它的上面造起来的房屋就不会坍毁．因此，正确理解基本概念的好处不仅仅在于能解出几个习题.打基础的唯一方法是不厌其烦地反复学习.既不要以为基本的概念很抽象、不易理解,就干脆把它放过去,也不要以为它很容易懂,就不去深入理解.在高中学习的有些数学内容,由于以前在初中里学过一点,往往就容易忽视它的重要性.这些内容外表上好像同初中阶段学过的有些内容是重复的,而实际上却是螺旋式上升的.从有理数的加法发展为整式、分式的加法,又发展为函数的加法,后来在物理学里发展为力、速度矢量的加法,这是一个具体的例子.不要怕做这些课程的计算题.不要不耐烦.凡是基础的东西总不免有些单调,缺乏变化,容易使人感到厌倦,以致产生"现在不去重视它,也没有什么关系"的不正确想法.事实恰恰相反,今天基础打得不好,明天就会发现缺陷.我在1924年当学生的时候,曾经做过一万道微积分的题目.我为什么要做这样多的题目呢? 当时我是这样想的:要真正学到手,只学一遍恐怕太少,一定的重复是很有必要的.有的人念书,念一遍就够了,我自己往往不是那么快.怎么办呢? 那就多看、多念、多想,一直到把它弄懂为止.我过去念一本书,从来没有念一遍就让它过去的.要么不念,要念就念个透,一次、两次,多到五次、六次,每次念的时候总觉得比前一次有新的体会.这里可以看出,平常所谓"懂了",中间还有深浅之分,甚至有"真懂"与"假懂"之分.我们对怎样才算学好了、真懂了,要有一个高的标准.多一分耕耘,就多一分收获.我们要把基础知识扎扎实实地学到手,就要舍得下功夫.我念外文总是念懂了才译出来.我念过的书都有笔记.并且注明某月某日看的.这些笔记我都保存着,有的笔记现在还常常用到.由于念的次数多,又通过手、脑的劳动,所以印象是深刻的.有时学生来问我什么问题,我往往可以讲出来有关这个问题的答案在哪一本书、哪一卷、哪一页里,并且还可以从书架的某一处立刻拿出来.我不相信,人的脑力有那么厉害,学了一遍,做了很少习题,很少甚至没有一点实际形象化的东西,就会都理解透了、巩固了、一辈子也不会走样了.求学问,从不知到知,从没有印象到有印象,而且还要"印"的正确、"印"的清楚,绝不是轻而易举的,一定要经过艰苦的劳动,通过多次反复的钻研和练习,才能达到这样的境界.学习数学,宁可多花一些时间,学得精一些、深一些、透一些,学到的知识也就扎实些、牢靠些,"有备无患或少患""以防万一".对学习中的困难要有足够的估计,多做一些准备,不要贪眼前的快,学得太多、太粗,而长期下去将造成一生的慢.

科学研究,首先是"实事求是、循序渐进",然后,在这个基础上才能"齐头并进、迎头赶上".没有基础,就没有得以进一步飞跃的土壤,那怎么能够开花结果呢?

这样说,并不反对同学们在完成自己的作业的前提下阅读课外读物;不但不反对,而且还要鼓励.只是要注意,即使在这种情况下也不要贪多冒进,囫囵吞枣,食而不化.想看这本课外读物,又想找另一本,这容易引起阅读不精、概念模糊、思路混乱等毛病.原来想看一点课外读物来帮助提高业务水平,而结果可能恰恰相反.所以,我们大学里担任一年级教学的老师经常说:"补基础,炒夹生饭,不好办."从这一点看来,我从前在中学里念书时看不到一本数学课外读物,或许倒是一件好事!我希望成绩比较优秀的同学,在可能的条件下选定一本程度恰当的数学书,精读细算,踏踏实实做好、做完习题,然后再考虑第二本.在阅读课外读物的时候,要练手——多做习题,又要练脑——多加思索.因为,要认识数学里的基本概念和推导得来的定理,必须经过实际演算,否则,就不可能获得念好这本书的经验,但是如果念了书,做了习题不想一想,只满足于做过算数,这同样也不可能积累经验,不可能提高认识和掌握数学的本质.要学好数学,要善于使用思想器官,我们提倡思索,学会分析事物的方法,养成分析的习惯.数学,特别是高等数学,包括越来越多的抽象概念,尽管对一个一个的概念一读就觉得"懂了",如果对概念的发展以及概念之间的联系不加思索和分析,往往在念完一本书或学完一门分支后,回顾一下,会觉得局部是"明了"的,可是整体上不大懂,甚至莫名其妙.这样,将来把这分支的知识应用到另一理论上或实际问题中,就会出毛病了.总之,要学好数学,方法不外是打好基础、多做习题、多加思索和分析等.学习数学除了书本知识以外,还要同实际联系,也只有这样,才能生根壮大,发挥作用.

(本文来自互联网)

思考题

5-1. 设 $\triangle ABC$ 中三条角平分线分别交对边于 D,E,F.

证明：$S_{\triangle AEF}+S_{\triangle BDF}+S_{\triangle CED}\geqslant\dfrac{3}{4}S_{\triangle ABC}$.

5-2. 作几何图形证明 $\dfrac{1}{\sin 12°}=\dfrac{1}{\sin 24°}+\dfrac{1}{\sin 48°}+\dfrac{1}{\sin 96°}$.

5-3. 解方程：$\sqrt{1-\dfrac{1}{x}}-\sqrt{x-\dfrac{1}{x}}=x$.

提示：利用勾股定理，分别以 $\sqrt{1-\dfrac{1}{x}},\sqrt{\dfrac{1}{x}}$ 和 $\sqrt{x-\dfrac{1}{x}},\sqrt{\dfrac{1}{x}}$ 为直角边作直角三角形.

5-4. 在锐角三角形 $\triangle ABC$ 中，角 B 为直角，AD 为直角边 BC 上的中线，$\angle CAB=\alpha$，用多种方法证明 $\sin\alpha\leqslant\dfrac{1}{3}$.

5-5. 设凸四边形 $ABCD$ 的面积为1，证明可以在它的内部或边界上找到四个点，连接所成的四个三角形的面积都大于 $\dfrac{1}{4}$.

第六章　数学题根与根题

数学题,一般是以个体为单位出现在学生们的眼前.沉浸在"题海战术"中的学生,总是在与一个个孤零零的题目作战.其实,数学题的群体现象十分显著,反而被学生们忽视.

其实,在变化万千的数学题中,就好像一棵棵大树,每一棵树都有树根和枝叶,它们构成一个个有机的整体.那些基本的问题、公式,就好像是树根,而由它们推导出来的定理、推论和问题,就好像树的枝叶.树根和树的枝叶,成为一个问题的条件,组成一棵数学问题的大树.

如第五章所说,求解数学题的基本策略是化归.而化归的最后归宿,就是数学课本上所列的概念、定理、公式以及例题,这是数学的基础问题,就好像是数学问题的树根,我们可以把它们称为"根题".除此以外,有些数学板块中的基本问题,也是相关知识结构中的根题.

第一节　数学题根概述

一、数学问题有"根"吗

数学问题当然有"根",不然,"九九归一"有什么意义?"九九归一"就是问题归"根".

问:143的89次方被7除,所得的余数是多少? 这个问题有根吗?

答:因为143=20×7+3,所以143这个数的根是3.只要求出3的89次方除以7的余数就是问题的答案.

问:3还有根吗?

答:在这个问题中,3的根是10,因为3=10-7,所以,只要求出10的89次方除以7的余数就是问题的答案.

问：指数89有根吗？

答：有根．89=6×14+5，89的根是5．

问：为什么要搞出个6来呢？

答：因为10的89次方除以7的余数是循环的．是按照3，2，6，4，5，1这6个数字进行循环的，或者说循环节的长度是6．

问：10的89次方与10的5次方被7除的余数相同吗？

答：余数相同．因为10的5次方的余数在循环节的第5个数字上，所以它的余数是5．所以10的89次方除以7的余数是5，所以143的89次方除以7的余数是5．

问：那么本题的根在哪里呢？

答：本题的根在10的 N 次方除以7的余数循环节最后要归到1上，因此10的 N 次方被7除，余数归1是本题的题根．

二、数学题根是什么

(一)题根是个问题

题根不是概念，不是结论，不是一般性的话题、标题、主题．从句法上讲，话题、标题、主题都是陈述句，而题根是个疑问句，它是个问题．

(二)题根是个题目

问题规范化后就是一个题目，就像讲课时的例题、课本上的习题、考卷上的考题、会场上的讨论题或研究题．

(三)题根是题目的根基

题根不是一个孤立的题目，也不是一堆题中的一个单一的个体．它是一个题族的根祖，一个题系中的根基，一个题群中的出发点．抓到了一个题根，就等于抓到了这个题族、题系、题群．

三、数学题根的性质

(一)题根有生长性

题根不同于题源.题源那里似乎有现成的题目,只是在源源不断地流出来.而题根不然,在那里,现在不一定有现成的题目,众多的新题目要从题根上长出来.因此,题根不是题库而是题圃.

(二)题根有渗透性

题根不刻意对学科内容在形式上进行覆盖,但着重考虑题根与题根之间自然的、深刻的、纵横的渗透.因为覆盖的只是一个"平面",而渗透将得到一个"三维立体".因此,题根之前不要考点罗列,以便让题根"自主地"去进行"串联".

(三)题根有实用性

题根在课堂教学中应是课堂"主例",而成为课堂的"课根".课堂的其他例题要视作是"主例"的迁移、补充和拓展.题根在考场上应成为"考根",它应与考卷上的板块考题相约、相吻、相关、相近,而不一定要相同.

(四)题根的可接受性

题根不是高难题(题顶),也不是简答题(题支或题叶).其内容在教纲和考纲范围内,难度在中等水平(0.65).

题根是学生能够想得到而又不能伸手而得,好像是要跳起来才能摘到的果实.因此,题根的选择上,要特别讲究科学性与趣味性的结合,使学生在数学的学习中能从它身上尝到"苦中之乐".

四、数学题根的说明

总体来说,基本的、典型的特例为一般问题之根.

(一)直三角形为一般三角形的根

所谓解三角形,就是将一般三角形转化为直角三角形.

（二）二元为多元之根

二元集合是多元集合之根,二元平均不等式是一般代数不等式之根,二次方程是一般高次方程之根,二次式为二次型之根,二维为多维之根,平面为空间之根.

（三）形象为抽象之根

基本特例为概念之根.例如:三棱柱与三棱锥的侧棱,为三平面两两相交的交线之根.文氏图为集合运算之根,杨辉三角形为组合计数之根.

（四）正弦线是正弦函数之根

三角函数线为三角函数性质之根,如正弦线、余弦线等;和角公式 $\cos(\alpha+\beta)=\cos\alpha\cos\beta-\sin\alpha\sin\beta$ 为三角变换之根.

（五）正方体为多面体之根

正方体为四面体(三棱锥)之根;四面体为多面体之根.

（六）例题为习题之根,亦是考题之根

例如: $H_2=\{a,b\}$ 为 $H_3=\{a,b,c\}$ 的根;二元均值不等式,是比较法证代数不等式的根.

（七）基本公式为变式之根

定理为推论之根.例如:二项式定理 $(a+b)^n$ 导出的"母函数";线面垂直定理导出三垂线定理.

（八）确定点为变化之根

两点确定直线,三点确定圆,四点确定抛物线、椭圆、双曲线;而确定一般二次曲线: $Ax^2+Bxy+Cy^2+Dx+Ey+F=0$,需要五点.

(九)有限为无限之根

例如:数列的极限,连续与可导.自然数→分数→有理数→实数,前者为后者之根.

(十)猜想为论证之根

数学推理始于猜想,猜想在前,论证在后.在论证中受阻时,可以回头反思:对具体特例进行推广和猜想.

五、课本中的题根、题干和题系

(一)题海无边,回头是岸

跨越考场,到底要练多少道题目? 有人说一千道,有人说一万道,有人说越多越好.多就好吗? 泛滥成海,迷茫无边,考生们在苦海中挣扎着,期盼着灯塔,期盼着航标!

其实,题目多到一万,既不可行,也无必要.就拿数学来说,考点不到100个,理想地讲,100道题就行了.回到实际,乘以保险系数3,300道题目已经足够了.古人谈学诗的经验是:熟读唐诗300首,不会作诗也会吟.我们这是谈解数学题:经典题练300道,不会编题也会解! 关键是要"熟练".

有人编成歌唱道:题成海,卷成洋,题海战术真荒唐,航海本来靠航线,谁把海水灌肚肠? 题有系,解有方,逃离题海变轻装,良师给你神奇药,对症只需一口汤!

(二)题根、题干、题支和题系

300道经典题组成题干,平常所说的学科主干知识在此呈现.高中数学考卷上的22道题目,也在这里出出进进,若即若离,若隐若现.

300道经典题并不是平行或平等的,其中不少的题目有共同的祖根,即题根.高中数学共分15章,每章只有一个中心,一个中心只隐藏着一个题根.高中数学的题根大约有15个,其他题目由它们派生出来,其中长成主干的题目,称为题干(大约300道).

300道题干再长出分支,由1繁3,即高中数学约有900个题支.就这样,题根、题干、题支,组成高中数学的题系.平常说,高中数学要练习1000道题目,大概就是这样来的.

(三)一览无余天下试题

题能生题,以至无穷;题有体系,可用有限把握无限.

(1)300道经典题为题干,搭起题系的框架.按15章划分,每章约20道经典题目.

(2)15道题根为"题王",将每章20道经典题分别组成题群,视繁为简,视厚为薄;抓题先抓纲,做题先寻根.

(3)将300道题目作变通,作迁移,作繁殖,举一反三(不必72变),得900道题支.题支多而不乱,按300户分灶,按15题根归群,泾渭分明,错落有致,形成漂亮的题谱.

就这样,15题根,300题干,900题支,以此有限的千道题系,可包揽天下无穷无尽的试题.

在每类数学题中,如果抓住了题根,就能够联系相关的主干和枝叶问题,掌握住一个系列问题的解决方法.它们之间互为因果,掌握了其中一个定理的推导,就连带记住了它的"左邻"和"右舍".

第二节 数学题根举例

一、递推数列题的题根

(一)奇思妙想从何而来

例 53 (2010 年高考全国 Ⅰ 卷第 22(1)题)已知数列 $\{a_n\}$, $a_1 = 1$, $a_{n+1} = \dfrac{5}{2} - \dfrac{1}{a_n}$, 设 $b_n = \dfrac{1}{a_n - 2}$, 求数列 $\{b_n\}$ 的通项公式.

解:∵ $\dfrac{a_{n+1} - 2}{a_{n+1} - \dfrac{1}{2}} = \dfrac{\dfrac{1}{2} - \dfrac{1}{a_n}}{2 - \dfrac{1}{a_n}} = \dfrac{1}{4} \times \dfrac{a_n - 2}{a_n - \dfrac{1}{2}}$, 设 $c_n = \dfrac{a_n - 2}{a_n - \dfrac{1}{2}}$,

则数列 $\{c_n\}$ 是公比为 $\frac{1}{4}$ 的等比数列，$\therefore c_n = (-2)\left(\frac{1}{4}\right)^{n-1}$，

$$\therefore \frac{a_n - 2}{a_n - \frac{1}{2}} = (-2)\left(\frac{1}{4}\right)^{n-1} \Rightarrow a_n = \frac{2 \times 4^{n-1} + 1}{4^{n-1} + 2}.$$

$$\therefore b_n = \frac{1}{a_n - 2} = -\frac{1}{3} \times \left(4^{n-1} + 2\right) = -\frac{1}{3} \times 4^{n-1} - \frac{2}{3}.$$

怎么想到常数 2 和 $\frac{1}{2}$？为什么先作差再作商？一般人怎么才能想到？无独有偶，再看下例.

例 54 （2009 年高考江西卷第 22 题）已知数列 $\{a_n\}$，$a_1 = \frac{1}{2}$，$a_{n+1} = \frac{2a_n + 1}{a_n + 2}$，求数列 $\{a_n\}$ 的通项公式.

解：设 $\frac{a_{n+1} - 1}{a_{n+1} + 1} = k\frac{a_n - 1}{a_n + 1}$ ……（1），把 $a_1 = \frac{1}{2}$，$a_2 = \frac{4}{5}$ 代入（1）式，得 $k = \frac{1}{3}$.

$$\therefore \frac{a_n - 1}{a_n + 1} = -\frac{1}{3} \times \left(\frac{1}{3}\right)^{n-1} = -\frac{1}{3^n} \Rightarrow a_n = \frac{3^n - 1}{3^n + 1}.$$

又是怎么想到常数 1 和 –1 的呢？

例 52 与例 53 都用到了"递推式的特征根".

另解：设数列 $\{a_n\}$ 为常数列，则 $a_{n+1} = a_n$，代入 $a_{n+1} = \frac{2a_n + 1}{a_n + 2}$，得特征方程 $t = \frac{2t + 1}{t + 2}$，解得 $t_1 = 1$，$t_2 = -1$ $\therefore \frac{a_{n+1} - 1}{a_{n+1} + 1} = \frac{1}{3} \times \frac{a_n - 1}{a_n + 1}$.

怎么这么巧？先作差再作商后就能将原数列转化为等比数列.

（二）例 53 高考题寻根

在例 53 中，已知的是 $\{a_n\}$ 的递推式，待求的是 $\{b_n\}$ 的通项公式. 为什么不直接让考生求 $\{a_n\}$ 的通项公式？可能是命题者为了降低难度，把问题转向求 $\{b_n\}$ 的通项公式.

由等差、等比数列的定义，可知它们的递推式分别为：$a_{n+1} = a_n + d$ 与 $a_{n+1} = qa_n$. 而 2010 年全国 I 卷第 22 题的递推式却是个分式：$a_{n+1} = \frac{5}{2} - \frac{1}{a_n} = \frac{5a_n - 2}{2a_n}$，数列 $\{a_n\}$ 不是一个简单的等差、等比数列问题，它需要向等差、等比数列寻找题根.

观察 $b_n = \dfrac{1}{a_n - 2}$ 的结构,得到启发,把 $a_{n+1} = \dfrac{5}{2} - \dfrac{1}{a_n}$ 两边同时减去2,可把数列 $\{a_n\}$ 向数列 $\{b_n\}$ 转化."先减后倒",化 a_n 为 b_n.

$$a_{n+1} = \frac{5}{2} - \frac{1}{a_n} \Rightarrow a_{n+1} - 2 = \frac{5}{2} - \frac{1}{a_n} - 2 = \frac{a_n - 2}{2a_n},$$

$$\therefore \frac{1}{a_{n+1} - 2} = \frac{2a_n}{a_n - 2} = \frac{4}{a_n - 2} + 2 \Rightarrow \frac{1}{a_{n+1} - 2} = \frac{4}{a_n - 2} + 2.$$

设 $\dfrac{1}{a_n - 2} = b_n$,则数列 $\{b_n\}$ 的递推式为 $b_1 = \dfrac{1}{a_1 - 2} = -1$,$b_{n+1} = 4b_n + 2$.

到此,例53转化为:"已知数列 $\{b_n\}$,$b_1 = -1$,$b_{n+1} = 4b_n + 2$.求数列 $\{b_n\}$ 的通项公式."数列 $\{b_n\}$ 既不是等差数列,也不是等比数列,题根何在?

设常数 t,使得 $b_{n+1} - t = 4b_n - 2 - t = 4(b_n - t)$,

解得 $t = -\dfrac{2}{3}$,$\therefore b_{n+1} + \dfrac{2}{3} = 4\left(b_n + \dfrac{2}{3}\right)$.

设 $c_n = b_n + \dfrac{2}{3}$,则 $c_{n+1} = 4c_n$,$c_1 = -\dfrac{1}{3} \Rightarrow c_n = -\dfrac{1}{3} \times 4^{n-1}$.

$\therefore b_n = -\dfrac{1}{3} \times 4^{n-1} - \dfrac{2}{3}$.所以等比数列 $\{c_n\}$ 就是例53高考题的题根.

(三)题根如何生长出新题

我们从题根出发,看看例53中的高考题如何由题根生长而来.

第一步:对题根 $c_{n+1} = 4c_n\left(c_1 = -\dfrac{1}{3}\right)$ 进行常数变换:

$$c_n = b_n + \frac{2}{3} \Rightarrow b_{n+1} + \frac{2}{3} = 4\left(b_n + \frac{2}{3}\right) = 4b_n + \frac{8}{3} \Rightarrow b_{n+1} = 4b_n + 2 (b_1 = -1).$$

第二步:对线性数列 $b_{n+1} = 4b_n + 2$ 进行倒数变换:

$$b_n = \frac{1}{a_n - 2} \Rightarrow \frac{1}{a_{n+1} - 2} = \frac{4}{a_n - 2} + 2 = \frac{2a_n}{a_{n+1} - 2}.$$

例53的生长过程:

$$c_{n+1} = 4c_n\left(c_1 = -\frac{1}{3}\right).$$

①设 $c_n = b_n + \dfrac{2}{3}$,则 $b_{n+1} + \dfrac{2}{3} = 4\left(b_n + \dfrac{2}{3}\right) = 4b_n + \dfrac{8}{3}$,

即 $b_{n+1} = 4b_n + 2 (b_1 = -1) \cdots\cdots(*)$.

② 把 $b_n = \dfrac{1}{a_n - 2}$ 代 入 （ * ） 式 得 $\dfrac{1}{a_{n+1}-2} = \dfrac{4}{a_n-2} + 2 = \dfrac{2a_n}{a_n-2}$ ， 即 $a_{n+1} = \dfrac{5}{2} - \dfrac{1}{a_n}(a_1 = 1)$.

例53的生长过程也是命题者的命题过程.

题根:已知数列 $\{c_n\}$, $c_{n+1} = 4c_n\left(c_1 = -\dfrac{1}{3}\right)$,求数列 $\{c_n\}$ 的通项公式.

例53中的高考题:已知数列 $\{a_n\}$, $a_1 = 1$, $a_{n+1} = \dfrac{5}{2} - \dfrac{1}{a_n}$,设 $b_n = \dfrac{1}{a_n-2}$,求数列 $\{b_n\}$ 的通项公式.

"题根"是考生熟悉的等比数列问题,生长为高考题后,只见高考题(新题),而不见题根(课本中最基本的等比数列题),真是"见题容易见根难".解新题的过程就是把新题通过化归向"题根"转化,还其本来面目.若将例53变为直接求 $\{a_n\}$ 的通项公式,还能想到"两边同时减2"吗?

解:设数列 $\{a_n\}$ 为常数列,由递推式 $a_{n+1} = \dfrac{5}{2} - \dfrac{1}{a_n}$ 得到特征方程 $t = \dfrac{5}{2} - \dfrac{1}{t}$,

解得一个特征根是 $t=2$,找到常数2,进而转化为

$$a_{n+1} - 2 = \frac{5}{2} - \frac{1}{a_n} - 2 = \frac{a_n - 2}{2a_n} .$$

下略.

(四)等比数列是线性数列的根

例55 已知数列 $\{b_n\}$, $b_1 = 1$, $b_{n+1} = 4b_n + 2$.求数列 $\{b_n\}$ 的通项公式.

解:把递推式中的 b_{n+1} , b_n 同时用 t 替代,得特征方程 $t=4t+2$,解得特征根为 $t = -\dfrac{2}{3}$.

$\therefore b_{n+1} - \left(-\dfrac{2}{3}\right) = 4b_n + 2 - \left(-\dfrac{2}{3}\right) \Rightarrow b_{n+1} + \dfrac{2}{3} = 4\left(b_n + \dfrac{2}{3}\right)$.

设 $c_n = b_n + \dfrac{2}{3}$,则数列 $\{b_n\}$ 还原为等比数列 $\{c_n\}$, $c_{n+1} = 4c_n\left(c_1 = -\dfrac{1}{3}\right)$.

归根:等比数列是线性数列的根.

(五)递推式 $a_{n+1} = \dfrac{pa_n + q}{ca_n + d}$ 的特征根

例56 已知数列 $\{a_n\}$, $a_1 = 1$, $a_{n+1} = \dfrac{5}{2} - \dfrac{1}{a_n}$,用"特征根法"求数列 $\{a_n\}$ 的通

项公式.

解法1:特征方程为 $t = \dfrac{5}{2} - \dfrac{1}{t}$,得 $t_1 = 2$ 或 $t_2 = \dfrac{1}{2}$.

由 $t_1 = 2 \Rightarrow a_{n+1} - 2 = \dfrac{5}{2} - \dfrac{1}{a_n} - 2 = \dfrac{a_n - 2}{2a_n} \Rightarrow \dfrac{1}{a_{n+1} - 2} = \dfrac{2a_n}{a_n - 2} = \dfrac{4}{a_n - 2} + 2$.

设 $\dfrac{1}{a_n - 2} = b_n$ 得数列 $\{b_n\}$ 的递推式 $b_1 = -1$,$b_{n+1} = 4b_n + 2$.

易得 $b_{n+1} = 4b_n + 2$ 的特征根为 $s = -\dfrac{2}{3}$.

由 $s = -\dfrac{2}{3} \Rightarrow b_{n+1} + \dfrac{2}{3} = 4\left(b_r + \dfrac{2}{3}\right)$,$\therefore b_n + \dfrac{2}{3} = -\dfrac{1}{3} \times 4^{n-1} \Rightarrow b_n = -\dfrac{1}{3} \times 4^{n-1} - \dfrac{2}{3}$.

由 $\dfrac{1}{a_n - 2} = b_n$ 得 $a_n = \dfrac{1}{b_n} + 2 = \dfrac{1}{-\dfrac{1}{3} \times 4^{n-1} - \dfrac{2}{3}} + 2 \Rightarrow a_n = \dfrac{2 \times 4^{n-1} + 1}{4^{n-1} + 2}$.

解法1做了二次转化,先还原为线性数列,再还原为等比数列.

由递推式 $a_{n+1} = \dfrac{5}{2} - \dfrac{1}{a_n}$ 得到两个特征根,用第二个特征根作差可以吗?

解法2:由 $t_2 = \dfrac{1}{2} \Rightarrow a_{n+1} - \dfrac{1}{2} = \dfrac{5}{2} - \dfrac{1}{a_n} - \dfrac{1}{2} = 2 - \dfrac{1}{a_n} = \dfrac{2a_n - 1}{a_n} = \dfrac{a_n - \dfrac{1}{2}}{\dfrac{1}{2}a_n}$

$$\Rightarrow \dfrac{1}{a_{n+1} - \dfrac{1}{2}} = \dfrac{\dfrac{1}{2}a_n}{a_n - \dfrac{1}{2}} = \dfrac{\dfrac{1}{2}\left(a_n - \dfrac{1}{2}\right) + \dfrac{1}{4}}{a_n - \dfrac{1}{2}} = \dfrac{\dfrac{1}{4}}{a_n - \dfrac{1}{2}} + \dfrac{1}{2}.$$

看到线性数列,只差一步换元: $c_{n+1} = \dfrac{1}{4}c_n + \dfrac{1}{2}$.

设 $c_n = \dfrac{1}{a_n - \dfrac{1}{2}}$,则数列 $\{c_n\}$ 的首项为 $c_1 = 2$,递推式为 $c_{n+1} = \dfrac{1}{4}c_n + \dfrac{1}{2}$.

由 $t = \dfrac{2}{3}$ 得 $c_{n+1} - \dfrac{2}{3} = \dfrac{1}{4}\left(c_n - \dfrac{2}{3}\right)$,$c_1 - \dfrac{2}{3} = \dfrac{4}{3}$,$\therefore c_{n+1} - \dfrac{2}{3} = \dfrac{4}{3} \times \left(\dfrac{1}{4}\right)^{n-1}$.

$\therefore \{c_n\}$ 的通项公式为 $c_n = \dfrac{4}{3} \times \left(\dfrac{1}{4}\right)^{n-1} + \dfrac{2}{3}$.

由 $c_n = \dfrac{1}{a_n - \dfrac{1}{2}}$ 得 $a_n = \dfrac{1}{c_n} + \dfrac{1}{2} = \dfrac{1}{\dfrac{4}{3} \times \left(\dfrac{1}{4}\right)^{n-1} + \dfrac{2}{3}} + \dfrac{1}{2}$,

$\therefore a_n = \dfrac{2 \times 4^{n-1} + 1}{4^{n-1} + 2}$.

解法 3：由 $t_1 = 2$ 得 $a_{n+1} - 2 = \dfrac{5}{2} - \dfrac{1}{a_n} - 2 = \dfrac{a_n - 2}{2a_n}$，

由 $t_2 = \dfrac{1}{2}$ 得 $\dfrac{1}{a_n} - 2 = \dfrac{1}{a_n} - \dfrac{1}{2} = \dfrac{2a_n - 1}{a_n}$，

以上两式相除，得 $\dfrac{a_{n+1} - 2}{a_{n+1} - \dfrac{1}{2}} = \dfrac{1}{4} \cdot \dfrac{a_n - 2}{a_n - \dfrac{1}{2}}$ $\cdots\cdots(*)$.

已看到题根——等比数列，只差一步换元.

设 $d_n = \dfrac{a_n - 2}{a_n - \dfrac{1}{2}}$，则 $(*)$ 式化为 $d_{n+1} = \dfrac{1}{4}d_n$，$d_1 = -2$，

$\therefore d_n = -2 \times \left(\dfrac{1}{4}\right)^{n-1}$，$\therefore \dfrac{a_n - 2}{a_n - \dfrac{1}{2}} = -2 \times \left(\dfrac{1}{4}\right)^{n-1}$，$\therefore a_n = \dfrac{2 \times 4^{n-1} + 1}{4^{n-1} + 2}$.

由解法 3 可知，两个特征根合作更给力. 中间不经过线性数列，一次换元就转化为等比数列. 以上三种解法通常叫作"特征根法". 例 53 与例 54 的解法都是"特征根法". 我们想不到的那两个常数，原来是"递推式"的特征根.

例 57 （2008 年高考陕西理科第 22(1) 题）已知数列 $\{a_n\}$，$a_1 = \dfrac{3}{5}$，

$a_{n+1} = \dfrac{3a_n}{2a_n + 1}$，求数列 $\{a_n\}$ 的通项公式.

分析：由递推式，得特征方程 $t = \dfrac{3t}{2t+1} \Rightarrow 2t^2 - 2t = 0 \Rightarrow t_1 = 0, t_2 = 1$. 两根相异，或单干，或合作，有三种解法. 我们考虑两根合作，直接向等比数列转化.

解：由 $t_1 = 0 \Rightarrow a_{n+1} = \dfrac{3a_n}{2a_n + 1}$ $\cdots\cdots$①，

由 $t_2 = 1 \Rightarrow a_{n+1} - 1 = \dfrac{a_n - 1}{2a_n + 1}$ $\cdots\cdots$②，

两式相除得 $\dfrac{a_{n+1}}{a_{n+1} - 1} = \dfrac{3a_n}{a_n - 1}$. 设 $b_n = \dfrac{a_n}{a_n - 1}\left(b_1 = -\dfrac{3}{2}\right)$，

则 $b_n = \left(-\dfrac{3}{2}\right) \times 3^{n-1}$，$\therefore a_n = \dfrac{b_n}{b_n - 1} = \dfrac{3^n}{3^n + 2}$.

例 58 已知数列 $\{a_n\}$，$a_1 = 1$，$a_n = \dfrac{4 - a_{n-1}}{3 - a_{n-1}}$，求数列 $\{a_n\}$ 的通项公式.

分析：由递推式，得特征方程 $t = \dfrac{4-t}{3-t}$，解得 $t_1 = t_2 = 2$.

$a_n - 2 = \dfrac{4 - a_{n-1}}{3 - a_{n-1}} - 2 = \dfrac{a_{n-1} - 2}{3 - a_{n-1}} \Rightarrow \dfrac{1}{a_n - 2} = \dfrac{3 - a_{n-1}}{a_{n-1} - 2} = -1 + \dfrac{1}{a_{n-1} - 2}$.

设 $b_n = \dfrac{1}{a_n - 2}$ ，则 $b_n - b_{n-1} = -1$ ，$b_1 = -1$ ，$\therefore b_n = -n$ ，$\therefore a_n = 2 - \dfrac{1}{n}$.

由本例可知，"两特征根相同，可转化为等差数列".

例 59 （1984 年高考全国卷压轴题）已知数列 $\{a_n\}$ ，$a_1 = \alpha > 2$ ，

$a_{n+1} = \dfrac{a_n^2}{2(a_n - 1)}$ ，求数列 $\{a_n\}$ 的通项公式.

分析：由 $a_{n+1} = \dfrac{a_n^2}{2(a_n - 1)} \Rightarrow t = \dfrac{t^2}{2(t-1)}$ ，

即 $t^2 - 2t = 0 \Rightarrow t_1 = 0, t_2 = 2$."先减后除，一次换元".

由 $t_1 = 0$ 得 $a_{n+1} = \dfrac{a_n^2}{2(a_n - 1)} \cdots\cdots$① ，

由 $t_2 = 2$ 得 $a_{n+1} - 2 = \dfrac{a_n^2}{2(a_n - 1)} - 2 = \dfrac{(a_n - 2)^2}{2(a_n - 1)} \cdots\cdots$② ，

②÷①得 $\dfrac{a_{n+1} - 2}{a_{n+1}} = \left(\dfrac{a_n - 2}{a_n}\right)^2$.

设 $b_n = \dfrac{a_n - 2}{a_n}$ ，$b_{n+1} = b_n^2 \Rightarrow \log_2 b_{n+1} = 2\log_2 b_n$.

设 $c_n = \log_2 b_n$ ，则 $c_{n+1} = 2c_n \Rightarrow c_n = c_1 2^{n-1}$.

$\therefore b_n = 2^{c_n} \Rightarrow b_n = 2^{c_1 2^{n-1}} \Rightarrow b_n = b_1^{2^{n-1}}$.

$\therefore a_n = \dfrac{2}{1 - b_n} = \dfrac{2}{1 - b_1^{2^{n-1}}} = \dfrac{2}{1 - \left(\dfrac{\alpha - 2}{\alpha}\right)^{2^{n-1}}}$.

截至2017年，1984年全国高考递推数列题的难度最大！

例 60 （1986 年高考全国卷压轴题）已知数列 $\{a_n\}$ ，$a_1 > 0$ ，$a_1 \neq 1$ ，

$a_{n+1} = \dfrac{a_n(a_n^2 + 3)}{3a_n^2 + 1}$ ，求数列 $\{a_n\}$ 的通项公式.

分析：$a_{n+1} = \dfrac{a_n(a_n^2 + 3)}{3a_n^2 + 1}$ 有3个特征根：$0, -1, 1$.于是有：

$\dfrac{a_n^2 + 3a_n}{3a_n^2 + 1} + 1 = \dfrac{(a_n + 1)^3}{3a_n^2 + 1} \cdots\cdots$① ，

$\dfrac{a_n^3 + 3a_n}{3a_n^2 + 1} - 1 = \dfrac{(a_n - 1)^3}{3a_n^2 + 1} \cdots\cdots$② ，

①÷②得 $\dfrac{a_{n+1}+1}{a_{n+1}-1}=\left(\dfrac{a_n+1}{a_n-1}\right)^3$.

设 $b_n=\dfrac{a_n+1}{a_n-1}$,则 $b_{n-1}=b_n^3$.下略.

二、二元为多元之根——从集合 $\{a,b\}$ 的子集谈起

问题1:写出二元集合 $H_2=\{a,b\}$ 的所有子集.

对这个"简单"问题,相信高一的学生们可以"一挥而就",迅速地写出答案:$\{\varnothing\},\{a\},\{b\},\{a,b\}$.

这个答案显然是正确的.这是课本上的一道例题.

如果将这个问题变"复杂"一点呢? 如将"二元集合 H_2"变成"三元集合 H_3"呢?

问题2:写出三元集合 $H_3=\{x_1,x_2,x_3\}$ 的所有子集.

对后面的这个问题,你还能"一挥而就"吗? 如果不能,则说明你对前面问题的解答只停留在就题论题的感性认识上,还没有上升到理性的解题的高度.

从感性上升到理性,从具体展开到一般,从形象深化到抽象,这正是从初中数学到高中数学要完成的一次"飞跃".

当这个"飞跃"实现之后,你将发现:前面的问题和后面的问题是同一类问题的两个具体情况:前面的问题是这类问题的"题根";后面的问题是这类问题的一个"题支".

(一)递推法,起步"3"的问题靠"2"解决

写出 $H_2=\{a,b\}$ 所有子集,是高中数学教材中的例题,在对应的练习中,要求写出 $H_3=\{a,b,c\}$ 的所有子集.这是一个从 H_2 到 H_3,即是从2到3的问题,你考虑过 H_3 的问题要回到 H_2 来解决吗?

例61 试利用二元集合 $H_2=\{a,b\}$ 的子集集合,写出三元集合 $H_3=\{a,b,c\}$ 的子集集合.

分析:H_3 的子集由两部分合成:第一部分,H_2 的所有子集;第二部分,在 H_2 的所有子集中依次添入第三个元素 c 所形成的新子集.

解:第一步,写出二元集合 H_2 的子集三角阵(左);

第二步,复制这个子集三角阵(右);

第三步,在复制的二元集合 H_2 的子集三角阵(右)中,依次添入第三个元素 c 得到一个新的三角阵:

$$原\begin{cases}\varnothing \\ \{a\},\{b\} \\ \{a,b\}\end{cases}\xRightarrow[\text{添入}c]{}新\begin{cases}\{c\} \\ \{a,c\},\{b,c\} \\ \{a,b,c\}\end{cases}$$

第四步,将新的三角阵"下移"一行,与原三角阵错位相并,即得 $H_3=\{a,b,c\}$ 的子集三角阵:

$$\begin{cases}\varnothing \\ \{a\},\{b\},\{c\} \\ \{a,b\},\{a,c\},\{b,c\} \\ \{a,b,c\}\end{cases}$$

三元集合 $H_3=\{a,b,c\}$ 的所有子集是:$\varnothing,\{a\},\{b\},\{a,b\},\{c\},\{a,c\},\{b,c\},\{a,b,c\}$ 一共8个.

说明:由 2 到 3,用的是"递推法",即用 $H_2=\{a,b\}$ 的所有子集,推出 $H_3=\{a,b,c\}$ 的所有子集.显然,由3到4,由4到5的问题也可经过"递推"解决.

例62　试利用 $H_3=\{a,b,c\}$ 的子集集合,写出 $H_4=\{a,b,c,d\}$ 的子集集合.

解:将 $H_3=\{a,b,c\}$ 的子集写成如下的三角阵(左),然后复制这个三角阵,在复制的三角阵中的每一个子集中依次添入第四个元素 d,得一新的三角阵(右):

$$原\begin{cases}\varnothing \\ \{a\},\{b\} \\ \{a,b\},\{a,c\},\{b,c\} \\ \{a,b,c\}\end{cases}\xrightarrow[\text{添入}d]{}新\begin{cases}\{d\} \\ \{a,d\},\{b,d\},\{c,d\} \\ \{a,b,d\},\{a,c,d\},\{b,c,d\} \\ \{a,b,c,d\}\end{cases}$$

两三角阵相并,可得 H_4 的所有子集.

集合 $H_4=\{a,b,c,d\}$ 的子集有:$\varnothing,\{a\},\{b\},\{a,b\},\{c\},\{a,c\},\{b,c\},\{a,b,c\},\{d\},\{a,d\},\{b,d\},\{c,d\},\{a,b,d\}$,$\{a,c,d\},\{b,c,d\},\{a,b,c,d\}$ 共 16 个子集.

说明:按此递推法,可由 H_k 的所有子集推出 H_{k+1} 的所有子集.

(二)二分法,启蒙由1到n的一分为二

七大数学思想之一的分类思想,是分析事物的基本思想,并由此产生了划分法.划分,到底将事物分成几类? 子集扩展的递推给出了"二分法".

从相反的方向看二分法,则是子集递推的"翻倍法".集合中每增加一个元素,其子集集合的个数则翻一倍.

例63 集合 $H_1=\{x_1\}$ 的子集有 $a_1=2^1$ 个,即 $\varnothing$ 和 $\{x_1\}$,$H_2=\{x_1,x_2\}$ 的子集有 $a_2=2^2$ 个.试求集合 $H_n=\{x_1,x_2,\cdots,x_n\}$ 的子集个数 a_n.

分析:$a_1=2^1$,$a_2=2^2$,$a_3=2^3$,猜想 $a_n=2^n$,

假设 $H_k=\{x_1,x_2,x_3,\cdots,x_{k-1},x_k\}$ 的子集有 $a_k=2^k$ 个.

则可摆成如下的k阶子集三角阵:

$$
原\begin{cases}
\varnothing \\
\{x_1\},\{x_2\},\cdots,\{x_k\} \\
\{x_1,x_2\},\{x_1,x_3\},\cdots,\{x_{k-1},x_k\} \\
\cdots \\
\{x_1,x_2,\cdots,x_k\}
\end{cases}
新\begin{cases}
\{x_{k+1}\} \\
\{x_1,x_{k+1}\},\{x_2,x_{k+1}\},\cdots,\{x_k,x_{k+1}\} \\
\{x_1,x_2,x_{k+1}\},\{x_1,x_3,x_{k+1}\},\cdots,\{x_{k-1},x_k,x_{k+1}\} \\
\cdots \\
\{x_1,x_2,\cdots,x_k,x_{k+1}\}
\end{cases}
$$

在原三角阵的每个子集中,依次添入第$k+1$个元素,得一新的k阶三角阵.显然,新三角阵的子集个数也为 $a_k=2^k$.

将新的k阶三角阵下移一行,与原k阶三角阵错位相并(略),即得 $H_{k+1}=\{x_1,x_2,\cdots,x_k,x_{k+1}\}$ 的子集三角阵.其中子集个数 $a_{k+1}=a_k+a_k=2^k+2^k=2^{k+1}$.

由此可知,$H_n=\{x_1,x_2,x_3,\cdots,x_{n-1},x_n\}$ 的子集个数为 $a_n=2^n$.

说明:将对象分类是分析事物的开始,所谓的"划分法"是对事物分类的方法,其中"二分法"又是"划分法"的基础.对于集合 $H_n=\{x_1,x_2,x_3,\cdots,x_{n-1},x_n\}$ 的 $a_n=2^n$ 个子集,在划分中用到了二分法,即 2^n 个子集可分作两类:第一类,不含 x_n 的子集,有 2^{n-1} 个;第二类,含有 x_n 的子集,也有 2^{n-1} 个,并在一起为 2^n 个.

例64 将集合 $H_5=\{a,b,c,d,e\}$ 的子集分成两类,至少多少种不同的分法.试分别说明其具体的分类办法.

分析:将集合 $H_5=\{a,b,c,d,e\}$ 的子集分成两类,方法至少有5种,分别是:

（1）含 a 的子集和不含 a 的子集；（2）含 b 的子集和不含 b 的子集；（3）含 c 的子集和不含 c 的子集；（4）含 d 的子集和不含 d 的子集；（5）含 e 的子集和不含 e 的子集.

以下是第5种分类的具体情况，$H_5 = \{a, b, c, d, e\}$ 的子集分两类.

第一类，不含 e 的子集，即 $H_4 = \{a, b, c, d\}$ 的子集（如下）共 16 个：$\varnothing, \{a\}, \{b\}, \{a, b\}, \{c\}, \{a, c\}, \{b, c\}, \{a, b, c\}$ ，$\{d\}, \{a, d\}, \{b, d\}, \{c, d\}, \{a, b, d\}$ ，$\{a, c, d\}, \{b, c, d\}, \{a, b, c, d\}$.

第二类，含 e 的子集，即在 $H_4 = \{a, b, c, d\}$ 的每个子集中依次添入第5个元素 e 而得（如下）共 16 个：$\{e\}, \{a, e\}, \{b, e\}, \{c, e\}, \{a, b, e\}, \{a, c, e\}, \{b, c, e\}$，$\{a, b, c, e\}, \{d, e\}, \{a, d, e\}, \{b, d, e\}, \{c, d, e\}, \{a, b, d, e\}, \{a, c, d, e\}, \{b, c, d, e\}$，$\{a, b, c, d, e\}$.

以上32个子集即是 $H_5 = \{a, b, c, d, e\}$ 的所有子集.

（三）树干图生成，分层划分是二分法的连续裂变

集合 $H_3 = \{a, b, c\}$ 的子集形成，可分为三步：第一步考查元素 a，分"无和有"两种情况；第二步考查 b，也分"无""有"两种情况；第三步考查 c，还是"无""有"两种情况.由此引出了子集划分的"树干图".

例65　对 $H_3 = \{a, b, c\}$ 的子集形成，试按"三层二分"不同情况的组合用图线连接起来，得到树干图.试指出树干中三层连线各自对应的子集.

分析：三层两分 a, b, c，每层的两类分"无""有"，组合成如下树干图，对应的子集如下：

$$
无a \begin{cases} 无b \begin{cases} 无c\cdots\cdots\varnothing \\ 有c\cdots\cdots\{c\} \end{cases} \\ 有b \begin{cases} 无c\cdots\cdots\{b\} \\ 有c\cdots\cdots\{b, c\} \end{cases} \end{cases}
\qquad
有a \begin{cases} 无b \begin{cases} 无c\cdots\cdots\{a\} \\ 有c\cdots\cdots\{a, c\} \end{cases} \\ 有b \begin{cases} 无c\cdots\cdots\{a, b\} \\ 有c\cdots\cdots\{a, b, c\} \end{cases} \end{cases}
$$

说明：写出一个已知集合的所有子集，初学者易犯的错误有二，一是写漏了，二是写重了.在树干图的指导下写出集合的所有子集，可以防止以上错误.

树干图中的二分法，是对立统一的划分.这种"有与无""是与非"的划分，是

对全集 I 的完全划分. 划分后所生成的两个子集 A 和 B, 具有两个性质: ① $A \bigcap B = \varnothing$; ② $A \bigcup B = I$, 简称: 完全划分的"交空并全"性.

例66 对 $H_4 = \{a, b, c, d\}$ 的子集形成, 试按"四层两分"画出其树干图. 并写出对应的子集.

分析: 四层两分的树干图如下:

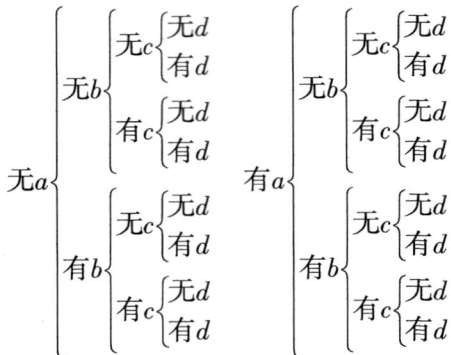

$$
\text{无}a\begin{cases}\text{无}b\begin{cases}\text{无}c\begin{cases}\text{无}d\\\text{有}d\end{cases}\\\text{有}c\begin{cases}\text{无}d\\\text{有}d\end{cases}\end{cases}\\\text{有}b\begin{cases}\text{无}c\begin{cases}\text{无}d\\\text{有}d\end{cases}\\\text{有}c\begin{cases}\text{无}d\\\text{有}d\end{cases}\end{cases}\end{cases}
\quad
\text{有}a\begin{cases}\text{无}b\begin{cases}\text{无}c\begin{cases}\text{无}d\\\text{有}d\end{cases}\\\text{有}c\begin{cases}\text{无}d\\\text{有}d\end{cases}\end{cases}\\\text{有}b\begin{cases}\text{无}c\begin{cases}\text{无}d\\\text{有}d\end{cases}\\\text{有}c\begin{cases}\text{无}d\\\text{有}d\end{cases}\end{cases}\end{cases}
$$

在树干图中, 由干到支分别连线, 得四层"有无干支"线如下:

无无无无、无无无有、无无有无、无无有有、无有无无、无有无有、无有有无、无有有有; 有无无无、有无无有、有无有无、有无有有、有有无无、有有无有、有有有无、有有有有.

以上16条"有无线"对应到子集上, 可得 $H_4 = \{a, b, c, d\}$ 的16个子集如下:

$\varnothing$, $\{a\}$, $\{b\}$, $\{a, b\}$, $\{c\}$, $\{a, c\}$, $\{b, c\}$, $\{a, b, c\}$, $\{d\}$, $\{a, d\}$, $\{b, d\}$, $\{c, d\}$, $\{a, b, d\}$, $\{a, c, d\}$, $\{b, c, d\}$, $\{a, b, c, d\}$.

(四) 分类列举, 树干图下的子集分类

我们常常遇到这样的问题, 对 n 元集合 $H_n = \{x_1, x_2, x_3, \cdots, x_{n-1}, x_n\}$, 要求写出它的含 $k(k \leqslant n)$ 个元素的子集集合. 由于这不是要求写出"所有子集", 因此, 对应的树干图可以简化, 指导子集的分类列举.

例67 平面上有 A, B, C, D, E 五点, 其中任何三点都不在同一条直线上, 以其中任意3点为顶点作三角形, 试用三角形符号写出所有的三角形.

分析: 这是对五元集合 $H_5 = \{A, B, C, D, E\}$, 要求写出所有的三元子集的问题.

解:作简化的树干图,对三元子集分类列举

$$\left\{\begin{array}{l}有A\left\{\begin{array}{l}有B: ABC,ABD,ABE \quad 共3个\\ 无B\left\{\begin{array}{l}有C: ACD,ACE \quad 共2个\\ 无C: ADE \quad 共1个\end{array}\right.\end{array}\right.\\ 无A\left\{\begin{array}{l}有B\left\{\begin{array}{l}有C: BCD,BCE \quad 共2个\\ 无C: BDE \quad 共1个\end{array}\right.\\ 无B: CDE \quad 共1个\end{array}\right.\end{array}\right.$$

所有的三角形为: $\triangle ABC$、$\triangle ABD$、$\triangle ABE$、$\triangle ACD$、$\triangle ACE$；$\triangle ADE$、$\triangle BCD$、$\triangle BCE$、$\triangle BDE$,共有 10 个.

说明:在树干图隐形思想的指导下,上述解法还可以简化为用"分类列举分层消去"的办法直接写出直线数的结果.

(1)过 A 的直线有 4 条(AB,AC,AD,AE);(2)消去 A,过 B 的直线有 3 条(BC,BD,BE);(3)消去 B,过 C 的直线有 2 条(CD,CE);(4)消去 C,过 D 的直线只 1 条(DE).共 10 条.

(五)从集合到映射,非数字对象的数字化

从集合的视角看数学对象:(1)某种对象的全体便是某个集合;(2)这个全体中的部分,便是这个集合的子集.这样一来,有些数学问题可直接经过映射关系,化为集合问题求解.以下是乘法运算作集合映射的例子.

例 68　将乘积 $(1+a)(1+b)(1+c)(1+d)$ 的展开式各项视作集合 A,把 $H_3=\{a,b,c\}$ 的子集集合记作 B.

(1)试建立一个从 A 到 B 的映射;

(2)利用这个映射直接写出乘积的展开式.

分析:(1)将展开式的常数 1 与 H_3 的空子集对应;展开式的一次式(如 a)与 H_3 的一元子集(如 $\{a\}$)对应;展开式的二次式(如 bc)与 H_3 的二元子集(如 $\{b,c\}$)对应;展开式的三次式(abc)与三元子集 $\{a,b,c\}$ 对应.

这就得到从集合 A 到集合 B 的一个映射.

(2)利用上述映射,可以不作乘法,利用子集"递推法",写出乘积的展开式如下.

$$(1+a)(1+b)(1+c) = \underbrace{1+a+b+ab}_{\text{无}c\text{的4项}} + \underbrace{c+ac+bc+abc}_{\text{有}c\text{的4项}}$$

说明:反过来看 $(1+a)(1+b)(1+c)$ 的乘法运算过程,其乘法法则只不过是求"展开项集合"的一个具体操作方法.

例69 不作乘法,求 $(a+b)^5$ 展开后的 a^3b^2 项的系数.

分析:因为展开的各项都是5次齐次式.因此,问题可化为求 $(1+b)^5$ 展开后 b^2 的系数.

解:先求 $(1+b)^5$ 展开后 b^2 的系数.

设 $(1+b)^5 = (1+b_1)(1+b_2)(1+b_3)(1+b_4)(1+b_5)$,

含 b_1 的二次式有 $b_1b_2, b_1b_3, b_1b_4, b_1b_5$,共4个;

不含 b_1,含 b_2 的二次式有 b_2b_3, b_2b_4, b_2b_5,共3个;

不含 b_2,含 b_3 的二次式有 b_3b_4, b_3b_5,共2个;

不含 b_3,含 b_4 的二次式有 b_4b_5,只1个.

因此,b 的二次式共有 5+4+3+2+1=10个.同样方法考虑 a,即 a^3b^2 的系数为10.

(六)系数分离法,乘法公式到子集映射

$(a+b)^2 = a^2 + 2ab + b^2$,展开式的各项系数分别为1,2,1.

$(a+b)^3 = a^3 + 3a^2b + 3ab^2 + b^3$,展开式的各项系数分别为1,3,3,1,这里的系数结果正是子集的计数结果.

例70 用集合观点解释"和立方公式":$(a+b)^3 = a^3 + 3a^2b + 3ab^2 + b^3$,展开式各项的系数.

分析:因为"和立方公式"的展开项都是三次齐次式,故问题可化归为 $(1+b)^3 = 1 + 3b + 3b^2 + b^3$ 来考虑.

解:$(1+b)^3 = 1 + 3b + 3b^2 + b^3 = 1 + (b_1 + b_2 + b_3) + (b_1b_2 + b_1b_3 + b_2b_3) + b_1b_2b_3$

故展开式有8项,因此,集合 $\{b_1, b_2, b_3\}$ 的子集有8个:

$$\varnothing, \{b_1\}, \{b_2\}, \{b_3\}, \{b_1, b_2\}, \{b_1, b_3\}, \{b_2, b_3\}, \{b_1, b_2, b_3\}.$$

其中,空子集对应展开式的常数1,只1个;一元子集对应一次项,共3个;二元子集对应二次项,共3个;全集对应三次项,只1个.

这就是 $(a+b)^3$ 展开后各项系数分别为 $1,3,3,1$ 的解释.

例71 利用系数分离法求 $(a+b)^5$ 的展开式.

分析: $(a+b)^5 = (a+b)^3 (a+b)(a+b)$.

解:将 $(a+b)^3$ 展开后各项系数错位相加,则得 $(a+b)^4$ 展开后各项系数.继续错位相加,则得 $(a+b)^5$ 展开后各项系数.

$$
\begin{array}{r}
1\ 3\ 3\ 1\\
1\ 3\ 3\ 1\\
\hline
1\ 4\ 6\ 4\ 1\\
1\ 4\ 6\ 4\ 1\\
\hline
1\ 5\ 10\ 10\ 5\ 1
\end{array}
$$

故 $(a+b)^5 = a^5 + 5a^4 b + 10a^3 b^2 + 10a^2 b^3 + 5ab^4 + b^5$.

(七)二分法到二进制,集合子集的数字化运算

在树干图的"有无线"中,如支线"无有有无"对应着四元集合 $H_4 = \{a, b, c, d\}$ 的二元子集 $\{b, c\}$.

如果将记号"无"用数字"0"替代,记号"有"用"1"替代,则对应的支线"无有有无"变成了"0110".这不只是形式上,同时也是本质上实现了集合子集的数字化.

例72 将例65中的"无 a"和"有 a"分别用"000"和"100"替代;无 b 和有 b 用"00"和"10"替代;无 c 和有 c 用'0'和'1'替代.试解释图中8个子集是二进制依次计数的结果.

分析:经过替代之后,树干图有如下形式.

$$
000 \begin{cases} 00 \begin{cases} 0 & (000)-\phi \\ 1 & (001)-\{c\} \end{cases} \\ 10 \begin{cases} 0 & (010)-\{b\} \\ 1 & (011)-\{b,c\} \end{cases} \end{cases}
$$

$$
100 \begin{cases} 00 \begin{cases} 0 & (100)-\{a\} \\ 1 & (101)-\{a,c\} \end{cases} \\ 10 \begin{cases} 0 & (110)-\{a,b\} \\ 1 & (111)-\{a,b,c\} \end{cases} \end{cases}
$$

树干图的二进制及对应子集

图中从上到下的二进制数,正好是从0开始的前8个二进制数.每个二进制数后面对应着一个(三元集合的)子集,从空集开始一直到全集$\{a,b,c\}$.

说明:用二进制数与子集对应,这同时又为集合的所有子集"从先到后"排了一个顺序.从而使我们在列举集合的所有子集时,有了一个先后的顺序.

例73 按二进制计数的顺序,依次写出集合 $H_4=\{a,b,c,d\}$ 的所有子集.

分析:二进制中,前8个数依次是000,001,010,011,100,101,110,111.

二进制中,第9到第16个数依次是:1000,1001,1010,1011,1100,1101,1110,1111,也是8个.

在二进制"进位法"的指导下,集合 $H_4=\{a,b,c,d\}$ 的16个子集依次(编序)为:

$\varnothing,\{a\},\{b\},\{a,b\},\{c\},\{a,c\},\{b,c\},\{a,b,c\},\{d\},\{a,d\},\{b,d\},\{c,d\},\{a,b,d\},$
$\{a,c,d\},\{b,c,d\},\{a,b,c,d\}$.

说明:用"进位法"列举某集合的所有子集,实际上是在"用二进制计数"法.

(八)从无序到有序,集合 $H_n=\{x_1,x_2,x_3,\cdots,x_{n-1},x_n\}$ 子集的逻辑排队

总结以上的"递推"方法,集合 $H_n=\{x_1,x_2,x_3,\cdots,x_{n-1},x_n\}$ 的所有子集,按元素从少到多的先后顺序进行列队的办法如下.

第一步,H_n 的前三个子集依次是:$\varnothing$,$\{x_1\}$,$\{x_2\}$.

第二步,假设 H_n 的某个子集已经写出,紧跟在它后面的相邻的子集可以通过以下办法得到:

(1)若此子集中没有元素 x_1,则在该子集中添上元素 x_1 即得;

(2)若此子集中已有元素 x_1,则在该子集中将 x_1 换成 x_2 即可;

(3)若此子集同时含有元素 x_1,x_2,则在该子集中将 x_1,x_2 去掉,换上 x_3 即可;

(4)如此类推,若此子集依次含有 $x_1,x_2,\cdots,x_k$,但不含 x_{k+1},则将集合中的 x_1 至 x_k 同时去掉,换上 x_{k+1} 即可.

例74 按集合 H_n 子集的排队方法,请写出如下子集中的后面相邻的那个子集.

(1)$\{x_3,x_{100}\}$;

(2) $\{x_1, x_2, x_{100}\}$.

分析：(1)子集 $\{x_3, x_{100}\}$ 中不含 x_1，所以该子集后面相邻的子集是 $\{x_1, x_3, x_{100}\}$.

(2)子集 $\{x_1, x_2, x_{100}\}$ 中依次含有 x_1，x_2，所以该子集中后面相邻的子集是 $\{x_3, x_{100}\}$.

例75 写出集合 $H_n = \{x_1, x_2, x_3, \cdots, x_{n-1}, x_n\}$ 的第100号子集.

分析：$100=64+32+4=2^6+2^5+2^2$，此数换成二进制数即为1100100，对应的子集是 $\{x_3, x_6, x_7\}$.

说明：子集 $\{x_3, x_6, x_7\}$ 在二进制数中是第1100100号子集，而在十进制中则是第100号子集.

"数字化后"的子集可按数字列队，这是非数字化问题数字化的典例. 同时让我们理解到非数学问题数学化的含义所在.

(九)逻辑开关与电子屏幕，集合 $H_n = \{x_1, x_2, x_3, \cdots, x_{n-1}, x_n\}$ 的子集的形象菜单

逻辑开关. 这里有一排灯，比如有3个灯. 电钮按1下，第1盏灯亮；按2下，第1盏灯灭，第2盏灯亮；按3下，第1盏灯亮，第2盏灯仍亮；按4下，第1盏灯灭，第2盏灯灭，第3盏灯亮.

我们用符号○表示灯开，用符号●表示灯关.

于是，3个电灯明灭的情况与按钮次数的关系图解如下：

图解结果，可用来表示三元集合 $H_3 = \{a, b, c\}$ 的所有的8个子集：

$0-\varnothing$，$1-\{a\}$，$2-\{b\}$，$3-\{a, b\}$，$4-\{c\}$，$5-\{a, c\}$，$6-\{b, c\}$，$7-\{a, b, c\}$.

于是，我们可以用逻辑开关制作电子屏幕，为集合的所有子集开出"菜单".

例76 3名学生参加某项无名额限制的选拔赛，选上的可能结果有多少种？试用电子屏幕为选上的所有可能结果开出"菜单".

解：3名学生选上的可能结果共有8种，电子屏幕开出的"菜单"如下：

0	●●● 全部落选	4	●●○ 丙选上
1	○●● 甲选上	5	○●○ 甲丙选上
2	●○● 乙选上	6	●○○ 乙丙选上
3	○○● 甲乙选上	7	○○○ 全部选上

说明:用电屏幕来表示集合的子集,具有鲜明的直观性和有序性!

例77 30名学生参加某项无名额限制的选拔赛,选上的可能结果有多少种? 试用电子屏幕为选上的所有可能结果开出"菜单".

说明:弄清了直观性和有序性之后,你将发现,用电子屏幕表示子集,从3变到30,甚至变到300,它们并无本质的区别,在计算机上都是按1次电键.

解:30名学生选上的可能结果共有 2^{30} 种.30名学生分别用记号 $1,2,3,\cdots$, $29,30$ 来表示,选上的可能结果所对应的子集依次为:

( ), (1), (2), (2, 1), (3), (3, 1), (3, 2), (3, 2, 1), (4), (4, 1), $\cdots$, (4, 3, 2, 1), $\cdots$, (30, 29, $\cdots$, 2, 1).

选上的各种情况用电子屏幕开出的"菜单"如下:

30 29 28	$\cdots\cdots$	4 3 2 1	对应结果
●●●	$\cdots\cdots$	●●●●	全部落选
●●●	$\cdots\cdots$	●●●○	仅1选上
●●●	$\cdots\cdots$	●●○●	仅2选上
●●●	$\cdots\cdots$	●●○○	1, 2选上
●●●	$\cdots\cdots$	●○●●	仅3选上
$\cdots\cdots$		$\cdots\cdots$	
○○○	$\cdots\cdots$	○○○●	仅1未选上
○○○	$\cdots\cdots$	○○○○	全部选上

(十)电子模型的应用,三元集合 $H_3 = \{x_1, x_2, x_3\}$ 为代表

三元集合的子集屏幕,如果只是用来表示具体的(参赛)结果,那就称不上模型,以下问题,其实也是三元集合的子集问题,也可以用电子屏幕开出"菜单".

例78 整数30有几个约数? 试用电子屏幕开出"菜单".

说明:单从现实背景来看,"30的约数"和"3人参赛"是风马牛不相及的两件事.但站在数学模型的高度,它们竟然"同模"!

解:(在30的约数中找"电灯")将30进行质因数分解:30=2×3×5.30的约数对应"3灯":2,3,5,故30的约数有8个.

屏幕开出的"菜单"如下：

●●● 约数1　　　　●●○ 约数5
○●● 约数2　　　　○●○ 约数2×5
●○● 约数3　　　　●○○ 约数3×5
○○● 约数2×3　　　○○○ 约数2×3×5

所以30的约数依次为：1,2,3,6,5,10,15,30.

说明："菜单"里的约数排序并非总是由小到大,这里的约数6恰恰排在约数5的前面.

例79 整数210有几个约数? 试用电子屏幕开出"菜单".

解:(在210的约数中找"电灯")将210进行质因数分解:210=2×3×5×7.

210的约数对应"电灯":2,3,5,7,故210的约数有16个.

屏幕开出的"菜单"如下：

●●●● 约数1　　　　●●●○ 约数7
○●●● 约数2　　　　○●●○ 约数2×7
●○●● 约数3　　　　●○●○ 约数3×7
○○●● 约数2×3　　　○○●○ 约数2×3×7
●●○● 约数5　　　　●●○○ 约数5×7
○●○● 约数2×5　　　○●○○ 约数2×5×7
●○○● 约数3×5　　　●○○○ 约数3×5×7
○○○● 约数2×3×5　　○○○○ 约数2×3×5×7

故210的16个约数依次为：

1,2,3,6,5,10,15,30,7,14,21,42,35,70,105,210.

说明："电灯"的进化,如果数字越来越大,"电灯"就会越来越多.

"电灯"可以多到人工数不清,"电灯"可以小到人眼看不见.这时人们就想到了机器! 这个机器就是现在的电脑!

电脑的工作很简单,整天在那里开灯关灯! 电脑又称电子计算机,但不是简单的电学机或数学机.它是一个"哲学机",整天在那里作肯定否定的逻辑运算!

(十一)从技术文化到哲学思想,电子屏幕与阴阳八卦图

电子屏幕设计师夸耀自己的电学成绩:我这里有3个"电灯"a,b,c,还可更多些! 它表示的对象岂止是电灯? 用它能表示数,表示事物,表示事物之间的逻辑关系!

听了后,有一位数学学者说的话使电子屏幕设计师大吃一惊:你这个东西,并不新鲜！在中国,三千年前就有了,就是《易经》中的阴阳八卦图！

电子屏幕设计师有点不明白:三千年前那时有电吗？于是这位数学学者讲起了中国《易经》:宇宙间的基本元素只有2个,一个称"阴",记作"– –";一个称"阳",记作"——",阴阳组合成"卦",3次组合得八卦,4次组合,便得十六卦,如此等等.

其中,八卦图及其对应的8种事物如下:

(1)为乾,代表天　　(5)为震,代表雷

(2)为坤,代表地　　(6)为艮,代表山

(3)为坎,代表水　　(7)为巽,代表风

(4)为离,代表火　　(8)为兑,代表泽

例80 使阴阳八卦里面的阴"– –"与电子屏幕开关里的"关●"对应;阳"——"与开关里的"开○"对应.试写出八卦图与三元电子屏幕之间的"互译表".

解:两者之间的"互译表"如下:

坤 ●●●　　　　艮 ○●●

震 ●●○　　　　离 ○●○

坎 ●○●　　　　巽 ○○●

兑 ●○○　　　　乾 ○○○

说明:电子屏幕中的开关技术思想,就是八卦图中的阴阳文化思想,也就是数学中的是与非、有与无的二分合一的哲学思想.

例81 使阴阳八卦里面的阴"– –"与子集中元素的"无"对应;阳"——"与子集中元素的"有"对应.试写出八卦图与三元集合各个子集之间的对应表.

解:八卦图与三元集合各个子集的对应表如下:

坤 $●●●\phi$　　　　艮 $○●●\{a\}$

震 $●●○\{c\}$　　　　离 $○●○\{a,c\}$

坎 $●○●\{b\}$　　　　巽 $○○●\{a,b\}$

兑 $●○○\{b,c\}$　　　　乾 $○○○\{a,b,c\}$

第三节 根题引申与推广

题与题之间的联系,要靠我们去研究和发现.其方法是从一个根题引申开去,使其演化为一组相关题,形成一个题组.

一、根题引申

考试命题,是很困难的任务.特别是重要的考试,其题目一般需要"新"题,即不能重复学习资料上已有的"陈题".考试年年有,一年有多次重大的考试,因此对"新"题的需要量就很大.如何命制"新"题呢? 于是对原有题目的改编和改造,便是命题的一大法宝.从已有的命题经验来看,所谓对原题的改编或改造,也就对原有题目的引申和推广.所以我们在解题之后的反思中,要对本题加以引申和推广研究,往往能发现那些新题的来源及其解法.我们举两个经典的例题来看.

例82 (根题)G 为 $\triangle ABC$ 重心的必要条件是:$\overrightarrow{GA}+\overrightarrow{GB}+\overrightarrow{GC}=\mathbf{0}$,将条件适当变化,可以得出一组相关题.

引申1 若 O 是 $\triangle ABC$ 内一点,则 $S_{\triangle OBC}\overrightarrow{OA}+S_{\triangle OCA}\overrightarrow{OB}+S_{\triangle OAB}\overrightarrow{OC}=\mathbf{0}$.

引申2 已知 $\triangle ABC$ 及任意一点 O,若有不全为0的实数 $\lambda_1,\lambda_2,\lambda_3$.

使得 $\lambda_1\overrightarrow{OA}+\lambda_2\overrightarrow{OB}+\lambda_3\overrightarrow{OC}=\mathbf{0}$,则 O 点在 $\triangle ABC$ 内 $\Leftrightarrow\lambda_1,\lambda_2,\lambda_3$ 同号.

引申3 设 O 是 $\triangle ABC$ 内任意一点,$S_{\triangle ABC}$ 表示 $\triangle ABC$ 的面积,G 是 $\triangle ABC$ 的重心,令 $\lambda_1=\dfrac{S_{\triangle OBC}}{S_{\triangle ABC}},\lambda_2=\dfrac{S_{\triangle OCA}}{S_{\triangle ABC}},\lambda_3=\dfrac{S_{\triangle OAB}}{S_{\triangle ABC}}$,并且定义 $f(Q)=(\lambda_1,\lambda_2,\lambda_3)$. 如果 $f(Q)=\left(\dfrac{1}{2},\dfrac{1}{3},\dfrac{1}{6}\right)$,则( ).

(A)Q 点在 $\triangle GAB$ 内 (B)Q 点在 $\triangle GBC$ 内

(C)Q 点在 $\triangle GCA$ 内 (D)Q 点与 G 点重合

本题是2005年湖南省的数学高考题.

引申4 设 O 是 $\triangle ABC$ 内部一点,且有 $\overrightarrow{OA}+2\overrightarrow{OB}+3\overrightarrow{OC}=\mathbf{0}$,则 $\triangle ABC$ 的面积与 $\triangle OAC$ 面积之比为( ).

本题是2004年全国高中数学竞赛试题.

由以上一组相关题可以看出,考试题是如何从根题变化或引申出来的.

二、纵横推广

推广与引申的意思相似,但更有向未知领域探究的意味.推广,通常有横向推广与纵向推广两种.从问题类型不变,数量增加,是横向推广;深度增加,从平面向空间,从一维向多维,是纵向推广.

例 83 已知三棱锥 $P-ABC$ 中,$PA=a$,$PB=b$,$PC=c$,$\angle APB=\angle BPC=\angle CPA=60°$,求该三棱锥的体积.

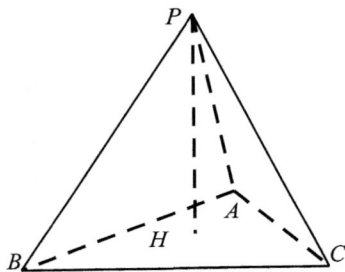
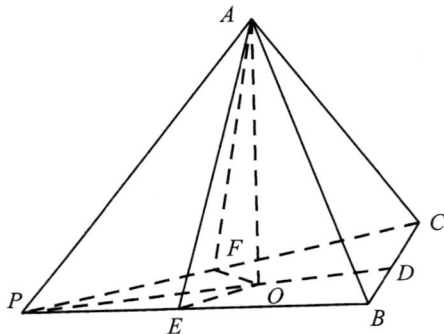

图 6-1　　　　　　　　　　图 6-2

(1)先研究它的解法.

思路1:求三棱锥的体积,需要知道它的底面积和高.如图6-1,作它的高 PH.只要算出 PH 的长和底面 $\triangle ABC$ 的面积即可.要由现有的条件求 PH 与 $\triangle ABC$ 的面积,虽然可以,但是很困难.此路难通.暂时搁置于此.

思路2:变换一下方向,如图6-2,将 A 视为顶点,$\triangle PBC$ 作为底面.这样,容易求得底面积 $S_{\triangle PBC}=\dfrac{1}{2}PB\cdot PC\cdot \sin\angle BPC=bc\sin 60°$.过 A 点作底面的高 AO,再过点 O 作 $OE\perp PB$,$OF\perp PC$,连接 AE,AF,由三角形全等易证点 O 在 $\angle BPC$ 的平分线 PD 上,因为 $\angle BPC=60°$,所以 $\angle EPO=30°$,所以 $PE=PA\cos 60°=\dfrac{a}{2}$.

$$AE=PA\sin 60°=a\cdot \sin 60°=\frac{\sqrt{3}}{2}a\ ,\ OE=\frac{PE}{\tan 30°}=\frac{PE}{\sqrt{3}}=\frac{a}{2\sqrt{3}}\ .$$

$$又\ AO=\sqrt{AE^2-OE^2}=\sqrt{\frac{3}{4}a^2-\frac{1}{12}a^2}=\frac{\sqrt{6}}{3}a\ .$$

$$从而\ V_{P-ABC}=V_{A-PBC}=\frac{1}{3}S_{\triangle PBC}\cdot AO=\frac{1}{3}\cdot \frac{\sqrt{3}}{4}bc\cdot \frac{\sqrt{6}}{3}a=\frac{\sqrt{2}}{12}abc\ .$$

思路3:局部调整:若 $a=b=c$,那么问题便简化很多.容易算得 $V_{P-ABC}=\dfrac{\sqrt{2}}{12}a^3$.

现将 PB,PC 的长度均调整到 $PB'=PC'=PA=a$.于是,三棱锥 $A-PBC$ 与 $A-PB'C'$ 顶点相同(A),底面在同一平面上,即它们的高也一样,所以二者的体积之比等于底面积之比:

$$V_{A-PBC}:V_{A-PB'C'}=S_{\triangle ABC}:S_{\triangle AB'C'}=\frac{1}{2}bc\sin60°:\frac{1}{2}aa\sin60°=bc:a^2.$$

所以 $V_{A-PBC}=V_{A-PB'C'}\cdot\dfrac{bc}{a^2}=\dfrac{\sqrt{2}}{12}a^3\cdot\dfrac{bc}{a^2}=\dfrac{\sqrt{2}}{12}abc$.

相比较而言,第三种解法最为简洁明快,是较好的方法.

(2)引申和变换.

如果将原题中的条件稍做改变,可得:

引申1　在三棱锥 $P-ABC$ 中, $PA=a,PB=b,PC=c,\angle APB=\angle BPC=\angle CPA=\theta$,求此三棱锥的体积.

用上述思路2求得 $V_{P-ABC}=\dfrac{1}{6}abc\sin\theta\sqrt{\sin^2\theta-\cos^2\theta\tan^2\dfrac{\theta}{2}}$.

引申2　在三棱锥 $P-ABC$ 中, $PA=a$, $PB=b$, $PC=c$, $\angle APB=\alpha$, $\angle BPC=\beta$, $\angle CPA=\gamma$,求此三棱锥的体积.

依然按照上述思路2,先将从 A 点向底面所作的高 AO 表示成 α,β,γ 的三角函数: $AO^2=\dfrac{1+2\cos\alpha\cos\beta\cos\gamma-\cos^2\alpha-\cos^2\beta-\cos^2\gamma}{\sin^2\beta}a^2$,

从而求得 $V_{P-ABC}=\dfrac{1}{6}abc\sqrt{1+\cos\alpha\cos\beta\cos\gamma-\cos^2\alpha-\cos^2\beta-\cos^2\gamma}$,

而且即使 O 点在 $\triangle PBC$ 之外,上述结论也是成立的.

引申3　在四面体中,若已知六条棱的长度分别为: $PA=a,PB=b,PC=c,AB=e$, $BC=f,AC=g$,求该四面体的体积.

用六条棱表示四面体的体积,这是一个著名的古典问题.其表示的方法有多种,值得探究.

这里的引申,与推广的意思基本上是相同的,把问题从简单推向复杂,从平面推广空间.因此,把它们说成是推广也未尝不可.

又如,平面三角形的余弦定理、梅内劳斯定理等,既可以作横向推广,推广到四边形、多边形上去;也可以作纵向推广,推广到空间四面体,而且都是成立的.

例如,四边形的余弦定理,可叙述成:在四边形$ABCD$中,有

$$AB^2 = BC^2 + CD^2 + DA^2 - 2AB \cdot BC \cos B - 2BC \cdot CD \cos C - 2AB \cdot CD \cos(B - C).$$

若将四面体的棱与三角形的边对应,四面体的棱所对的二面角,与三角形的边所对的角相对应,那么四面体的余弦定理便可以叙述成:

在四面体$A-BCD$中,若以S_A表示顶点A所对的三角形的面积,以$<BC>$表示棱BC所对应的二面角,那么,有以下公式成立:

$$S_A^2 = S_B^2 + S_C^2 + S_D^2 - 2(S_B \cos <CD> + S_C \cos <BD> + S_D \cos <BC>).$$

还有一种"年号问题",实际上就是关于整数的数论问题,往往可以从一个年号推广到其他的年号.

例84 求方程$x^2 - y^2 = 1999$的整数解.

这是1999年的年号问题.完全可以推广到其他年号上去:如"求方程$x^2 - y^2 = 2007$的整数解",就成了2007年的年号问题.

延伸阅读

解数学题的四层境界

古今之成大事业、大学问者,必经过三种之境界:"昨夜西风凋碧树,独上高楼,望尽天涯路."此第一境界也."衣带渐宽终不悔,为伊消得人憔悴."此第二境界也."众里寻他千百度,蓦然回首,那人却在灯火阑珊处."此第三境界也.此等语皆非大词人不能道.然遽以此意解释诸词,恐为晏欧诸公所不许也.

这是王国维《人间词话》第二十六条中一段被广泛传颂的精妙文字.

王国维(1877—1927年),浙江海宁人,是我国二十世纪非常杰出的人文科学大师,他创立的意境说美学体系,不仅在当时的中国独领风骚,也是领先于当时世界人文科学领域的伟大学术成果.他的名著《人间词话》,至今仍是学习研究美学的经典读本.

王国维通过深入思索和仔细琢磨,悟出了每个人成就大事业都要经历的几个阶段:第一阶段是混沌迷茫,不知前路在何方.第二阶段是

上下而求索,历尽艰苦磨难而不悔,开始见到熹微的曙光.第三阶段是豁然开朗,终于找到了事业成功的钥匙,顿时感到,答案原先以为远在天边,实则近在眼前.这三个阶段,可以概括为迷惘—求索—顿悟,细细品味,真是人生事业成功无法逾越的三个阶段,从哲学角度讲,就是人生事业发展的客观规律

罗增儒教授给出数学解题的四层境界.

第一境界——简单模仿.

即模仿教师或教科书的示范去解决一些识记性的问题.这是一个通过观察模仿对象的行为,获得相应的表象,从而产生类似行为的过程,也是对解题基本模式加以认识并开始积累的过程.其本身会有体验性的初步理解.

学写字从模仿开始,学写作从模仿开始,学绘画从模仿开始,学音乐、舞蹈等艺术也都从模仿开始,每节数学课后的作业基本上都是模仿性练习.在这一阶段中,记忆是一项重要的内容.由记到忆,是指信息的巩固与输出的流畅,要解决好:记忆的敏捷性(记得快),记忆的持久性(记得牢或忘得慢),记忆的准确性(记得准),记忆的准备性(便于提取).而要真正做到、做好这4点,还需要进入第二阶段.

第二境界——变式练习.

即在简单模仿的基础上迈出主动实践的一步,主要表现为做数量足够、形式变化的干扰性习题,本质上是进行操作性活动与初步应用.其作用首先是通过变换方式或添加次数而增强效果、巩固记忆、熟练技能;其次是通过必要的实践来积累理解所需的操作数量、活动强度和经验体会.

"变式"是防止非本质属性泛化的一个有效措施,中国的数学教育有"变式教学"的优良传统,"变式练习"是这一传统在解题教学上的重要体现.数学概念具有"过程"与"对象"的二重性,牢固掌握相应的运作是实现由"过程"向"对象"转变的必要条件.

学习数学不能缺少这两个阶段又不能单靠这两个阶段.没有亲身的体验、没有足够的过程、没有过硬的"双基",数学理解就会被架空,模仿和练习应是学生获得本质领悟的基础或必要前提.但是,对学解题而言,更重要的是要跨越模仿和练习而产生领悟.

第三境界——自发领悟.

即在模仿性练习与干扰性练习的基础上产生理解——解题知识的内化(包括结构化、网络化和丰富联系),主要表现为从事实到规律的领悟、从实践到理论的提升.但在这一阶段,领悟常常从直觉开始,表现为豁然开朗、恍然大悟,而又"只可意会,不可言传"(默会学习).这实际上是个人自己去体会"解题思路的探求""解题能力的提高""解题策略的形成""解题模式的提炼",从而获得能力的自身性增长与实质性提高的过程(生成个体经验).

由于单纯的实践不能保证由感性到理性的飞跃、由"双基"到能力的升华,而这种飞跃或升华又需要一个长期的积累,因而,这是一个漫长而又不可逾越的必由阶段(会存在高原现象).目前,很多学生就被挡在了这一阶段(停留在模仿与练习上),很多优秀学生也就停留在这一阶段,我们自己也总在这一阶段上挣扎,但已经认识到:为了缩短被动、自发的过程,为了增加主动、自觉的元素,解题学习还应有第四阶段.

第四境界——自觉分析.

即对解题过程进行自觉的反思,使理解进入到深层结构.反思就是从自身的认识活动中"脱身"出来,作为一个"旁观者"来看待自己刚才做了些什么事情,使自己的活动成为思考的对象.这是一个通过已知学未知、通过分析"怎样解题"而领悟"怎样学会解题"的过程,也是一个理解从自发到自觉、从被动到主动、从感性到理性、从基础到创新、从内隐到外显的飞跃阶段,操作上通常要经历整体分解与信息交合两个步骤.这个阶段与解题书写的最后一个环节(检查验算)是有区别的,它不仅反思计算是否准确、推理是否合理、思维是否周密、解法是否还有更多更简单的途径等,而且还要把解答问题看作是设计和发明的目标,把解答问题发展为获得新知识和新技能的学习过程,提炼怎样解题和怎样学会解题的理论启示.

思考题

6-1.完成例82的证明.

6-2.完成例82引申1—引申2的证明.

6-3.解答例84.如果将2007还成2006,结果又将如何呢?

第七章 数学探究的方法

第一节 数学探究的意义

数学探究即数学探究性课题学习,是指我们围绕某个数学问题,自主探究、学习的过程.这个过程包括:观察分析数学事实,提出有意义的数学问题,猜测、探求适当的数学结论或规律,给出解释或证明.

数学探究是高中数学课程的目标之一,就是通过不同形式的自主学习、探究活动,体验数学发现和创造的历程,倡导积极主动、勇于探究的学习方式.它有助于我们初步了解数学概念和结论产生的过程,初步理解直观和严谨的关系,初步尝试数学研究的过程,体验创造的激情,树立严谨的科学态度和不怕困难的科学精神;有助于培养我们勇于质疑和善于反思的习惯,提高我们发现、提出、解决数学问题的能力;有助于培养我们的创新意识和实践能力.

对于一个我们从来没有接触过的陌生问题——实际问题或者纯数学问题,进行数学探究的过程,一般说来是一个再创造的过程.在探索中,先对它进行分析和简化,寻找适用的数学方法;设法将它进行转化、化归,寻找题根,使之成为基本题型,或部分地成为基本题型.总之,要尽可能地将它简单化,化为曾经解决过的问题.

在探究中,要调动一切可用的知识和技巧,集中解决所面临的问题;要独辟蹊径、不拘一格,探询各种途径.

例85 在△ABC中,已知$AB^2=370$,$BC^2=116$,$AC^2=74$,求此三角形的面积.

这是一个几何求解问题:已知三边边长的平方,求三角形的面积.如果用海伦公式来解,显然很不方便.最好用秦九韶公式,但是中学数学课本又没有讲这个公式.在这样的情况下,要解决这个问题,无疑是有相当大的难度的,需要发挥一点创造精神.

如果对着三个数仔细观察,可以发现:这三个数都可以表示成两个数的平方和:$370=9^2+17^2$,$116=4^2+10^2$,$74=5^2+7^2$,……(1)再想一想,发现有下述关系:$9=4+5$,$17=10+7$,……(2)还可能想到:根据(1)式的特点,可以考虑用勾股定理.

再进一步想:怎样能够作一个图来表达这个想法呢?读者充分发挥想象力,可以画出各种图来试一试,可以构造出一个几何图形,利用勾股定理来解决这个问题.

作法如下:如图7-1,作长宽分别为17和9的矩形$APBQ$,将长边分为7和10两段,宽边分为5和4两段,分点分别是E,F.过E,F分别作两边的平行线交于C点.连接AC,BC,那么恰好就有 $AB^2=9^2+17^2$,$BC^2=4^2+10^2$,$AC^2=5^2+7^2$.

于是,图中三角形ABC的面积即为所求.不难发现,它的面积等于三角形ABQ的面积,减去$\triangle BCE$,$\triangle ACF$以及矩形$ECFQ$的面积,等于11.

这一巧妙解法的关键在于,"活用"勾股定理.而在解题中"活用"已经学过的知识,正是培养我们创造性思维的有效途径.

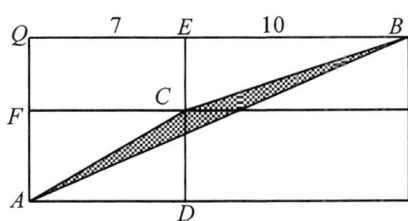

图7-1

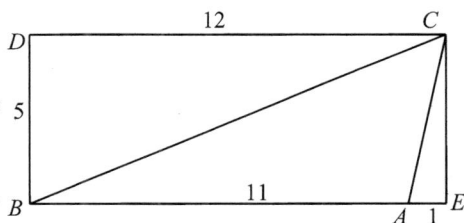

图7-2

现在可以提出第二个问题:这种构图方法是否具有一般性? 也就是说,给出三角形三边的平方,是否都能用此构图法求其面积? 下面再给出两个类似题目,作为巩固练习.

①假设$AB^2=121$,$BC^2=169$,$AC^2=26$,求三角形ABC的面积;

②假设$AB^2=49$,$BC^2=36$,$AC^2=25$,求三角形ABC的面积.

对于第一个问题,仿照前面的做法,就会发现:

$BC^2=169=12^2+5^2$,$AC^2=26=5^2+1^2$,$AB=11=12-1$.

于是找出了如图7-2所示的构图方法.易求 $S_{\triangle ABC}=S_{\triangle BCE}-S_{\triangle ACE}=27.5$.

但是对于第二题,却找不出合适的构图法.这时不妨把问题再一般化,设三边为a,b,c,用三边的平方来表示三角形的面积.如图7-3所示,求三角形面积

的关键在于求出高 h 的长.

怎样能求出 h 的长呢?

$\because c^2 - p^2 = h^2, b^2 - q^2 = h^2$,

$\therefore c^2 - p^2 = b^2 - q^2$, $\therefore p^2 - q^2 = c^2 - b^2$,

$\therefore (p+q)(p-q) = c^2 - b^2$,

$\because p+q = a$, $\therefore p-q = \dfrac{c^2 - b^2}{a}$,

$\therefore p = \dfrac{1}{2}\left(a + \dfrac{c^2 - b^2}{a}\right) = \dfrac{a^2 + c^2 - b^2}{2a}$,

$\therefore h^2 = c^2 - p^2 = c^2 - \dfrac{1}{a^2}\left(\dfrac{a^2 + c^2 - b^2}{2}\right)^2$,

$\therefore S^2 = \left(\dfrac{1}{2}ah\right)^2 = \dfrac{1}{4}\left[a^2 c^2 - \left(\dfrac{a^2 + c^2 - b^2}{2}\right)^2\right]\cdots\cdots(3)$

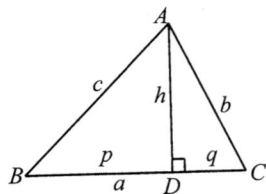
图 7-3

(3) 式就是我国南宋数学家秦九韶发明的"三斜求积公式".它与海伦公式是等价的.当给出三角形的三边长的平方时,用它求三角形面积,显得特别方便.

请读者将 $a^2 = BC^2 = 116$, $b^2 = AC^2 = 74$, $c^2 = AB^2 = 370$ 代入 (3) 式,计算一下.

计算结果: $S^2 = 121$, $S = 11$.这与上述解法的结果一致.

第二节　数学探究举例

一、欧拉线的发现与证明

如图 7-4,任意三角形的垂心 H、重心 G、外心 O 三点共线,因为这是数学家欧拉首先发现的,所以这条直线称为三角形的欧拉线;且外心与重心的距离等于垂心与重心距离的一半,即 $2OG = GH$.

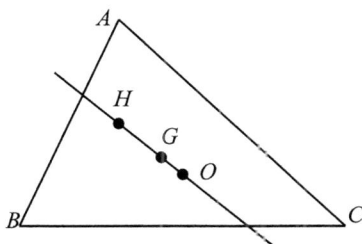

图7-4

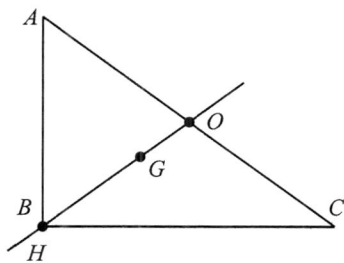

图7-5

如图 7-5,当 $\angle ABC = 90°$,垂心 H 与点 B 重合,外心 O 则是斜边 AC 的中点,此时欧拉线成为斜边上的中线,显然有 $2OG = GH$ 成立.通过直角三角形这个特例,可以帮助我们有效记忆欧拉线中三个点的相对位置以及等量关系.

欧拉是怎么发现欧拉线的呢? 上网查询得知,《美国数学月刊》刊登过 Ed Sandifer 先生一系列关于欧拉解决问题的文章,其中就有一篇是关于欧拉线 (Euler line)的.而在欧拉的一本传记 *Euler The Master of Us All* 中,也同样记录了欧拉线被发现的过程.

在欧拉(1707—1783 年)之前,三角形的"五心"(内心、外心、垂心、重心、旁心)很早就被发现,它们各自的性质已经被研究得很透彻了.那"五心"之间有何联系呢? 还很少有人研究,更确切地说,应该是很少有人想到去研究.

为什么欧拉会想到去研究这些"心"之间的联系呢? 说来也是机缘巧合.据说,欧拉对海伦公式很有兴趣,给出了好几种巧妙证明.在研究海伦公式之后,他想:三条边能够唯一确定三角形,那么三角形的相关性质也应该可以由三边来表示,譬如面积就可以由海伦公式来确定.能否利用三角形三边来研究三角形的一些特殊点呢.三角形中最特殊的点莫过于三角形的重心、垂心、外心、内心了.(注:文献中没有表明欧拉在此处研究过旁心,可能是因为旁心在三角形外部,且有三个.)

于是,欧拉运用海伦公式的结论,及当时还没被广泛使用的坐标系(当时数学界还是认为欧式几何比解析几何更美妙),开始了以下的探究过程.

设 S 表示 $\triangle ABC$ 的面积,$p = \dfrac{a+b+c}{2}$,

则由海伦公式 $S = \sqrt{p(p-a)(p-b)(p-c)}$,得

$$S = \sqrt{\frac{a+b+c}{2} \cdot \frac{-a+b+c}{2} \cdot \frac{a-b+c}{2} \cdot \frac{a+b-c}{2}},$$

$$\therefore 16S^2 = \big[(b+c)+a\big]\big[(b+c)-a\big]\big[a-(b-c)\big]\big[a+(b-c)\big],$$

$$\therefore 16S^2 = \big[b^2+2bc+c^2-a^2\big]\big[a^2+2bc-b^2-c^2\big],$$

$$\therefore 16S^2 = 2a^2b^2+2a^2c^2+2b^2c^2-a^4-b^4-c^4.$$

注意这个等式在后面会反复用到.

如图7-6,作$AD \perp BC$于点D,作$CE \perp AB$于点E,设AD与CE交于点H.

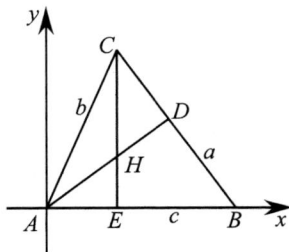

$$\because a^2 = b^2+c^2-2bc\cos A = b^2+c^2-2cAE,$$

$$\therefore AE = \frac{b^2+c^2-a^2}{2c}, 同理\ BD = \frac{a^2+c^2-b^2}{2a};$$

$$\because \triangle ABD \backsim \triangle AHE,\ AD = \frac{2S}{a}, \therefore HE = \frac{BD \cdot AE}{AD},$$

$$\therefore HE = \frac{a^2+c^2-b^2}{2a} \cdot \frac{b^2+c^2-a^2}{2c} \cdot \frac{a}{2S},$$

$$\therefore HE = \frac{2a^2b^2-a^4-b^4+c^4}{8cS} = \frac{16S^2-2a^2c^2-2b^2c^2+2c^4}{8cS},$$

$$\therefore HE = \frac{2S}{c} + \frac{c(c^2-a^2-b^2)}{4S}.$$

图7-6

所以垂心H的坐标是:

$$H(AE, HE) = \left(\frac{b^2+c^2-a^2}{2c}, \frac{2S}{c} + \frac{c(c^2-a^2-b^2)}{4S} \right).$$

如图7-7,设L,K分别是AB,BC的中点,AK交CL于点G,作$CE \perp AB$于点E,作$GM \perp AB$于点M.

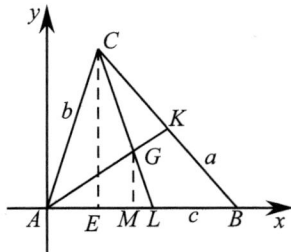

$$\because \triangle LGM \backsim \triangle LCE,$$

$$\therefore GM = \frac{1}{3}CE = \frac{2S}{3c},\ ML = \frac{1}{3}EL,$$

$$\therefore AM = AL - ML = \frac{1}{2}c - \frac{1}{3}LE = \frac{1}{2}c - \frac{1}{3}(AL - AE),$$

$$\therefore AM = \frac{1}{2}c - \frac{1}{3}\left(\frac{1}{2}c - \frac{b^2+c^2-a^2}{2c} \right),$$

$$\therefore AM = \frac{b^2+3c^2-a^2}{6c}.$$

图7-7

所以重心G的坐标是:$G(AM, GM) = \left(\dfrac{b^2+3c^2-a^2}{6c}, \dfrac{2S}{3c} \right).$

如图7-8,设OJ,ON分别是AB,AC的中垂线,AD是BC边上的高.

仿图7-6中计算 AE 的方法得

$$CD = \frac{a^2+b^2-c^2}{2a}, AD = \frac{2S}{a},$$

$\because \angle ACB = \angle AOJ, \therefore \triangle ACD \backsim \triangle AOJ,$

$$\therefore OJ = \frac{CD \cdot AJ}{AD},$$

$$\therefore OJ = \frac{1}{2}c \cdot \frac{a^2+b^2-c^2}{2a} \cdot \frac{a}{2S},$$

$$\therefore OJ = \frac{c(a^2+b^2-c^2)}{8S}.$$

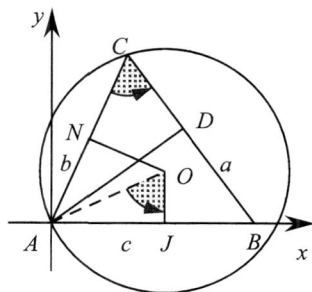

图7-8

所以外心 O 的坐标是：$O(AJ, OJ) = \left(\dfrac{c}{2}, \dfrac{c(a^2+b^2-c^2)}{8S}\right).$

至此，欧拉建立坐标系，利用三边边长及面积表示了垂心 H 、重心 G 、外心 O 的坐标.它们的坐标分别是：

$$H\left(\frac{b^2+c^2-a^2}{2c}, \frac{2S}{c}+\frac{c(c^2-a^2-b^2)}{4S}\right), G\left(\frac{b^2+3c^2-a^2}{6c}, \frac{2S}{3c}\right), O\left(\frac{c}{2}, \frac{c(a^2+b^2-c^2)}{8S}\right).$$

求出这三个坐标又有什么用呢？丝毫看不出垂心、重心、外心之间有何关系.欧拉继续探究.由两点距离公式得：

$$HG^2 = \left(\frac{b^2+c^2-a^2}{2c}-\frac{b^2+3c^2-a^2}{6c}\right)^2 + \left[\frac{2S}{c}+\frac{c(c^2-a^2-b^2)}{4S}-\frac{2S}{3c}\right]^2$$

$$= \left(\frac{b^2-a^2}{3c}\right)^2 + \left[\frac{4S}{3c}+\frac{c(c^2-a^2-b^2)}{4S}\right]^2$$

$$= \frac{(b^2-a^2)^2+16S^2}{9c^2}+\frac{2(c^2-a^2-b^2)}{3}+\frac{c^2(a^4+b^4+c^4+2a^2b^2-2a^2c^2-2b^2c^2)}{16S^2}$$

$$= \frac{(b^2-a^2)^2+16S^2}{9c^2}+\frac{2(c^2-a^2-b^2)}{3}+\frac{c^2(4a^2b^2-16S^2)}{16S^2}$$

$$= \frac{(b^2-a^2)^2+16S^2}{9c^2}-\frac{2a^2+2b^2+c^2}{3}+\frac{4a^2b^2c^2}{16S^2},$$

$$HO^2 = \left(\frac{b^2+c^2-a^2}{2c}-\frac{c}{2}\right)^2+\left[\frac{2S}{c}+\frac{c(c^2-a^2-b^2)}{4S}-\frac{c(a^2+b^2-c^2)}{8S}\right]^2,$$

$$= \left(\frac{b^2 - a^2}{2c}\right)^2 + \left[\frac{2S}{c} + \frac{3c\left(c^2 - a^2 - b^2\right)}{8S}\right]^2$$

$$= \frac{\left(b^2 - a^2\right)^2 + 16S^2}{4c^2} + \frac{3\left(c^2 - a^2 - b^2\right)}{2} + \frac{9c^2\left(a^4 + b^4 + c^4 + 2a^2b^2 - 2a^2c^2 - 2b^2c^2\right)}{64S^2}$$

$$= \frac{\left(b^2 - a^2\right)^2 + 16S^2}{4c^2} + \frac{3\left(c^2 - a^2 - b^2\right)}{2} + \frac{9c^2\left(4a^2b^2 - 16S^2\right)}{64S^2}$$

$$= \frac{\left(b^2 - a^2\right)^2 + 16S^2}{4c^2} - \frac{6a^2 + 6b^2 + 3c^2}{4} + \frac{9a^2b^2c^2}{16S^2},$$

$$GO^2 = \left(\frac{b^2 + 3c^2 - a^2}{6c} - \frac{c}{2}\right)^2 + \left[\frac{2S}{3c} - \frac{c\left(a^2 + b^2 - c^2\right)}{8S}\right]^2$$

$$= \left(\frac{b^2 - a^2}{6c}\right)^2 + \frac{4S^2}{9c^2} - \frac{a^2 + b^2 - c^2}{6} + \frac{c^2\left(a^4 + b^4 + c^4 + 2a^2b^2 - 2a^2c^2 - 2b^2c^2\right)}{64S^2}$$

$$= \frac{\left(b^2 - a^2\right)^2 + 16S^2}{36c^2} - \frac{a^2 + b^2 - c^2}{6} + \frac{c^2\left(4a^2b^2 - 16S^2\right)}{64S^2}$$

$$= \frac{\left(b^2 - a^2\right)^2 + 16S^2}{36c^2} - \frac{2a^2 + 2b^2 + c^2}{12} + \frac{a^2b^2c^2}{16S^2}.$$

至此，欧拉发现：$HG^2 = 4GO^2, HO^2 = 9GO^2$，即 $HG = 2GO, HO = 3GO$．从而发现欧拉线，如图 7 - 4 所示．

以上是欧拉探究、发现欧拉线的原始过程．这一过程，在今天看来，确实有点繁琐．要强调的是，以上还省略了欧拉走过的弯路，就是欧拉也曾用类似的方法计算过三角形的内心，却没有发现任何结论．

发现一条数学性质是不容易的．有时发现了某性质，却长时间得不到证明，这在数学史上也是常有的．而欧拉线的发现与证明，两者是合二为一的．

尽管欧拉当时的发现与证明过程有点繁琐，但这一史实给我们以下几点启发：

第一，数学性质的发现，并不是单纯地依靠逻辑推理．很多时候是源于一个简单的想法，然后尝试着去探究．

第二，在探究过程中，难免会走弯路，甚至会感觉前面没有路了，但要坚持，不能轻言放弃．即使是数学大师的探索，在后人眼里，也可能都是笨拙的．

第三，练好数学基本功．即使是在计算机高度发达的今天，扎实的计算能力和适当的恒等变形，是学习和研究数学的基本功．

第四,要掌握数学软件.因为我们今天面对的数学问题比欧拉时代更复杂,而我们又有几人能达到欧拉那样超凡的计算能力? 具体到三角形特殊点的研究,《几何画板》软件就是很好的探究工具.笔者曾让一些不知道欧拉线的中学生用《几何画板》去探究三角形的内心、外心、垂心、重心之间的关系,有一大半中学生能够独立发现欧拉线.而依靠计算机的高速运算能力,人们已经在三角形中找到几千个具有特殊性质的点.这样的大批量生产是过去手工计算难以想象的.

第五,有些数学工作者对初等数学中的问题不屑一顾,认为自己应该是干大事的.想想欧拉,一代数学大师,不拒绝初等数学中的小问题,而且是持续研究,不断改进,并不是做过就丢.

欧拉线的最初探究与发现是在1747年,直到1765年,欧拉才给出了以下简捷证明.

如图7-9,设D为BC边的中点,连接AD,则重心G在AD上,且$GA=2GD$;设O为外心,延长OG到点H,使得$HG=2GO$,并连接AH;根据以上两个等式,可判断$\triangle DOG \backsim \triangle AHG$,

于是$AH /\!/ DO$,而$DO \perp BC$,$\therefore AH \perp BC$.

同理可证$BH \perp AC$,$CH \perp AB$.所以点H就是三角形的垂心.欧拉线定理得证.

欧拉的证明是如此巧妙,比起一般资料上的构造外接圆和平行四边形的证法,要简捷很多.

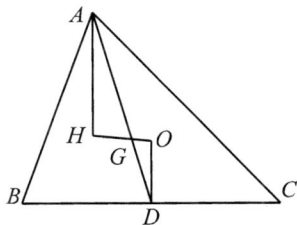

图7-9

二、对一道初中几何题的引申与探究

例86　如图7-10,三角形ABC被一条直线PQ所截,如果点A到PQ的距离等于B,C两点到PQ的距离之和.证明:直线PQ通过$\triangle ABC$的重心.

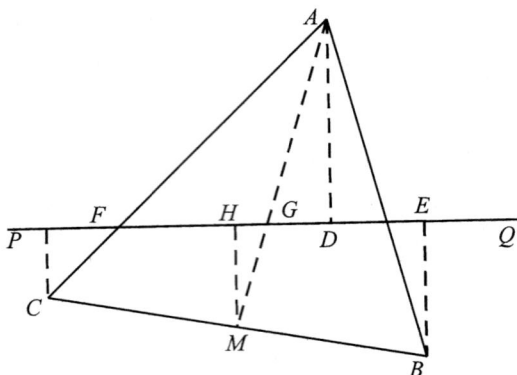

图7-10

分析：要证明直线 PQ 通过 $\triangle ABC$ 的重心 G，只需证明 PQ 与 $\triangle ABC$ 的中线 AM 的交点是 AM 的三等分点，即 $AG=2GM$ 即可.

证明：连接 AM 交 PQ 于 G 点，分别过 A，B，C，M 各点作 PQ 的垂线，设垂足分别为 D，E，F，H，则四边形 $BCFE$ 为直角梯形.$\because MH$ 为四边形 $BCFE$ 的中位线，$\therefore MH=\dfrac{1}{2}(BE+CF)=\dfrac{1}{2}AD$.又 $\triangle ADG \backsim \triangle MHG$，$\therefore \dfrac{AD}{MH}=\dfrac{AG}{MG}$，$\therefore AG=\dfrac{1}{2}MG$.

我们把例86称为定理1，提出以下命题：

命题1 若直线 PQ 过 $\triangle ABC$ 的重心，又 A 与 B，C 分居其两侧，则点 A 到 PQ 的距离等于 B，C 到 PQ 距离之和.

因为 AM 与 PQ 的交点为重心 G，由 $AG=2GM$，知 $AD=2MH=BE+CF$.

如果 PQ 通过 $\triangle ABC$ 的一个顶点，例如 A，那么命题显然也是成立的，因为这时 PQ 与 $\triangle ABC$ 的一条中线重合.

把这两种情况合起来，我们可以将上述命题推广为命题2.

命题2 一条直线通过 $\triangle ABC$ 的重心，如果它不过 $\triangle ABC$ 任何顶点，那么在一侧的顶点到 PQ 的距离，等于另一侧两个顶点到 PQ 的距离之和；如果 PQ 通过一个顶点，那么在两侧的顶点到 PQ 的距离相等.

如果将在 PQ 两侧顶点到 PQ 的距离，用相反数来表示，那么用"代数和"将这个命题换一种简洁的说法：

命题3 一条直线通过 $\triangle ABC$ 的重心，则各顶点到 PQ 的距离的代数和为0.

现在我们知道了三角形重心的一个新的性质：通过它的任何一条直线，各顶点到此直线距离的代数和为0.我们把三角形重心的这个性质，不妨叫作"平衡性",把具有这种平衡性的点叫作三角形的"平衡点".容易证明,任何三角形只有一个"平衡点",这就是它的重心.

那么,对于四边形能否也提出类似的问题呢?——四边形是否也有平衡点呢?即是否存在这样一点,通过它的任何一条直线,各顶点到该直线的距离的代数和为0呢?

让我们开始以下探究,并仿照上述命题证明的办法来证明.

命题4　如图7-11,四边形$ABCD$内存在一个平衡点G,对于过它的任何一条直线,若在不同侧顶点到它的距离用相反数来表示的话,那么所有顶点到此直线的距离的代数和为0.

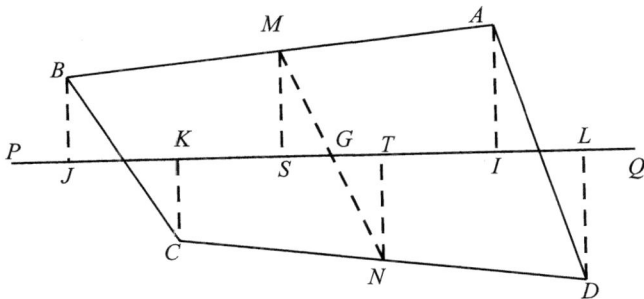

图7-11

分析:先假定这样的点O存在,找出符合条件的点的位置,再证明此点满足条件.

假设平衡点O存在,设过O点的直线PQ的两侧各有两个顶点.

①A,B在同一侧,C,D在另一侧.

如图7-11,设AB,CD的中点分别是M,N,过A,B,C,D,M,N分别作PQ的垂线,垂足分别是I,J,K,L,S,T,连接MN,设MN与PQ交于G点.

因为四边形$ABJI,CDLK$都是直角梯形,MS,NT分别是它们的中位线,所以$MS=\frac{1}{2}(AI+BJ)$.同理$NT=\frac{1}{2}(DL+CK)$.由G点的性质,得$AI+BJ=DL+CK$,因而$MS=NT$.从而$MG=NG$.即G是MN的中点.

②如果顶点A,D在同一侧,B,C在另一侧.

设AD,BC的中点是X,Y,XY与PQ的交点为G_1,那么,类似地可以证明G_1也是XY的中点.

但是,我们知道四边形两组对边的中点连线彼此平分,即G与G_1重合.故知

直线 PQ 经过定点 G,它是四边形两组对边中点连线的交点.我们猜想,这个 G 点就是我们假设的 O 点.下面分三种情况来证明.

①在直线两侧各有两个顶点.

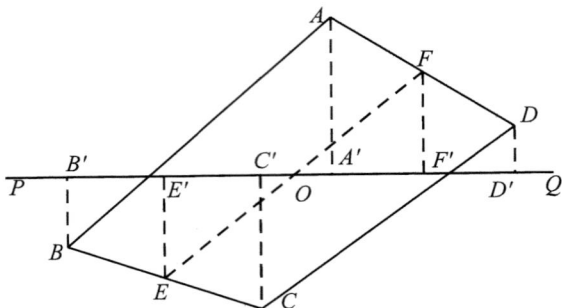

图 7-12

如图 7-12 所示,假设过 O 点(两组对边中点连线的交点)任作直线 PQ,这时只要将上述证明过程倒过来,就能证明四边形各顶点到直线 PQ 的距离代数和为 0.

②设直线 PQ 过点 O,在 PQ 的一侧有三个顶点,另一侧有一个顶点.

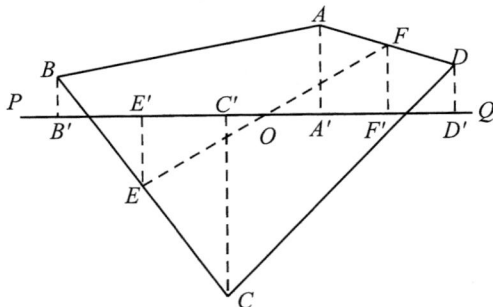

图 7-13

如图 7-13 所示,设 AD,BC 边的中点分别为 F,E.过 A,B,C,D,E,F 各点分别作 PQ 的垂线,垂足分别为 A',B',C',D',E',F',其垂线段长分别设为:h_A,h_B,h_C,h_D,h_E,h_F,连接 EF,则它的中点 O 应在直线 PQ 之上,因此 $h_E = h_F$.

而 $h_F = \dfrac{1}{2}(h_A + h_D)$,$h_E = \dfrac{1}{2}(h_C - h_B)$,所以 $h_A + h_B + h_D = h_C$.因为 C 点在直线另侧,它到 PQ 的距离应取相反数,所以 $h_A + h_B + h_C + h_D = 0$.

即四边形 $ABCD$ 各顶点到 PQ 的距离之代数和为 0.

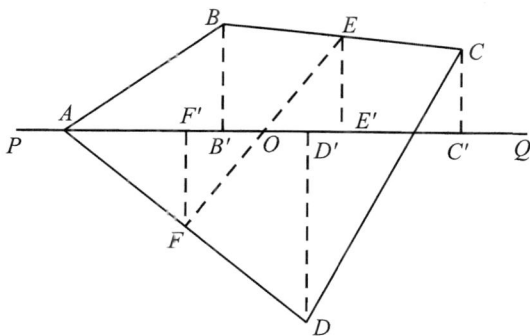

图7-14

③如图7-14所示,设过O点的直线PQ经过一个顶点A,这时$h_A=0$,容易知道:$h_B+h_C=h_D$.由于h_D与h_C,h_B是相反数,所以$h_A+h_B+h_C+h_D=0$.

如果PQ经过两个顶点,结论显然成立.

到此,我们已经将一个有关三角形的定理1推广到了四边形,得到如下定理:

定理2　四边形两组对边中点连线的交点,是该四边形的平衡点.通过它的任意一条直线,四边形各顶点到此直线的距离的代数和为0.

那么,能不能把这个定理再作进一步推广,推广到五边形、六边形,……以至到一般多边形呢?这是一个严峻的挑战.我们如何来应战呢?

如果仍用上述办法,来考虑对五边形、六边形的推广,那么情况将越来越复杂,而且推广很难成功.这时,我们要换一种思路,看能否用解析方法?用点到直线的距离公式,来考虑上述问题.

在平面直角坐标系中,假设直线PQ的方程$l:ax+by+c=0$,点$A_1(a_1,b_1)$到它的距离如何表示呢?由解析几何学中点到直线距离公式,我们有$d_1=\dfrac{aa_1+bb_1+c}{\sqrt{a^2+b^2}}$.

假如n边形的顶点是$A_i(i=1,2,\cdots,n)$,那么$A_i(a_i,b_i)$到直线l的距离为:$d_i=\dfrac{aa_i+bb_i+c}{\sqrt{a^2+b^2}}$,如果存在一点$(x_0,y_0)$,任何经过它的直线$l$,各顶点到该直线的距离的代数和为0,则:$\displaystyle\sum_{i=1}^{n}d_i=\sum_{i=1}^{n}\frac{aa_i+bb_i+c}{\sqrt{a^2+b^2}}=0$.

即$\dfrac{1}{\sqrt{a^2+b^2}}\displaystyle\sum_{i=1}^{n}(aa_i+bb_i+c)=0$,

即 $\dfrac{1}{\sqrt{a^2+b^2}}\left(a\displaystyle\sum_{i=1}^{n}a_i+b\sum_{i=1}^{n}b_i+nc\right)=0$,

从而有 $a\displaystyle\sum_{i=1}^{n}a_i+b\sum_{i=1}^{n}b_i+nc=0$,上式除以 n,

得 $a\left(\dfrac{1}{n}\displaystyle\sum_{i=1}^{n}a_i\right)+b\left(\dfrac{1}{n}\sum_{i=1}^{n}b_i\right)+c=0$.

由此可知,点 $\left(\dfrac{1}{n}\displaystyle\sum_{i=1}^{n}a_i,\dfrac{1}{n}\sum_{i=1}^{n}b_i\right)$ 也在直线 l 上.显然这一点是各顶点坐标的平均值,是唯一确定的定点.

这说明,对于任意 n 个点,都存在唯一的一个点,通过它的任意一条直线,各点到该直线的距离的代数和为 0.虽然这要用到高中数学知识,对于初中学生来说,不能解决.但是我们确实得到如下定理:

定理 3 任意 n 边形,都存在唯一的平衡点,过它的任意一条直线,各顶点到该直线的距离的代数和为 0.

同时也得到更为一般化的定理 4.

定理 4 平面上任意 n 个点,都存在唯一的点(平衡点),过它的任意直线,各点到该直线的距离的代数和为 0.

定理 4 与定理 3 的实际意义是一样的,证明也相同.但定理 4 比定理 3 更为一般化.因为,这 n 个点的分布情况更为多样化.例如,n 个点可以在同一条直线上,它们不是任何多边形的顶点.

三、探究三角形垂心的性质

如图 7-15,三角形的三条角平分线交于一点,这个点就叫作三角形的"内心",它是三角形内切圆的圆心;三角形三边的中垂线交于一点,这个点就叫作三角形的"外心",它是三角形外接圆的圆心;三角形的三条中线也交于一点,这个点叫作三角形的"重心",因为它真的就是这个三角形的重心.用力学方法可以很快推导出,它位于各中线的三等分点处.

三角形的三条高也不例外,它们也交于一点,这个点就叫作三角形的"垂心".

由于两个斜边重合的直角三角形将会产生出共圆的四点,因此画出三角形的三条高后,会出现大量四点共圆的情况,由此将挖掘出一连串漂亮的结论.让我们先来看一个简单而直接的结论.

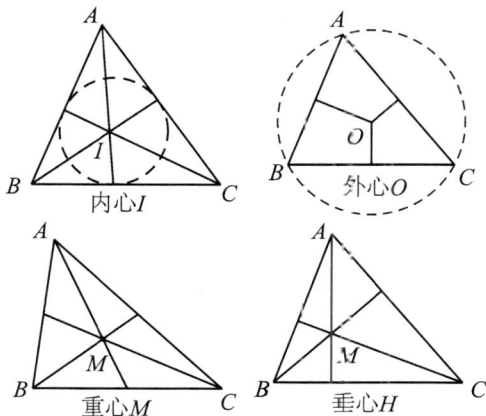

图 7-15

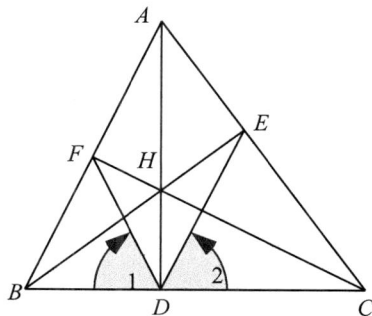

图 7-16

定理 1　如图 7-16, 若 D, E, F 分别是 $\triangle ABC$ 三边上高的垂足, 则 $\angle 1 = \angle 2$.

证明: $\because \angle AFC = \angle ADC = 90°$, $\therefore A, C, D, F$ 四点共圆,

$\therefore \angle 1 = 180° - \angle CDF = \angle A$. 同理, 由 A, B, D, E 四点共圆可知 $\angle 2 = \angle A$,

因此 $\angle 1 = \angle 2$. 若把三边垂足构成的三角形称作"垂足三角形", 则有下面的推论 1.

定理 1 推论 1　三角形的垂心是其垂足三角形的内心.

证明: 如图 7-17, $\because AD \perp BC$, $\angle 1 = \angle 2$ (定理 1), $\therefore \angle 3 = \angle 4$, 即 HD 平分 $\angle EDF$. 同理可证, HE, HF 也是 $\triangle DEF$ 的内角平分线, 所以, H 是 $\triangle DEF$ 的内心.

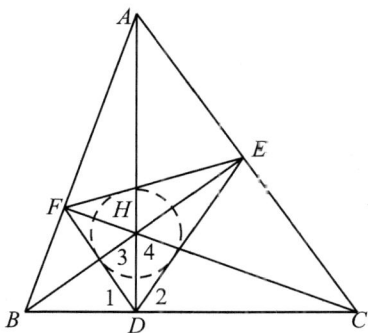

图 7-17

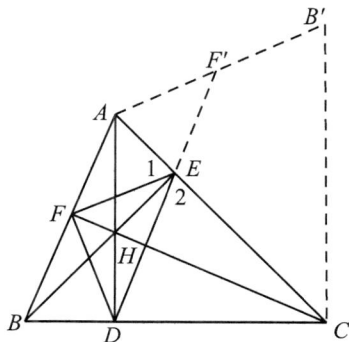

图 7-18

另一个有趣的推论 2 如下:

定理 1 推论 2　如图 7-18, 将 $\triangle ABC$ 沿 AC 翻折得到 $\triangle AB'C$, 假设 EF 翻折

到了 EF'，则 EF' 和 DE 共线.

证明：$\because \angle 1 = \angle FEA = \angle F'EA$，$\angle 2 = \angle DEC$，且 $\angle 1 = \angle 2$（定理1），

$\therefore \angle F'EA = \angle DEC$ $\therefore EF'$ 和 DE 共线.

意大利数学家法尼亚诺（Fagnano dei Toschi，Uiulio Carlo，1682—1766年）曾经研究过下面这个问题：在给定的锐角三角形 ABC 中，什么样的内接三角形具有最短的周长. 这个问题就被称作"Fagnano 问题". 法尼亚诺自己给出了答案：周长最短的内接三角形就是垂足三角形. 下面我们就来证明这个结论.

定理2 如图7-19，在 $\triangle ABC$ 的所有内接三角形中，垂足三角形 $\triangle DEF$ 的周长最短.

证明：如图7-19，像上图那样，把三角形翻折五次，得到折线段 $DEF_1D_2E_2F_3D_4$. 这条折线段的总长度等于内接三角形 $\triangle DEF$ 周长的两倍. 由定理1推论2可知，这条折线段正好组成了一条直线段. 另外，翻折之后，BC 和 B_2C_2 是平行且相等的，而且 D 和 D_4 位于两线段上相同的位置，因此从 D 到 D_4 的折线段总长以直线段 DD_4 最短. 这就说明了，垂足三角形 $\triangle DEF$ 拥有最短的周长.

不过，这还不够震撼. 四点共圆还会给我们带来其他的等角.

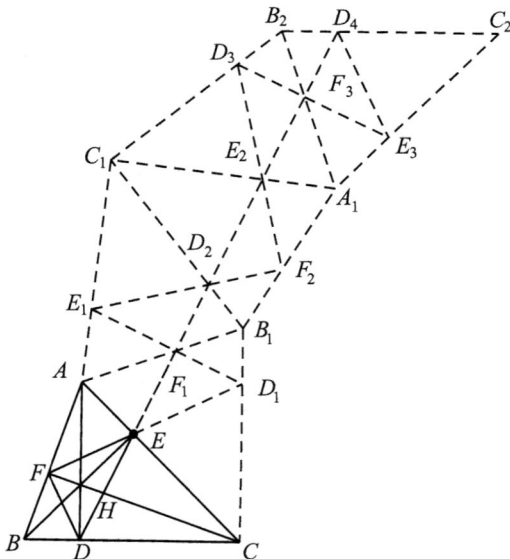

图7-19

定理3 如图7-20，若点 D,E,F 分别是 $\triangle ABC$ 三边上高的垂足，则 $\angle 1 = \angle 2$.

证明：$\because \angle BFH = \angle BDH = 90°$，$\therefore B,F,H,D$ 四点共圆，

$\therefore \angle 1=180° - \angle FHD = \angle 2.$

这将给我们带来下面这个非常漂亮的定理3推论1.

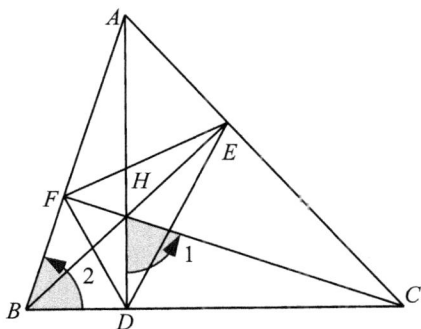

图7-20

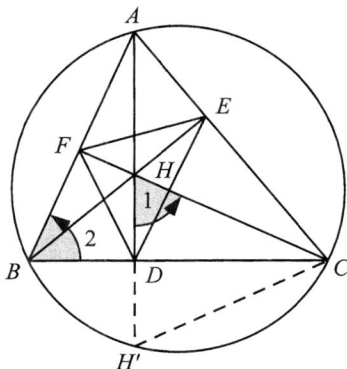

图7-21

定理3推论1　如图7-21,把△ABC的垂心H沿BC边翻折到H'点,则点H'在△ABC的外接圆上.

证明:由于H和H'关于BC轴对称,∴ ∠H'=∠1.由定理3可知,∠1=∠2.

∴ ∠H'=∠2.而∠H'和∠2都是弦AC所对的角,∴ A,C,H',B四点共圆.

换一种描述方法,定理3推论1的结论还可以变得更酷.

定理3推论2　如图7-22,把△ABC的垂心H沿三边分别翻折到点H_1,H_2,H_3,则A,B,C,H_1,H_2,H_3六点共圆.

证明:这可以直接由前面的定理3推论1结论得到.

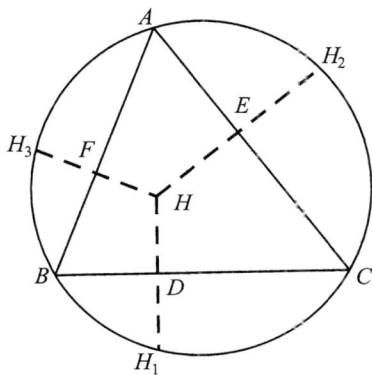

图7-22

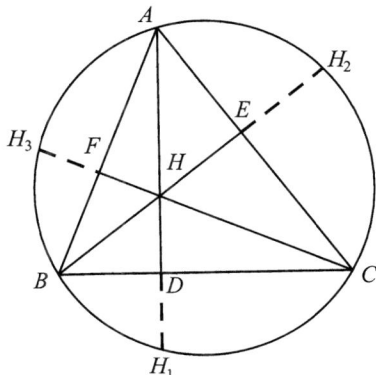

图7-23

另一个更加对称美观的结论如下:

169

定理3推论3 如图7-23,若点D,E,F分别是$\triangle ABC$三边上高的垂足,H是垂心,则$AH \cdot DH = BH \cdot EH = CH \cdot FH$.

证明:作$\triangle ABC$的外接圆,然后延长HD,HE,HF,它们与外接圆的交点分别记作H_1,H_2,H_3.由推论3可知,$HH_1=2HD,HH_2=2HE,HH_3=2HF$.

由相交弦定理得,$AH \cdot HH_1 = BH \cdot HH_2 = CH \cdot HH_3$.

等式两边同除以2,得$AH \cdot DH = BH \cdot EH = CH \cdot FH$.

也可以通过证三个直角三角形两两相似证得定理3的推论3.

让我们再来看一个与外接圆有关的定理.

定理4 如图7-24,若点D,E,F分别是$\triangle ABC$三边上高的垂足,H是垂心.过C点作BC的垂线,与$\triangle ABC$的外接圆交于点G,则$CG=AH$.

证明:只要证明四边形$AHCG$的两组对边分别平行,从而说明它是一个平行四边形即可.因为CG和AD都垂直于BC,所以CG和AD是平行的.因为$\angle BCG$是直角,所以BG是圆的直径,所以$\angle BAG$也是直角,即$GA \perp AB$.而已知$CF \perp AB$,$\therefore AG \parallel CF$.所以四边形$AHCG$是平行四边形,$\therefore CG=AH$.

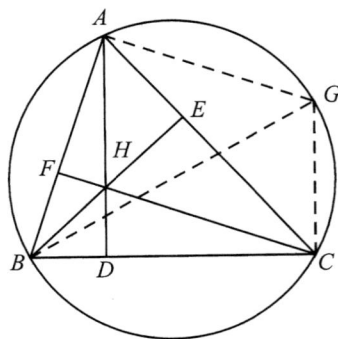
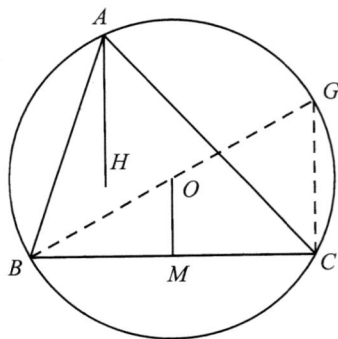

图7-24   图7-25

定理4也能带来一个更帅的定理4推论1:

定理4推论1 如图7-25,若点H是$\triangle ABC$的垂心,点O是$\triangle ABC$的外心,则点O到BC的垂线段OM与AH平行,并且是AH长度的一半.

证明:在定理4中证明了图7-25中的CG与AH平行且相等.因为BG是外接圆的直径,所以BG的中点就是圆心,也就是$\triangle ABC$的外心O.垂线段OM是$\triangle BCG$的中位线,它平行且等于CG的一半,从而也就平行且等于AH的一半.

下面再给出一个初等几何的瑰宝:

定理4推论2 如图7-26,三角形的垂心、重心和外心共线,且重心在垂心和外心连线的三等分点处.

证明:把 AM 和 HO 的交点记作 X.

在定理4推论1中证明了 OM 与 AH 平行,并且是 AH 长度的一半.因此,$\triangle AHX$ 和 $\triangle MOX$ 相似,相似比为 $2:1$.由此可知,$HX:XO=2:1$,即 X 在线段 HO 的三等分点处.

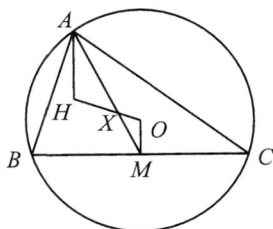

图7-26

又 $AX:AM=2:1$,也就是说 X 在三角形中线 AM 的 $2:1$ 处.这说明,X 正是三角形的重心!

任意给定一个三角形,它的垂心、重心和外心三点共线,且重心将垂心和外心的连线分成 $2:1$ 两段.这个美妙的结论是大数学家欧拉在 1747 年发现的,它是众多"Euler 定理"之一.前面已经谈过,不过这是又一种几何证法.说到 Euler 定理,九点圆是不能不提的;不过由于篇幅有限,也就到这儿为止了.垂心的性质还有很多,以上仅仅是与垂心相关的定理,三角形中的心还有很多.1994 年,美国数学教授 Clark Kimberling 开始收集历史上被数学家们研究过的三角形的心,并建立了"三角形中心百科全书"的网站.这个网站记录了几乎所有目前已知的三角形的心.在这部百科全书里,每个三角形的心都有一个编号,编号为 n 的心就用符号 $X(n)$ 来表示,其中 $X(1)$ 到 $X(8)$ 分别为内心、重心、外心、垂心、九点圆圆心、类似重心、Gergonne 点和 Nagel 点.不但每个心都有自己独特的几何性质,各个心之间还有大量共线、共圆的关系.这个网站的地址是:http://faculty. evansville.edu/ck6/encyclopedia/ETC.html.

目前,整个网站已经收集了 3000 多个三角形的心,且这个数目还在不断增加.

第八章　数学建模的方法

第一节　数学模型的意义

数学模型（Mathematical Model）就是为了某种目的，用数学符号建立的等式或不等式以及图表、图像、框图、程序等描述客观事物的特征及其内在联系的数学结构表达式，是对实际问题本质属性的抽象而又简洁的刻画，它或能解释某些客观现象，或能预测未来的发展规律，或能为控制某一现象的发展提供某种意义下的最优策略或较好策略．数学模型一般并非现实问题的直接翻版，它的建立常常既需要人们对现实问题进行深入细致的观察和分析，又需要人们灵活巧妙地利用各种数学知识．这种应用知识从实际问题中抽象、提炼出数学模型的过程就称为数学建模．

简言之，数学建模就是对实际生产和实际生活中的问题，进行分析和综合，模拟和抽象，为其建立一个大致合理的数学结构和数学模型，用数学式子表达出来，使其成为一个数学问题，再用数学方法来解决，得出合理的答案．

从广义上理解，数学中的概念，如数、向量、集合，点、线、面，群、环、域、线性空间等，都是现实原型的数学模型．但这些是前人已经建立起来的、成熟的数学模型．从狭义上理解，是对现实存在的具体问题建立新的数学模型．这后一种理解，对学习数学建模者来说，更有意义．

在现实世界里，任何事物的存在形式和发展过程中，都要表现出量的变化．为了定量地描述某个实际问题，需要经过分析、抽象，舍弃非本质和次要的因素，保留在空间形式和数量关系方面的本质因素，用数学语言（数学符号、数学术语）表达出来，变为数学模型，就能从数量关系上反映该事物的存在形式及其发展变化的规律．这就是数学建模的意义．通过数学建模，我们用数学方法解释现象，探寻规律，预见未来，解决问题．

其实,在中小学数学课程里,我们早就见过、用过数学模型.例如,在学习"列方程解应用题"时,所列的方程就是应用问题的数学模型.当然,数学模型并不限于方程,有时表现为不等式和数学图表等.

因为实际问题与数学模型之间,并非完全吻合,所以,在求得数学模型的解答后,要代回到原来问题中去检验,看是否符合实际情况.如果符合,就是问题的解答;要是不符合,就要重新检查数学模型的合理性,对模型进行调整、修改,甚至更换.这个过程也许要反复几次.

这就是数学建模的意义和做法.

我们举一个例子来说明.

例87 一栋33层的大楼有一部大型电梯,停在第一层.从乘客满意的角度考虑,每次上升时,在第2至第33层之间停几次,在哪几层停最合理?

先要分析情况,明确问题:这是一个实际问题,不是数学问题.要想用数学方法来解决它,就要给它建立一个数学模型:用数学符号、数学语言,把其中的数量关系表示出来,使之成为一个数学问题.

(1)将"满意"程度数量化

现在要问:怎么来衡量乘客"满意"的程度?

一方面,对于已经登上电梯的乘客来说,如果电梯不能停到他所需要去的楼层,还要他往上,或往下走一层或几层,那么,他就感到不满意,而上楼又比下楼更不满意.

另一方面,对于在下面等电梯上楼的人来说,希望等的时间越少越好,因此,希望已经开动的电梯在运行中少停几次.

乘电梯的人,希望电梯停的次数越多越好,最好每层都停;而在下面等电梯的人,则希望电梯在运行中停的次数越少越好.

为了便于计量研究,我们设法将以上"不满意"程度数量化:假设乘电梯的人每步行下楼一层,不满意程度为1分;走上一层,不满意程度为3分;电梯停一次,在下面等电梯的人,感到不满意的程度为5分.我们的设计,要使得总的不满意程度最小.

(2)将问题适当简化.

因为上楼到各层的人是随机的,可以作如下假设,将问题进行简化:

①假设到每层都有1人,而先不考虑下面等电梯的人.

现假设有32人在第一层,他们分别住在第2至第33层的某一层,而电梯在

中间只停一次.于是就将问题简化为:

问题1　如果电梯只停一次,停在哪一层,这32个人的不满意分数的总和最小?

②考虑在下面等电梯人的不满意程度,电梯在一次运行中停几次,使所有人不满意程度最小?

(3)建立数学模型:

①设电梯停在第x层,这时,住在较低层次的人直接走上去反而省事,假设32人中有y人没有乘电梯而直接走上楼,那么乘电梯上楼的只有$(32-y)$人.显然,这步行的y人,是住在第2至$(y+1)$层的,其余的人住在第$(y+2)$至第33层.现在来计算这32人不满意的总分S.

由于要使不满意总分最小,自然要求$y<x$.下面分两部分来计算:

第一部分——步行上楼的y人不满意分数.我们先来计算他们总共上了多少层楼:第一人上一层楼梯到第二层;第二人走上两层楼梯到第三层,……,第y人走上y层楼梯到第$(y+1)$层,上楼梯的总层数为:$1+2+\cdots+y=\frac{1}{2}y(y+1)$,故不满意总分是:$\frac{3}{2}y(y+1)$分.

第二部分——乘电梯上楼的人不满意分数.这$(32-y)$人中只有住x层的那位满意,除此以外,其余人都要往上走或往下走,都感到不满意:

第$(x+1)$层到33层的住客,要分别往上走$1,2,\cdots,(33-x)$层,因此,不满意的总分数是:$3\times[(1+2+\cdots+(33-x))]=\frac{3}{2}(34-x)(33-x)$;

第$(y+2)$层到$(x-1)$层的住客,要分别往下走$1,2,\cdots,(x-y-2)$层,因此,不满意的总分数是:$1+2+\cdots+(x-y-2)=\frac{1}{2}(x-y-1)(x-y-2)$.

总和为:$S=\frac{3}{2}y(y+1)+\frac{3}{2}(34-x)(33-x)+\frac{1}{2}(x-y-1)(x-y-2)$,

即 $S=2x^2-xy+2y^2-102x+3y+1684$ ……(*)

于是,我们的问题就变为一个数学问题:求二元二次函数(*)的最小值.

将(*)式右边进行两次配方:先以 x 为主元,y 作为参数,进行第一次配方;再以 y 为主元,对其余各项进行第二次配方,得:

$$S=2\left(x-\frac{y+102}{4}\right)^2+\frac{15}{8}(y-6)^2+316\geqslant 316.$$

显然,当 $x=27$, $y=6$ 时, $S=316$ 是最小值.这就是说:当电梯停在第27层、6人步行上楼时,所有人的不满意总分最小,为316分.

②考虑到下面等的人不满意.

当电梯只停一次时,如上面已经算过,不满意总分为316,加上下面等的人不满意5分,不满意总分为321.

如果电梯每一层都停,上楼的所有人都满意,但是在下面等的人不满意总分有5×32=160分.

现在问:能否改进电梯停靠方式,使不满意总分变得更小?

如果电梯连续三层都停,那么中间一次可以不停.因为这样做,减少了下面人等候的5分不满意;而中间层的那人往下走一层,只增加1分不满意.合起来减少了4分不满意.

如果电梯连续三次停机,每次间隔1层,设为第 $(m-2)$, m, $(m+2)$,那么第 $(m-1)$, $(m+1)$ 层的人不满意各1分,下面的人等候不满意5分,共7分,如果去掉中间一次,则只有第 $(m-1)$, m, $(m+1)$ 三层的人不满意,总共6分.所以这中间一次也可以不停.

如果电梯连续三次停机,每次间隔2层,设为 $(m-3)$, m, $(m+3)$,容易算得不满意分数为11分;若去掉中间一次停机,则不满意为13分.可见,这时中间一层不能去掉.

因此,以每隔2层停一次,最为可取.

如果每两次停机之间间隔3层,怎么样呢? 间隔3层,不如间隔2层效果好.理由如下:在12层之间,每隔2层,电梯停机1次,共停3次,不满意分数为27分;若间隔3次,电梯停1次,共停2次,不满意分数为28分.可见,电梯每隔2次,停机1次的不满意分数较小.

于是,我们可以设计以间隔2层,电梯停机一次的方案如下:

(1)2,5,8,11,14,17,20,23,26,29,32;

(2)3,6,9,12,15,18,21,24,27,30,33;

(3)4,7,10,13,16,19,22,25,28,31,33.

方案(1)不满意总分为88;方案(2)(3)不满意总分都是86.相比之下,方案(2)(3)为佳,它们比每层都停的方案要好.

结论:全面考虑满意程度,电梯每隔2层停一次,共停11次,停机的楼层如方案(2)或(3)是最佳方案.

第二节　数学建模的一般步骤与注意事项

一、数学建模的一般步骤

根据例87的建模例子可以看出,所谓数学建模,就是设法将实际问题数学化的动态过程;把它化为数学问题之后,就可以用数学方法来解决它.由此得出数学建模的一般步骤.

(1)调查研究,弄清问题.

对于问题,首先要进行调查研究,弄清问题的实质所在.这包括了解问题的来源和它的实际背景,认清问题的类型和相关知识,明确问题的要求,分析其中的参变因素.如果其中的某些重要因素只是定性的而非定量的,还要设法对其作定量化处理,将其数量化.

此例中的"不满意程度"是个不确定量,我们要设法使其定量化,才能用数学的方法来研究它.

(2)建立数学模型:合理假设,简化问题.

分析问题中的有关参变因素,分清主要因素与次要因素,抓住主要因素,略去次要因素,作出合理假设,将问题进行必要的简化,或逐次简化,使之变为一个比较容易解决的问题.

(3)求解数学问题,得出解答.

(4)将结果代入问题,进行检验.

(5)如果解答不合实际情况,或不够吻合,就要对数学模型进行修改、更换.

综上所述,数学建模的一般步骤可以框图描述,如图8-1.

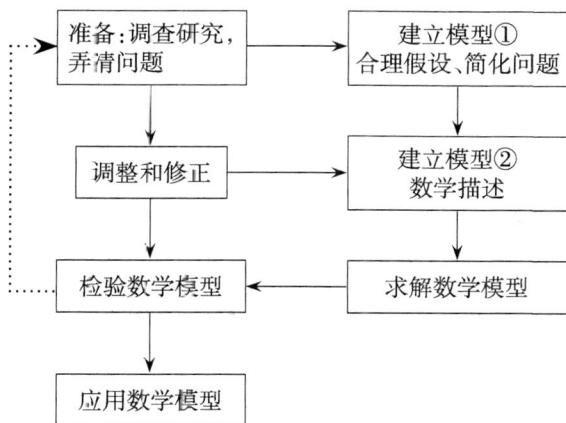

图 8-1

二、数学建模的注意事项

（1）将实际问题合理简化和假设.

如例 87 中的原问题，要全面考虑各种情况、乘客的"不满意程度"，就非常复杂，以至很难建立一个可解的数学模型.考虑到乘客上楼楼层的随机性，假设乘客到各层的机会相同，是合理的.再进一步简化，假设到每层各有 1 人.于是就成为可以解决的简单问题.

（2）综合运用多种数学知识，采用多种手段，不拘一格.

运用数学语言和数学方法——数学符号、数学式子、数学图表，来描述参变因素之间的数量关系，使之成为一个数学问题——数学模型.这里所说的"数学模型"，并不限于方程、不等式、函数关系、图或表，只要它是可以用数学方法进行研究和解决的问题形式，都在考虑的范围内.

在例 87 中，简化后的数学问题，是二元二次函数求最小值问题；而问题（2）则是根据问题的要求，设计出最佳方案的一个规划问题.

因此，建立数学模型，是一个综合运用数学知识，采取多种方法和手段的系统工程.在建立数学模型的过程中，需要我们运用开放性的思维方法，灵活运用各种知识和方法，不拘一格地从多种途径和不同角度进行探索.

（3）要对问题的具体知识和具体情况有所了解.

因为需要数学建模的问题，一般是生活和生产中的实际问题，所以我们还要具有这些实际情况的相关知识.

（4）求解数学模型要运用多种数学方法．

用常规的、非常规的数学方法，包括计算机处理，对数学模型进行求解，得出问题的解答或解决方案．它可以用数学式子、数据、数学图表或文字叙述等多种方式、方法来表示．

（5）必须要用实际效果来检验数学模型．

求得的数学模型的解答或解决方案，是对简化后的问题的一个理论上的答案．它是否与实际情况相符合，还需要进行实际检验．经过检验，如果与实际情况不相符合．那么，就要对建模过程重新进行分析和修正——修改和补充假设，核对和修正数据，甚至变换思路、寻求另外的数学方法和途径等，以求建立更加切合实际的数学模型．

第三节　数学建模举例

一、线路架设的优化设计

（一）问题的来源

例88　（2000年某市中考试题）国家电力总公司为了改善农村电费过高的问题，目前正在全国各地农村进行电网改造．莲花村六组有四个村庄A,B,C,D正好位于一个正方形的四个顶点，现计划在四个村庄联合架设一条线路．他们设计了四种架设方案，如图8-2至图8-5中实线所画．请你帮助计算一下，哪种架设方案最省电线．

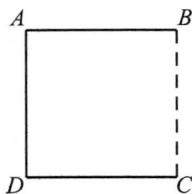 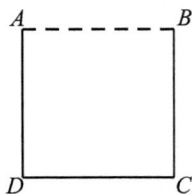 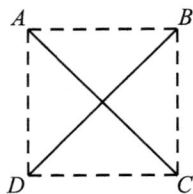 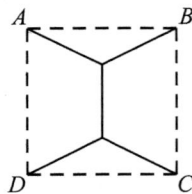

图8-2　　　　　图8-3　　　　　图8-4　　　　　图8-5

通过计算和比较容易得出结论：第四种方案最省电线．但是，这是不是最优方案呢？这是一个很有意思的实际问题，反映在数学上，是一个联络四点的最短路径问题．然而，四个村庄的位置正好是一个正方形的四个顶点情况，是极为特殊的.如果这四个村庄的位置不在正方形的四个顶点上,或者联络的路径必须经过某一点,对于类似的问题,我们有办法解决吗? 下面对此进行探究.

(二)到三角形三个顶点距离之和最短问题

我们先将问题简单化,先讨论到三角形三个顶点距离之和最短问题.这要用到一个平面几何定理——费马定理,定理叙述如下:如图8-6,对于最大内角不超过120°的△ABC,以△ABC的每一条边为底边,向外作正△ABP,正△BCQ,正△CAR,则线段AQ,BR,CP彼此相等,且交于一点F,F点就称为费马点.

费马点的一个重要的性质是:它到三角形的三个顶点的距离之和,比平面上任何点到三个顶点的距离之和都要短.不仅如此,而且这个最短距离正好等于费马线段AQ(即BR或CP)的长度.

利用这个性质,可以解决其些最优化的实际问题.例如:在A,B,C三个村庄之间要架设连通的电线,欲使电线总长度最短,应该如何设计线路?

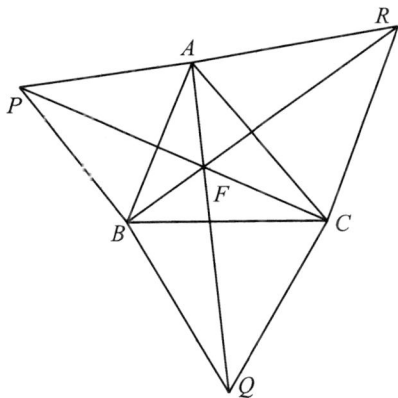

图8-6

如果△ABC的三个内角都小于120°,那么只要找出△ABC的费马点F,连接AF,BF,CF就是连接这三点的最短路径.

如果△ABC有一个内角等于或大于120°的话,那么容易证明:这时△ABC的费马点不在三角形内.连接三个顶点的最短路径,就是钝角顶点到另外两顶点的连线.

(三)要求经过正方形中的一个定点

在前述问题中,假如要求电线必须经过正方形中某一定点,那么电线应该如何架设? 化为数学问题,就是:在正方形 $ABCD$ 有一点 P,求连接 A,B,C,D 四点,且经过 P 点的最短路径.

分析:最简单的方法是,连接 PA,PB,PC,PD.但是,$PA+PB+PC+PD$ 是最短的路径吗? 未必! 那么,怎样设计最短路径呢? 方法如下:

(1)如图 8-7,如果 $\angle APB$,$\angle CPD$ 都小于 $120°$,作出 $\triangle APB$ 的费马点 F_1,作出 $\triangle CPD$ 的费马点 F_2.连接 AF_1,BF_1,PF_1,CF_2,DF_2,PF_2,则由费马点的性质可得:

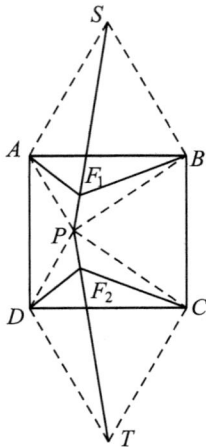

图 8-7

$AF_1+BF_1+PF_1<AP+BP$……①,

$CF_2+DF_2+PF_2<CP+DP$……②,

由①②得:$AF_1+BF_1+PF_1+CF_2+DF_2+PF_2<AP+BP+CP+DP$.

因为 $AF_1+BF_1+PF_1$ 是到 A,P,B 三点的最短路径,$CF_2+DF_2+PF_2$ 是到 C,D,P 三点的最短路径,所以,$AF_1+BF_1+PF_1+CF_2+DF_2+PF_2$ 是到 A,B,C,D 四点,且经过 P 点的最短路径.它的长度等于 $SP+TP$.

特别地,如果 P 点在图 8-5 中的路径上,那么经过 P 点的最短路径的长度 $AF_1+BF_1+PF_1+CF_2+DF_2+PF_2$ 就等于线段 ST.

(2)假若所取 P 点使 $\angle APB\geqslant120°$,那么到 A,B,P 三点的最短路径就是 $AP+BP$.而 $\angle CPD$ 必然小于 $120°$,故到 C,D,P 三点的最短路径为 $CF_2+DF_2+PF_2$.因此,这

时到 A, B, C, D 且经过 P 点的最短路径是: $AP+BP+CF_2+DF_2+PF_2$.

(四)对于一般四边形的讨论

对于一般四边形 $ABCD$, 我们先加上一点限制: 如图 8-8, 假设四边形内有一点 P, 使得 $\angle APB, \angle BPC, \angle CPD, \angle DPA$ 都小于 $120°$, 作等边三角形 ABS, CDT, ADX, BCY. 那么, 按上面的办法可知: 连接 A, B, C, D, 并经过点 P 的最短路径是折线 SPT. 同理, 连接 A, B, C, D, 并经过 P 点的最短路径长度也应该等于折线 XPY.

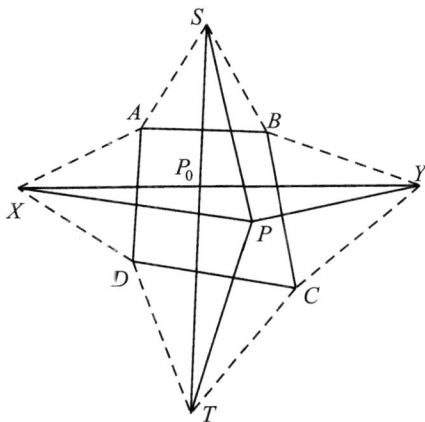

图 8-8

特别地, 如果 P 点取在 ST 与 XY 的交点 P_0 上, 那么, 折线 SPT 就变成了直线 ST; 折线 XPY 就变成了直线 XY, 它们都是连接 A, B, C, D, 并经过 P_0 点的最短路径. 显然, 这时只要比较 ST 与 XY 的长短, 其中较短的就是所求的最小值.

根据上述讨论, 就可以解决连接四个村庄最短电线线路问题了.

如图 8-9, 假设四个村庄为 A, B, C, D, 连接四点成四边形 $ABCD$, 并满足我们提出的限制条件. 那么我们可以按照以下步骤来做:

①以 AB, BC, CD, DA 为一边, 向四边形外作正三角形 ABS, BCY, CDT, DAX;

②连接 ST, XY, 设交于 P 点(P 点在形内);

③作 $\triangle APB$ 的费马点 F_1, 作 $\triangle CPD$ 的费马点 F_2;

④连接 $AF_1, BF_1, F_1F_2, CF_2, DF_2$, 则由这些线段组成的折线, 就是连接 $A, B,$ C, D 四个村庄之间的最短路径. 它的总长度等于线段 ST.

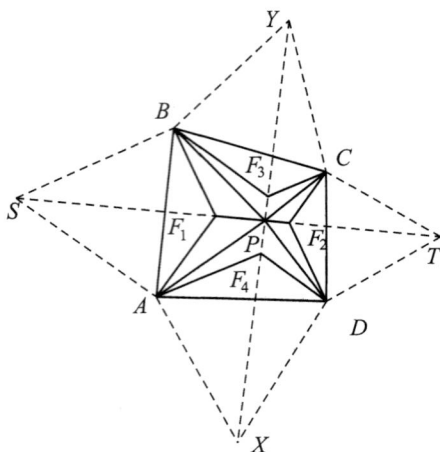

图 8-9

如果去掉对四边形的上述限制,则需要对不同情况进行分类讨论,这里就不讨论了.

二、最佳运输方案的制订

例 89 A,B,C 三个城市有某种机器的数量分别是 10 台、10 台、8 台,D,E 两市分别需要这种机器 18 台和 10 台,从 A 市运 1 台机器到 D,E 两市的运费,分别为 200 元和 800 元;从 B 市运 1 台机器到 D,E 两市的运费,分别为 300 元和 700 元;从 C 市运 1 台机器到 D,E 两市的运费,分别为 400 元和 500 元.问题是:如何安排运输,使总的运费最少?

分析:问题中的数据很多,我们可以设计出一个表格,将这些数据分类列于表中(见表 8-1),使我们能看出其中的关系.

表 8-1

运费标准　　供地 需地	A	B	C	需量
D	200	300	400	18
E	800	700	500	10
供量	10	10	8	

如果从 A 市运 x 台机器到 D 市,从 B 市运 y 台机器到 D 市,能够满足问题的

要求,那么有关两个城市之间的运费,就如表8-2所示.

表8-2

运费　　供地 需地	A	B	C	需量
D	$200x$	$300y$	$400(18-x-y)$	18
E	$800(10-x)$	$700(10-y)$	$500(x+y-10)$	10
供量	10	10	8	

从表8-2可见: $W_1 = 200x + 300y + 400(18-x-y)$,

$W_2 = 800(10-x) + 700(10-y) + 500(x+y-10)$,

所以总运费 $W(x,y) = W_1 + W_2 = 17200 - 500x - 300y \cdots\cdots (1)$,

其中 x,y 的限制条件是: $0 \leqslant x \leqslant 10, 0 \leqslant y \leqslant 10, 0 \leqslant 18-x-y \leqslant 10 \cdots\cdots(2)$.

于是,我们的问题就是:在条件(2)下,求函数(1)的最小值.函数(1)称为目标函数,(2)为限制条件.这里的目标函数是线性函数,所以这是一个线性规划问题.

问题求解:对于这个特殊的目标函数(1),可以变形如下:

$$W(x,y) = 17200 - 300(x+y) - 200x \cdots\cdots (3).$$

因为由条件可得 $10 \leqslant x+y \leqslant 18$,而当 $x+y=18$ 时, x 的最大值为10,所以将 $x+y=18$, $x=10, y=8$ 代入(3),得 W 的最小值 $W(10,8) = 9800$ (元).

线性规划问题的典型提法是:

求目标函数(线性函数) $P(x,y) = ax + by + c \cdots\cdots (4)$.在一组线性不等式 $f_i(x,y) \geqslant 0 (i=1,2,\cdots,n) \cdots\cdots(5)$ 的限制下的最大值或最小值.

解决线性规划问题,通常有以下三种方法:表上作业法、图上作业法和多边形法.现在就以上面的问题为例,分别介绍这三种方法.

(一)表上作业法

设计和绘制表格,将相关数据填入表中.在表8-3中,对 D 市供货的 A,B,C 三市中,首先选运费最小的 A 市,尽可能地先从 A 市调运10台到 D 市;不足的8台,再从运费次小的 B 市调运.此时,对 E 市可以供货的,只有 B,C 两市,而其中

B市只有2台可调运,其余8台从C市调运.这样就得到一个合理的调运方案,并表示在表8-3中.

表8-3

运费 供地 需地	A	B	C	需量
D	200×10	300×8	400×0	18
E	800×0	700×2	500×8	10
供量	10	10	8	

此时,总运费的最小值为:$W(10,8)=9800$元.

(二)图上作业法

如果将表8-2中两市之间的运费,看作是两市之间的距离(距离与运费成正比),那么目标函数$W(x,y)$就是总的运量.如图8-10所示,以点代表各市,按照两市的距离长短,画出连接线段,画一个运输路线图——加权图,把问题表示出来.

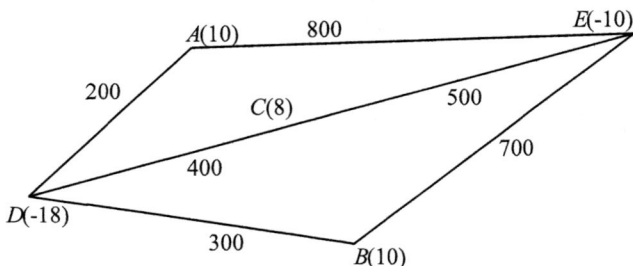

图8-10

图中供地A,B,C的供量,用正数表示;需地D,E的需量,用负数表示.

制订运输方案时,在图上进行作业:如图8-11所示,在连接需地D的三条路线中,先从最短路线AD运入10台;再从次短路线BD运入8台.运输路线用箭头表示.对需地E,从C市运入8台,从B市运入2台.从而得到一张运输流程图.

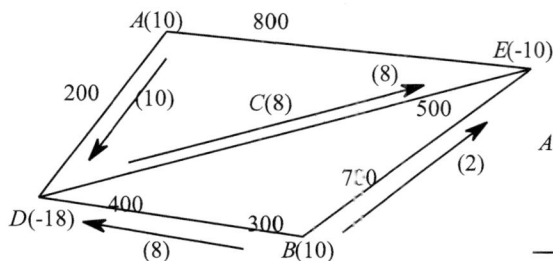

图8-11

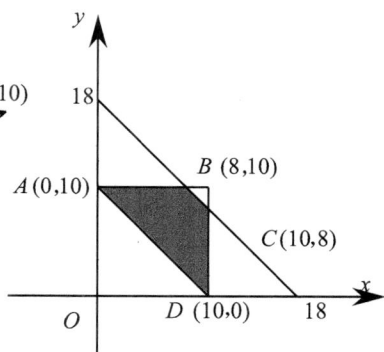

图8-12

按此图安排运输,其结果与表上作业法一致,只是将运费换成了运量.

(三)多边形法

在平面直角坐标系中,目标函数(4)一般表示一组平行直线,限制条件(5)一般表示一个多边形.本例中的限制条件:$0 \leqslant x \leqslant 10, 0 \leqslant y \leqslant 10, 0 \leqslant 18-x-y \leqslant 8$,就表示一个等腰梯形区域 G,如图 8-12 所示的阴影区域.而目标函数 $W(x,y)=17200-500x-300y$ 是一组平行直线.

$W(x,y)$ 的最大或最小值,一定经过这个多边形的顶点.因此,只要将此多边形顶点的坐标代入直线方程,其中最大值或最小值就是我们所求的结果.

经过计算,区域 G 的顶点坐标为: $A(0,10)$, $B(8,10)$, $C(10,8)$, $D(10,0)$.

由此可得, $W(x,y)$ 的最小值和最大值分别是:

$$W(x,y)_{\min}=W(8,10)=9800, \quad W(x,y)_{\max}=W(0,10)=14200.$$

三、易拉罐尺寸的优化设计

设计方案的合理性与我们提出的优化标准有关.优化标准可以有以下两个:一是,以使用的材料面积多少来判断优劣(以节省材料为优);二是,以焊接缝的长短为标准来判定优劣(以焊缝短为优).现分两种情况来讨论.

第一个问题,其实质就是在体积 V 为定值的条件下,求使圆柱体的表面积 S 达到最小值时的尺寸.

设圆柱体的高为 h,底面圆半径为 r.由 $V=\pi r^2 h$,得 $h=\dfrac{V}{\pi r^2}$.

又 $S = 2\pi r^2 + 2\pi rh$ ，故 $S = 2\pi r^2 + \dfrac{2V}{r}$.由均值不等式得

$$S = 2\pi r^2 + \dfrac{V}{r} + \dfrac{V}{r} \geqslant 3\sqrt[3]{(2\pi r^2) \cdot \dfrac{V}{r} \cdot \dfrac{V}{r}} = 3\sqrt[3]{2\pi V^2} \cdots\cdots(1).$$

(1)式这里为什么要将 $S = 2\pi r^2 + \dfrac{2V}{r}$ ，改写成 $2\pi r^2 + \dfrac{V}{r} + \dfrac{V}{r}$ 呢？

这是因为在运用均值定理时,其中几项乘积取极值时,需要这几项的积为定值.其中等号当且仅当 $2\pi r^2 = \dfrac{V}{r}$ ，即 $r = \sqrt[3]{\dfrac{V}{2\pi}}$ 时取得.此时, $h=2r$ ，表面积 S 有最小值 $S_{\min} = 3\sqrt[3]{2\pi V^2}$.即当圆柱体的高与底面直径相等(等边圆柱)时,表面积有最小值.

检验与修正:事实上,大多数易拉罐的外形不是等边圆柱体.为什么呢？这可能有两个原因:其一,易拉罐的底面与侧面所用的材料价格不同——一般底面材料要厚一些,成本大一些;其二,为使焊缝缩短.

首先考虑第一个因素.

设底面材料单位面积价格,与侧面材料单位面积价格之比为 $\lambda_1 : \lambda_2 (\lambda_1 > \lambda_2)$ ，则做一个易拉罐的价格为:

$$y = \lambda_1 (2\pi r^2) + \lambda_2 (2\pi rh) = \pi (2\lambda_1 r^2 + 2\lambda_2 rh) ,$$

即 $y = \pi (2\lambda_1 r^2 + \lambda_2 rh + \lambda_2 rh) \geqslant 3\sqrt[3]{2\lambda_1 \lambda_2^2 r^4 h^2} \cdots\cdots(2),$

当且仅当 $2\lambda_1 r^2 = \lambda_2 rh$ ，即 $h = 2\dfrac{\lambda_1 r}{\lambda_2}$ 时,等号成立.(2)式 y 取最小值,这时易拉罐的外观已经不是等边圆柱了.当 $\lambda_1 > \lambda_2$ 时,有 $h>2r$ ，即其高度大于圆柱直径.这就是我们通常所看到的情形. h 值的大小,要看 λ_1 与 λ_2 的具体数值是多少.

注意:这里又一次利用了均值定理和拆项的技巧.

其次,考虑第二个因素:焊缝的长度.

易拉罐焊缝,由上、下两个圆和侧面一条直线构成,其长度为:

$$L = 2\pi r + 2\pi r + h = 2\pi r + 2\pi r + \dfrac{V}{\pi r^2} \geqslant 3\sqrt[3]{4\pi V} ,$$

当且仅当 $2\pi r = \dfrac{V}{\pi r^2}$ ，即 $r = \sqrt[3]{\dfrac{V}{2\pi^2}}$ 时,取等号.此时 L 取最小值 $3\sqrt[3]{4\pi V}$ ，而易拉罐的高 $h = 2\pi r$ ，即它的高等于底面圆周周长,显然这时高也大于圆柱直径.

可见依照不同的优化标准,就会有不同的最佳设计方案.

极值定理　假设 $S=A+B+C$,则有 $S=A+B+C\geq 3\sqrt[3]{ABC}$,当且仅当 A,B,C 之积为常数时,S 取极小值.

对于上述问题而言,只有写成三项 $2\pi r^2+\dfrac{V}{r}+\dfrac{V}{r}$ 时,它们的乘积才为常数:

$2\pi r^2\cdot\dfrac{V}{r}\cdot\dfrac{V}{r}=2\pi V^2$. 而原来的两项乘积之积不是常数.这是一个数学技巧.

四、河流含沙量检测问题

例 90　现有流量均为 $300\text{m}^3/\text{s}$,含沙量分别为 $2\text{kg}/\text{m}^3$、$0.1\text{kg}/\text{m}^3$ 的两条河流 A,B,在 C 处汇合后,不断混合.假设从汇合处 C 开始在下游沿岸设立若干个观测点,两股水流在流经相邻两个观测点的过程中,其混合效果相当于两股水流在 1 秒钟内交换 100m^3 的水量,即从 A 股流入 B 股 100m^3 水,经混合后,又从 B 股流入 A 股 100m^3 水并混合.问:从第几个观测点开始,两股河水的含沙量之差小于 $0.1\text{kg}/\text{m}^3$(不考虑泥沙沉淀)?

这是一个实际问题,是某年某大学自主招生的数学试题.

分析与思考:两条河流的含沙量不同,在每个观测点它们含沙量的差设为 $c_1,c_2,\cdots$,形成一个数列 $\{c_n\}$.问题是如何找到这个数列的规律的.

从第一个观测点开始,来探索 $c_1,c_2,\cdots$ 的值.

显然,数列 $\{c_n\}$ 每一项的值,依赖于 A,B 河流的含沙量.可设 A,B 河流的含沙量在每个观测点的值,分别依次为 $a_1,a_2,\cdots;b_1,b_2,\cdots$.

以下的想法是设法用 a_n,b_n 来表示 c_n.

设在交汇处两条河流的含沙量的差为 $c_0,c_0=a_0-b_0=2-0.1=1.9.$

当 $n=1$ 时, $b_1=\dfrac{100a_0+300b_0}{100+300}=\dfrac{1}{4}a_0+\dfrac{3}{4}b_0$,

$a_1=\dfrac{100b_1+200a_0}{100+200}=\dfrac{1}{3}b_1+\dfrac{2}{3}a_0=\dfrac{3}{4}a_0+\dfrac{1}{4}b_0$,

$a_1-b_1=\dfrac{1}{2}(a_0-b_0)=1.9\times\dfrac{1}{2}$,

当 $n=2$ 时, $b_1=\dfrac{100a_1+300b_1}{100+300}=\dfrac{1}{4}a_1+\dfrac{3}{4}b_1$,

$a_2=\dfrac{100b_2+200a_1}{100+200}=\dfrac{1}{3}b_2+\dfrac{2}{3}a_1=\dfrac{3}{4}a_1+\dfrac{1}{4}b_1$,

$a_2-b_2=\dfrac{1}{2}(a_1-b_1)=1.9\times\left(\dfrac{1}{2}\right)^2,\cdots,$

当 $n=k$ 时，$b_k = \dfrac{100a_{k-1}+300b_{k-1}}{100+300} = \dfrac{1}{4}a_{k-1}+\dfrac{3}{4}b_{k-1}$ ，

$a_k = \dfrac{100b_k+200a_{k-1}}{100+200} = \dfrac{1}{3}b_k+\dfrac{2}{3}a_{k-1} = \dfrac{3}{4}a_{k-1}+\dfrac{1}{4}b_{k-1}$ ，

$a_k - b_k = \dfrac{3}{4}a_{k-1}+\dfrac{1}{4}b_{k-1} - \left(\dfrac{1}{4}a_{k-1}+\dfrac{3}{4}b_{k-1}\right) = \dfrac{1}{2}(a_{k-1}-b_{k-1})$ ，

由此猜测：数列 $\{c_n\}$ 是以 $\dfrac{1}{2}$ 为公比的等比数列，而其首项为 $c_1 = 1.9 \times \dfrac{1}{2}$.

至此问题转化为：当 n 为何值时，$c_n < 0.1$?

即解不等式：$1.9 \times \left(\dfrac{1}{2}\right)^n < 0.1$ ，化简为 $2^n > 19$ ，$\therefore n_{\min}=5$.

即从第 5 个观测点开始，两股河水的含沙量之差小于 0.1kg/m^3 .

五、极地航线问题

例91 2001 年 7 月 16 日报道：当年 7 月 15 日，我国首次开辟"极地航线"：从美国纽约起飞，经加拿大、北极地区、俄罗斯和蒙古，到达北京.此极地航线比原来航线缩短了一个多小时时间.这里包含有两个数学问题：第一，连接北京—纽约"极地航线"的最短航程是多少？ 第二，这条最短的"极地航线"与北极点能够接近到什么程度？

第一个问题是，求球面上两点间的球面距离，这是一个常见的问题；第二个问题是，求球面上一点到一个大圆弧的球面距离，这是一个不常见的新问题.我们要用中学课本中的知识来解决它.

为此，我们首先要分析一下已知条件——北京和纽约大致都在北纬 40 度线上，具体的经纬度分别是北京（北纬 $39.9°$，东经 $116.4°$），纽约（北纬 $40.9°$，西经 $73.7°$）；如图 8-13，A，B 分别表示北京和纽约两地，N 是北极点，O 是球心.

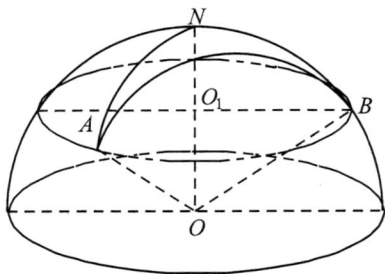

图 8-13

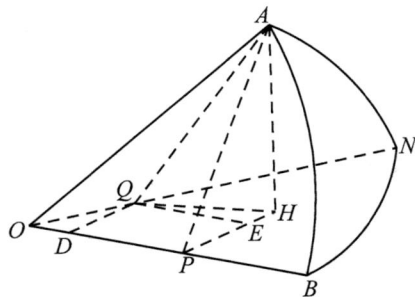

图 8-14

解：这是球面几何问题，需要有关球面几何与球面三角知识．

设球心为 O，连接 CA，OB，ON，构成三面角 $O\text{-}ABN$．

又设 $\angle AON=\alpha$，$\angle BON=\beta$，$\angle AOB=\gamma$，

球面三角形 ABN 的三个球面角分别 $\angle A$，$\angle N$，$\angle B$．地球半径 $OA=R=6370$km．

在图 8-13 中，二面角 $A\text{-}ON\text{-}B=\angle N=360°-(116.4°+73.7°)=169.9°$；

角 $\alpha=\angle AON=90°-39.9°=50.1°$，角 $\beta=\angle BON=90°-40.9°=49.1°$．

于是，上述问题就转化为以下两个数学问题：

（1）求 A，B 两点间的球面距离；

（2）求 N 点到大圆弧 $\overset{\frown}{AB}$ 的球面距离．

这本来是球面三角的问题，我们要把它化为立体几何中的三面角的问题来解答．为此，先推导有关三面角的两个有用的公式．

如图 8-14，在三面角 $O\text{-}ABN$ 中，过点 A 作平面 OBN 的垂线 AH，H 为垂足；

再过点 H 分别作 $HP\perp OB$，$HQ\perp ON$，P，Q 为垂足．连接 AP，AQ．

因为 HQ 是 AQ 在平面 ONC 内的射影，且 $HQ\perp ON$，所以 $AQ\perp ON$．

同理，$AP\perp OB$．

因此，$\angle AQH$ 为二面角 $A\text{-}ON\text{-}B$ 的平面角，$\angle APH$ 为二面角 $A\text{-}OB\text{-}N$ 的平面角．

因为球面 $\triangle ABN$ 的三个内角对应于三面角 $O\text{-}ABN$ 的三个二面角，三条边（经过两点的大圆的劣弧）对应于三面角 $O\text{-}ABN$ 的三个面角，

所以 $\angle AQH=\angle N$，$\angle APH=\angle B$．

过点 Q 作 $QD\perp OE$ 于点 D，则 $OP=OD+DP$，

$OD=OQ\cos\beta=OA\cos\alpha\cos\beta=R\cos\alpha\cos\beta$．

过点 Q 在平面 OBN 内作 $QE\perp HP$ 于点 E，则 $QE/\!/OB$，

所以四边形 $QDPE$ 是矩形，且 $\angle QHE=\angle QOD=\beta$，

∴ $DP=QE=QH\cos(90°-\beta)=QH\sin\beta$，

又 $QH=AQ\cos\angle AQH$，$AQ=OA\sin\alpha=R\sin\alpha$，

∴ $DP=R\sin\alpha\sin\beta\cos\angle AQH$．

∴ $OP=OD+DP=R\cos\alpha\cos\beta+R\sin\alpha\sin\beta\cos\angle AQH$，

又 $OP=OA\cos\gamma=R\cos\gamma$，

∴ $\cos\gamma=\cos\alpha\cos\beta+\sin\alpha\sin\beta\cos\angle AQH$，

$\therefore \cos \gamma = \cos \alpha \cos \beta + \sin \alpha \sin \beta \cos N$ ······①.

公式①是球面上的余弦定理,它可以和三角形中的余弦定理相类比.

在 Rt$\triangle AHQ$ 和 Rt$\triangle AHP$ 中,$\because AH = AQ \sin \angle AQH = OA \sin\alpha \sin N$,

$AH = AP \sin \angle APH = OA \sin \gamma \sin B$,$\therefore \sin\alpha \sin N = \sin \gamma \sin B$,

$\therefore \dfrac{\sin B}{\sin\alpha} = \dfrac{\sin N}{\sin \gamma}$. 同理,可得 $\dfrac{\sin A}{\sin \beta} = \dfrac{\sin N}{\sin \gamma}$.

$\therefore \dfrac{\sin A}{\sin \beta} = \dfrac{\sin B}{\sin\alpha} = \dfrac{\sin N}{\sin\gamma}$ ······②.

公式②是球面上的正弦定理,它可以和三角形中的正弦定理相类比.

现用公式①和公式②来解决我们的问题.

(1)求经过 A , B 两点的大圆中劣弧($\overset{\frown}{AB}$)的长.

将有关数据代入①式,有

$\cos \gamma = \cos 50.1° \times \cos 49.1° + \sin 50.1° \times \sin 49.1° \times \cos 169.9° = -0.1508951$.

查反余弦函数表得 $\gamma \approx 98.6788°$.

从而大圆中劣弧($\overset{\frown}{AB}$)的长 $= \dfrac{98.6788°}{180} \times \pi \times 6370 \approx 10970.86$(km) .

连接 A , B 两点间的小圆弧,近似地等于北纬40°的纬度圈在这两地之间的一段弧长:$\dfrac{169.9°}{180} \times \pi \times 6370 \times \sin 50° \approx 14469.854$(km) . 显然,比 A , B 间球面距离长了约3500km. 即极地航线比沿北纬40°航线缩短约3500km.

(2)求 N 点到大圆弧(劣弧)$\overset{\frown}{AB}$ 的球面距离.

过 N 点作大圆弧与 $\overset{\frown}{AB}$ 直交,交点为 K . 先在三面角 O-ABN 中,用公式①,

将有关数值代入,求二面角 A:$\cos A = \dfrac{\cos \beta - \cos \alpha \cos \beta}{\sin \alpha \sin \gamma} \approx 0.9909695$.

查表得 $A \approx 7.7°$. 在三面角 O-ANK 中,设 $\angle NOK = \omega$,二面角 A-OK-N 为直角.

将有关数值代入公式②,得 $\sin \omega = \sin \alpha \sin A = \sin 50.1° \times \sin 7.7° \approx 0.1028667$.

从而查表得 $\omega \approx 5.9°$. 大圆中弧劣弧 $\overset{\frown}{NK} \approx 656$(km) . 这就是北极点到"极地航线"的球面距离. 可见,这条最短"极地航线"已经深入北极腹地,离北极点非常之近.

祖冲之测量冬至点的智慧

中国自古以来就是农业大国.一年四季的更迭,与农业播种的关系极大.所以我国古代历朝历代都非常重视历法的制定.历法,就是年、月、日和节气安排的时刻表.但是,时间无头无尾,瞬息即变,如何来测定和记录它呢?

图8-15 现存于南京紫金山天文台的古代圭表

如图8-15所示,我国古代测日影时所用的仪器就是"圭表".直立于平地上测日影的标杆或石柱叫作表;正南或正北方向平放,测量表影长度的刻板叫作圭.当太阳照着表的时候,圭上出现了表的影子,根据影子的方向和长度,就能读出时间.其工作原理如图8-16所示.

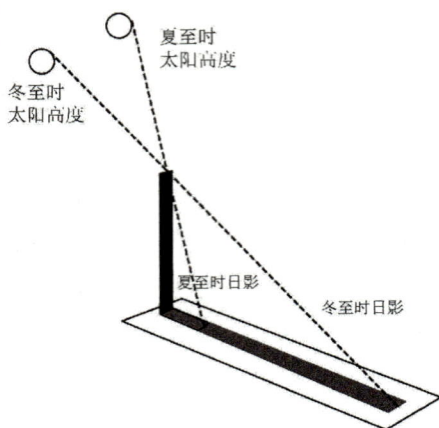

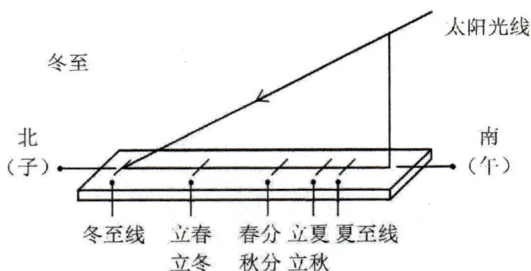

图8-16

现存于紫金山天文台的圭表是清代重修的明代铜圭,它由两部分组成,一是直立的表,二是正南正北平放的圭.与传统的表高八尺不同,其表高为一丈,圭面长十六尺二寸,其上有水槽,可以注水来检查圭面是否水平.在圭面上精致地刻有长度标记,可以方便地读取表影的长度.通过观测每天正午时分表影(日影)长度的变化,确定节气和年长.我们祖先发现在一年中有一天太阳最高,表影长度最短,但白天却最长;有一天太阳最低,表影长度最长,但白天却最短.表影长度总是在最短到最长之间有规律地来回伸缩,后来就将表影长度最短的那天定为夏至,表影长度最长的那天定为冬至.

表影长度从最短到最长,再回到最短的一个周期,就是我们现在的一个回归年长度.我国古代就用这种方法测定出一个回归年的长度大致为365天又四分之一日.

因为影子长度容易测量,故测量冬至点的日影长度,以确定一个回归年的开始时刻,就成了天文历法的重要工作.但是,仅凭测量圭表影长来定冬至点的做法,是不准确的.

第一,这只能确定哪一天正午的圭表日影最长,不能确定冬至点所在的时刻.而一般说来,冬至点并不在正午.事实上,一年大约有365又四分之一日,如果第一年冬至点在正午,第二年就应在傍晚,第三年在半夜,第四年在早晨.所以,即使冬至点有可能在某年的正午,也要连续进行四年测量才能确定.

第二,这只能在冬至日附近,连续多天天气晴好才行.如果遇到天气不好——下雨、下雪或者天阴,都无法进行日影测量.那么,又要重新开始,进行连续四年的测量.

第三,其实,冬至点不可能恰好在正午,因此,这种方法是不可能测准冬至点的.

在祖冲之之前,冬至点的确定,虽然有测量数据为依据,但实际上不是测量出来的,而是估计出来的.

冬至点的测量(估计)误差,必然造成回归年长度的误差.即使每年只差四分之一日,过了50年,积累误差就相当大——一年就要相差5日.到了这时,这部历法就不再能反映季节的变化,更不能预报日食、月蚀等天文现象,就要改历了.如何准确地测量冬至点,就成了历代天文学家、数学家关注的大问题.

祖冲之巧测冬至点的方法如下:

祖冲之为了制定新的历法,他于南北朝时期刘宋·大明五年(461年)冬至前后的一个半月内,选了三个晴天,进行了三次正午的日影长度的测量,具体数据(日期为农历)如下:

10月10日(A)——影长10.7750尺(a);

11月25日(B)——影长10.8175尺(b);

11月26日(C)——影长10.7508尺(c).

为简化计算,他做了如下合理假设:

①在冬至前后日影关于冬至点是对称的;

②在一天之内,日影变化是线性的,即它与时间成比例.

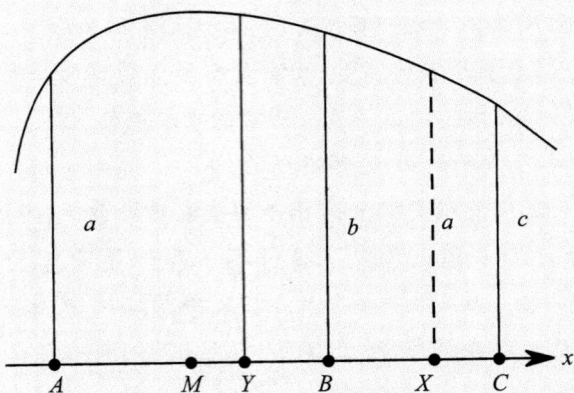

图8-17

如图8-17,设冬至点为Y,AB的中点为M.

由假设①,因为$b>a>c$,所以A点关于冬至点Y的对称点X,应在B点与C点之间.

我们注意到:B点到C点,正好是一整天,再由假设②,则应有

$$\frac{BX}{XC}=\frac{b-a}{a-c} \text{ 或 } \frac{BX}{BC}=\frac{b-a}{b-c}.$$

我国古代计时制度:一天分为100刻.于是

$$BX=BC\times\frac{b-a}{b-c}=100\times\frac{0.0425}{0.0467}\approx62\text{（刻）},\quad MY=\frac{1}{2}BX=31\text{（刻）}.$$

因为M点是(农历)十一月初三午夜零时,故这一年的冬至点,是十一月初三子夜后31刻.换成现在的时间,大约相当于早晨7时26分.

第一,他的两个假设是合理的,符合实际情况.这样,就使原来靠经验和估计来测算冬至点的传统方法,建立在数学理论基础之上,成为科学的测算方法.

第二,方法简单易行.它使冬至点的测算不受天气影响,且大大缩短了测算时间:从四年或更长时间,缩短到在一年之内完成.实际测量时,只需要在冬至前后大致对称的时段里,分别测算几天正午的日影长度;然后选取三个数值a,b,c(其中有连续两天),使$b>a>c$即可.

第三,可以大大提高测量的精确度.传统冬至测量方法,只能精确到1天以内,而祖冲之的测算法,则可以精确到1刻以内(1刻=24×60/100=14.4分钟).

正因为如此,祖冲之首创的冬至点测算法,一直为以后历代历算

家所尊崇和采用.

由于祖冲之对冬至点的测算精确可靠,所以他据此制定的历法——《大明历》所定的年、月、润周的数值,都达到了前所未有的精确度:

(1)1回归年=365.2428481日.

与实际情况相比,1000年才多半日,其精确度在世界上遥遥领先;直到南宋《统天历》(1199年)才超过它.

(2)1朔望月=29.5305915日.

与实际情况相比,每月误差不到0.5秒,领先世界500多年;直到北宋《明天历》(1084年)才有更好的结果.

第九章　生活中处处有数学

第一节　彩票中的数学

随着福利彩票和体育彩票在全国各地普遍发行,一股购买彩票、谈论彩票中奖的热潮在各个城市兴起.各家大、小报纸,不时刊登摸彩、中奖的消息和评论.这些文字中有时也谈到摸彩与数学的关系.但是,说也不详,论而不确.因此,我们有从数学的角度加以澄清的必要.何况,彩票与概率统计知识十分密切,这正是中学数学联系社会实际的好材料.下面就用概率统计的方法,来谈谈彩票的中奖率、数学期望和大奖的随机性.当然,这首先要了解彩票的玩法和设奖方式.

目前,政府允许发行的两种彩票——福利彩票和体育彩票,其玩法和设奖方式是不同的.即使同一种彩票,各省市也略有不同.现以安徽电脑型体育彩票和"安徽风采"电脑福利彩票为例,分别予以说明.

一、电脑型体育彩票的中奖率和期望值

(一)玩法和设奖方式

体育彩票玩法比较简单,2元买一注,每一注填写一张彩票.每张彩票由一个6位数字和一个特别号码组成.每位数字均可填写0,1,…,9这10个数字中的一个;特别号码为0,1,2,3,4中的一个.

每期设六个奖项,随机开出一个一等奖——一个6位数号码,另加一个特别号码——0~4中的某个数字.中奖号码规定如下:彩票上填写的6位数与开出的6位数完全相同,而且特别号码也相同——特等奖;6位数完全相同——一等奖;有5个连续数字相同——二等奖;有4个连续数字相同——三等奖;有3

个连续数字相同——四等奖;有2个连续数字相同——五等奖.

　　每一期彩票以收入的50%作为奖金.三、四、五等奖的奖金固定,特、一、二等奖的奖金浮动.如果一等奖号码是1,2,3,4,5,6,特别号码为0,那么各等奖的中奖号码和每注奖金,如表9-1所示.

表9-1

奖级	中奖号码	每注奖金
特等奖	1 2 3 4 5 6+0	(奖金总额-固定奖金)×65%÷注数 88万元(保底),500万元(封顶)
一等奖	1 2 3 4 5 6	(奖金总额-固定奖金)×15%÷注数
二等奖	1 2 3 4 5 □ □ 2 3 4 5 6	(奖金总额-固定奖金)×20%÷注数
三等奖	1 2 3 4 □ □ □ 2 3 4 5 □ □ □ 3 4 5 6	300元
四等奖	1 2 3 □ □ □ □ 2 3 4 □ □ □ □ 3 4 5 □ □ □ □ 4 5 6	20元
五等奖	1 2 □ □ □ □ □ 2 3 □ □ □ □ □ 3 4 □ □ □ □ □ 4 5 □ □ □ □ □ 5 6	5元

（二）中奖概率

　　以一注为单位,计算每一注彩票的中奖概率.

　　特等奖——前6位数有10^6种可能,特别号码有5种可能,共有$10^6×5=5000000$种选择,而特等奖号码只有一个.因此,一注中特等奖的概率为:

　　$P_0=1/5000000=2×10^{-7}=0.0000002$.

　　一等奖——前6位数相同的,只有一种可能,故中一等奖的概率为:

　　$P_1=1/1000000=10^{-6}=0.000001$.

　　二等奖——有20个号码可以选择,故中二等奖的概率为:

　　$P_2=20/1000000=0.00002$.

　　三等奖——有300个号码可以选择,故中三等奖的概率为:

$P_3=300/1000000=0.0003$.

四等奖——有4000个号码可以选择,故中四等奖的概率为:

$P_4=4000/1000000=0.004$.

五等奖——有50000个号码可以选择,故中五等奖的概率为:

$P_5=50000/1000000=0.05$.

合起来,每一注总的中奖率为:

$P=P_0+P_1+P_2+P_3+P_4+P_5=0.0543212\approx5.4\%$.

这就是说,每1000注彩票,约有54注中奖(包括五等奖到特等奖).

(三)彩票中奖的期望值

因为体育彩票和福利彩票一样,奖金的返还率为50%,所以,从总体上来说,每一注彩票的期望值应该是1元.现在,我们来实际计算一下,看是否如此.

彩票的期望值依赖于两个因素,一是各个奖级的中奖概率,一是各个奖级的奖金数额.中奖概率已经计算出,体彩的三、四、五等奖已经知道;但前三个奖级的奖金是浮动的,需要进行估计.

根据规定,这三种奖级的奖金与三个因素有关:一是当期奖金总额,即销售的彩票总注数;二是上期"奖池"中的累积奖金;三是滞留到下期"奖池"的奖金.

综合这几种因素,再结合对2001年2—4月发行的20期获奖情况统计的平均值,可以作如下假定:

第一,每一期售出100万注,奖金总额为100万;

第二,每期前三个奖级奖金取平均值;

第三,奖池的累积奖金以平均值计算.结果如表9-2所示.

表9-2

奖级	概率	奖金(元)
特等奖	0.0000002	2000000
一等奖	0.000001	50000
二等奖	0.00002	5000
三等奖	0.0003	300
四等奖	0.004	20
五等奖	0.05	5

从而,算得期望值 E=0.0000002×2000000+0.000001×50000+0.00002×5000+0.0003×300+0.004×20+0.05×5=0.4+0.05+0.1+0.09+0.08+0.25=0.97(元),即每一注体育彩票的中奖的期望值约为0.97元.这与理论值(1元)非常接近.

二、"安徽风采"电脑福利彩票的中奖率和期望值

(一)玩法和设奖方式

"安徽风采"电脑福利彩票,采取国际上通行的33选7的玩法,2元一注,每一注填写一张彩票,从01,02,…,33这33个号码中选取7个号码.每一期开出7个号码,以及一个特别号码.中奖号码如表9-3所示.

表9-3

奖级	基本号码　　　特别号码	每注奖金
	●●●●●●●　　★	
一等奖	●●●●●●●(顺序不限)	(奖金总额−固定奖金)×75%÷注数
二等奖	●●●●●●★(顺序不限)	(奖金总额−固定奖金)×10%÷注数
三等奖	●●●●●●○(顺序不限)	(奖金总额−固定奖金)×15%÷注数
四等奖	●●●●●★○(顺序不限)	500元
五等奖	●●●●●○○(顺序不限)	50元
六等奖	●●●●★○○(顺序不限)	10元
七等奖	●●●●○○○(顺序不限) ●●●★○○○(顺序不限)	5元

(二)中奖概率

这里也是以一注为单位,计算一注中奖的概率.

为简单起见,我们建立一个摸球模型:假设袋子里有33个球,其中有7个红球、1个黄球和25个白球.红球为中奖号码,黄球为特别号码,白球为其他号码.于是,每一注彩票,就相当于一次从袋子中摸出7个球来,如果摸出7个红球,即为一等奖;摸出6个红球、一个黄球,即为二等奖;摸出6个红球、一个白球,即为三等奖;摸出5个红球、一个黄球、一个白球,即为四等奖;摸出5个红球、两个白球,即为五等奖;摸出四个红球、一个黄球、两个白球,为六等奖;摸出4个红球、3个白球,或者3个红球、一个黄球、三个白球,为七等奖.因此,各个奖级选中的

概率为:

一等奖——$1/C_{33}^7 = 1/4272048 = 0.000000234$;

二等奖——$C_7^6 C_1^1/C_{33}^7 = 7/4272048 = 0.00001638$;

三等奖——$C_7^6 C_{25}^1/C_{33}^7 = 7 \times 25/4272048 = 0.000040964$;

四等奖——$C_7^5 C_1^1 C_{25}^1/C_{33}^7 = 21 \times 25/4272048 = 0.00012289$;

五等奖——$C_7^5 C_{25}^2/C_{33}^7 = 21 \times 25 \times 12/4272048 = 0.00147475$;

六等奖——$C_7^4 C_1^1 C_{25}^2/C_{33}^7 = 35 \times 25 \times 12/4272048 = 0.00245783$;

七等奖——

$(C_7^4 C_{25}^3 + C_7^3 C_1^1 C_{25}^3)/C_{33}^7 = (35 \times 25 \times 4 \times 23) \times 2/4272048 = 0.03768687$.

合起来,每一注中奖的概率为$P=0.0417848=4.17848\% \approx 4.18\%$.

即每10000注彩票中,约有418注中奖(包括各个奖级).

(三)福利彩票中奖的期望值

福利彩票各奖级的概率、奖金数额详见表9-4.

其中一、二、三等奖的奖金数额,是根据2001年2—4月发行的22期的实际情况统计的平均值进行估计的.

表9-4

奖级	中奖概率	每注奖金(元)
一等奖	0.000000234	1970000
二等奖	0.000001638	35910
三等奖	0.000040964	2458
四等奖	0.00012289	500
五等奖	0.00147475	50
六等奖	0.00245783	10
七等奖	0.03768687	5

期望值$E=0.000000234 \times 1970000 + 0.000001638 \times 35910 + 0.000040964 \times 2458 + 0.00012289 \times 500 + 0.00147475 \times 50 + 0.00245783 \times 10 + 0.03768687 \times 5$

$=0.394 + 0.201096 + 0.1005322 + 0.0614 + 0.073735 + 0.0245783 + 0.188434$

$=0.8426793 \approx 0.84$(元).

即每一注福利彩票的期望值约为0.84元.

这与彩票规定的50%的返奖率和理论期望值——1元,也相差不大.之所以存在误差,主要是由于对前三个奖级奖金的估计,以及"奖池"中累计奖金估计的误差而造成的.

(四)中奖号码的随机性

随着彩票市场的发展,"彩民"们越来越关注每一期的中奖号码,各地晚报上也不时发表谈论彩票的文章.有的说中奖号码没有规律,有的则振振有词地说有"规律".那么中奖号码到底有没有"规律"可循?

就每一期的中奖号码来说,是没有规律的.

我们知道,每一期开奖都是用号码机公开摇奖.这样摇出来的中奖号码是随机的,即0,1,…,9这9个数字出现在中奖号码的每一个数位上的可能性,都是相等的.因此,就每一个中奖号码来说,它的出现是毫无规律可言的,因此是事先猜不到的.现在甚至有所谓"预测"彩票中奖号码的电脑软件,不过是假借此偶然性来推测彼偶然性的游戏,是不足为信的.

(五)从总体上来说,中奖号码又服从某些统计规律

从概率统计的观点来说,对于多次开奖开出的中奖号码,又具有某些统计规律.例如,体育彩票是由6个中奖号码和一个特别号码组成的,每一个中奖号码上出现0,1,…,9的可能性相等,即其出现的概率都是0.1,因此它的数学期望是:$(0+1+\cdots+9)\times0.1=4.5$.所以6个基本号码的和的数学期望是$4.5\times6=27$.这就是说,尽管每一个中奖号码是随机的,但是,它的6个数字之和,其平均值为27,又可以算得其均方差也为7.

由概率论的中心极限定理知,中奖号码各个数字之和X,服从正态分布:$\Phi_0\left(\dfrac{x-\mu}{\sigma}\right)\sim N(0,1)$,其中均值$\mu=27$,均方差$\sigma=7$.查正态分布表知:

$$P\left(\left|\dfrac{x-27}{7}\right|\leq 1\right)=0.6826.$$

由此可知,$|X-27|\leq 7$即$20\leq X\leq 34$的概率为68.26%.即中奖号码各个数字之和,在27附近的可能性相当大.

同样地,"安徽风采"电脑福利彩票中每个基本号码(两位数)值的数学期望都是$(01+02+\cdots+33)\times1/33=17.7$个基本号码——7个两位数和的期望值为119.

亦即,中奖号码的7个两位数之和为119的可能性也很大.

再一个统计规律是:中奖号码中数字的重复率不会很高.例如,体育彩票中奖号码6个数字中有3个相同的概率,只有0.01.

根据以上这些统计规律,在每次选号时,要注意各个数字或基本号码的和,不要偏离平均值太多.同时,不要选三个或三个以上相同的数码.这样可以提高中奖率.

(六)中奖彩票中的特殊现象及其原因

(1)"同列号"现象.

所谓"同列号"现象,是指在"安徽风采"福利彩票中出现的一种现象."安徽风采"彩票,每一期中奖号码是从01,02,…,33这33个号码中随机摇出7个数字(不计顺序)以及一个特别数字组成的.所谓"同列号"现象,是指中奖号码除了特别数字以外的七个数字中,有个位数相同者.例如,最近开奖的两期的中奖号码是:

总98——02,10,18,25,27,28,30

总99——04,11,13,14,15,17,19

前者的18,28为同列号;后者的04,14为同列号.

这种"同列号"现象较为普遍,有人甚至说:每期中奖号都有同列号出现,总85期中共有84期发生同列号,占98.8%.

当然,这个说法是不对的.那么出现"同列号"的概率究竟有多大呢? 下面让我们来研究这个有趣的问题.

为讨论方便,我们把01—33这33个数字作如下排列,见表9-5.

表9-5

1	2	3	4	5	6	7	8	9	0
01	02	03	04	05	06	07	08	09	10
11	12	13	14	15	16	17	18	19	20
21	22	23	24	25	26	27	28	29	30
31	32	33							
A区			B区						

竖行看,从0到9共有10列,第1,2,3三列称为A区,其余称为B区.A区中每列4个数,B区中每列3个数.所谓"同列号",就是指一期奖号中至少在某一列

中取两个或两个以上的数字.例如,上述总98期奖号在第8列中取两个数字;总99期奖号在第4列中取两个数字.

为方便起见,我们从反面来考虑:一期奖号里不出现同列号的概率是多少?

要想一期奖号里不出现同列号,那么,须且仅须这7个数字出现在上述10列中不同的7列.因为A区与B区列中的数字个数不同,所以要按照在A区中所取数字个数,分以下4种情况来讨论.

①0个数字在A区(即7个数字都在B区).

这时奖号里的7个数字都在B区,因为B区只有7列,所以恰好每列取一个数字.而在每一列取一个数字都有3种可能,故不同的取法应有3^7=2187种.

②1个数字在A区(6个数字在B区).

首先,考虑在A区的一个数字.因为A区有3列,在这3列中选出一列,有C_3^1=3种选法;在这一列中选一个数字,又有4种选法.故有12种选法.

其次,考虑在B区的6个数字.先在7列中选出6列,再在每列中选出一个数字,故有$C_7^6 \times 3^6$=5103种选法.合起来,不同的取法应有12×5103=61236种.

③2个数字在A区(5个数字在B区).

先考虑在A区取的两个数字.这两个数字的取法有$C_3^2 \times 4^2$=48种.再考虑在B区取的5个数字,应有$C_7^5 \times 3^5$=5103种.合起来,应有48×5103=244944种不同取法.

④3个数字在A区(4个数字在B区).

3个数字在A区,有4^3=64种取法.4个数字在B区,有$C_7^4 \times 3^4$=2835种取法.合起来,应有64×2835=181440种取法.

综上所述,从01—33这33个数字中,取出7个不同列的数字组成一个奖号的不同取法,共有:2137+61236+244944+181440=489807种.

从33个数字中取7个数字的取法,总共有C_{33}^7种.故奖号没有同列号的概率为:P_1=489807/C_{33}^7=0.1146539≈11.5%.

因此,奖号有同列号的概率为P=1−P_1≈88.5%.

对"安徽风采"福利彩票自发行以来的99期和4个幸运奖的统计,在103个奖号中,未出现同列号现象的有12次(总期号分别为15,31,42,48,49,53,61,68,86,91,95,100),占11.65%.这与理论值非常接近.

(2)福利彩票奇偶号的比例.

有人认为:"安徽风采"福利彩票摇奖时,号球的出现在完全随机的情况下,奇数球和偶数球出现的机会是相等的.又说:在一个奖号的7个数字中,正常的奇偶比例应为3:4或4:3;次重点为2:5或5:2;非正常为1:6或6:1;而全奇或全偶则是极少数的现象.

这是一种含混的说法.事实上,奇数球和偶数球出现的比例是不等的;奇偶比例为3:4和4:3的可能性也不相等.

号球从01到33有33个,其中奇数球有17个,偶数球16个,二者之比为17:16.因此从33个号球中摇出一个奇数号球的概率为17/33,而摇出一个偶数号球的概率为16/33.

假设奖号中出现$i(0 \leqslant i \leqslant 7)$个奇数的概率用$P_i$表示,容易算得:

$$P_0 = \frac{C_{16}^7}{C_{33}^7} \approx 0.0026 \; ; \quad P_1 = \frac{C_{17}^1 C_{16}^6}{C_{33}^7} \approx 0.0318 \; ; \quad P_2 = \frac{C_{17}^2 C_{16}^5}{C_{33}^7} \approx 0.1390 \; ;$$

$$P_3 = \frac{C_{17}^3 C_{16}^4}{C_{33}^7} \approx 0.2900 \; ; \quad P_4 = \frac{C_{17}^4 C_{16}^{36}}{C_{33}^7} \approx 0.3120 \; ; \quad P_5 = \frac{C_{17}^5 C_{16}^2}{C_{33}^7} \approx 0.1738 \; ;$$

$$P_6 = \frac{C_{17}^6 C_{16}^1}{C_{33}^7} \approx 0.0463 \; ; \quad P_7 = \frac{C_{17}^7}{C_{33}^7} \approx 0.0045 \; .$$

从理论上来看,奖号中含有4个奇数的可能性最大,其次是含有3个奇数——这两种情况属于第一层次;它们合占60%以上.这二者出现的概率之比是:$C_{17}^4 C_{16}^3 : C_{17}^3 C_{16}^4 = 14:13$.

奖号中含有5个奇数和2个奇数的情况,属于第二层次,它们合占30%以上;这二者出现的概率之比为15:12.

奖号中含有6个奇数和1个奇数的情况,属于第三层次,它们只合占不到8%.而奖号全为奇数或全为偶数的,是极个别情况,合占不到1%.

现在来看看实际情况如何.截至2001年10月6日,"安徽风采"电脑福利彩票共开奖103次,奖号中含奇数个数的分布情况如表9-6所示.

表9-6

含奇数个数	0	1	2	3	4	5	6	7
出现次数	1	4	14	36	27	19	2	0
所占比例	0.0097	0.0388	0.1359	0.3495	0.2620	0.1845	0.0194	0
与理论值绝对误差	+0.0071	+0.0010	-0.0040	+0.0600	-0.0500	+0.0100	-0.0270	-0.0045

在 103 个奖号的 721 个数字中,奇数有 355 个,偶数有 366 个,分别占 49.24% 和 50.76%,大体相当.

虽然实际情况与理论分析有差距,但就绝对误差来看,相差并不很大,还应该认为摇奖是正常的、公正的.

(3)福利彩票"同号连出"为什么?

"安徽风采"电脑福利彩票,与体育彩票不同,是从 01 到 33 的 33 个数字中选出 7 个(不计顺序)的玩法,这是组合问题.有人发现:"安徽风采"电脑福利彩票的中奖号码,"很多期总有相同号出现,即上期中奖号与本期中奖号总有 1—3 个号码一样".这种说法有什么根据吗?

我们还是从问题的反面来作分析:与上一期奖号完全不同的情况有多少种?

因为上一期已经选出 7 个号码,要想本期 7 个号码与上一期完全不同,那么就只能从 33-7=26 个数字中来选取,所以,有 C_{26}^7 种选取方法.所以本期奖号与上一期奖号数字完全不同的概率为: $C_{26}^7/C_{33}^7 = 0.1539 \approx 15.4\%$.因此,与上一期奖号有相同号码的可能性约为 84.6%.

实际情况怎样呢? 根据对"安徽风采"电脑福利彩票 2000001—2001006 期及 2001024—2001034 期的统计,除了两段开头一期不应计外,与上期"同号连出"的有 28 期,占 28/33=84.85%.这与理论计算值极为相近.

(4)福利彩票连号的情况为什么这么多?

有人发现:在福利彩票中奖号码中,连号的情况很多.例如,2001 年 4 月的最后两期的奖号是:

2001033 期——01,05,19,20,21,24,32(19,20,21 三连号):

2001034 期——03,12,14,15,18,24,25(14,15;24,25 两个双连号).

要想了解这其中的道理,我们还是要从反面来进行分析:奖号不出现连号的可能性有多大?

假设某次奖号是 $01 \leqslant a < b < c < d < e < f < g \leqslant 33$,要想这 7 个数字彼此不相连,其充要条件是 $01 \leqslant a < b-1 < c-2 < d-3 < e-4 < f-5 < g-6 \leqslant 27$.这就是说,如果从 01—27 这 27 个数字中,任意取 7 个数字作为 $a, b-1, c-2, d-3, e-4, f-5, g-6$ 这 7 个数的话,那么我们就可以得到一个没有连号的奖号.反之亦然.

因此,不连号的奖号出现的比例为 $C_{27}^7/C_{33}^7 = 0.2078698 \approx 20.787\%$,而奖号出

现连号的比例为1-20.787%=79.213%.

我们来看看实际情况:同样在2000001—2001006及2001024—2001034的35期的奖号中,有29次出现连号,占82.8%.这虽然比理论值稍大,但相差不多.

总之,如果我们关心数学与生活的联系,就能够使数学的教学内容变得丰富多彩,从而受到学生们的欢迎.

(5)体育彩票的奖号"青睐对子"吗?

芜湖《大江晚报》发表一篇《彩民见解》说:"体育彩票奖号每一位(数)是10个数出1个,按说6位数出现重复的可能性不大,可体育彩票号码却频出对子."他这里所说的"对子",是指在一个中奖号码的6位数中,出现两个或两个以上相同的数字.

例如,2001年4月的最后两期体育彩票的中奖号码为:01032期——1,0,7,9,7,4(两个7);01033期——7,3,4,7,9,1(两个7).

这位彩民的"见解"对不对? 他的这个说法有没有根据? 我们用排列组合的相关知识来计算一下就知道了.

体育彩票的中奖号码是个6位数,因此是从10个数中取6个的重复排列,共有10^6种不同排列.现在我们从反面来考虑问题:中奖号码中没有重复数字,有多少种不同排列?

我们可以这样来设想:第一个数字有10种可能的选择,那么第二个数字就只有9种可能的选择……,第六个数字就只有5种选择的可能.因此,数字不重复的6位数,共有10×9×8×7×6×5=151200个,在所有6位数中占的比重为151200/10^6=15.12%.从而6位数中有重复数字的比重是84.88%,即体育彩票中奖号码出现"对子"(有2个或2个以上相同数字)的概率为84.88%.这就是为什么奖号"青睐对子"的原因.

实际上,安徽体育彩票从2000年发行起,至2001年4月为止,共发行72期,其中不出现"对子"的只有12期,有60期出现"对子".出现对子的频率为60/72=83.33%.这与理论的计算结果基本上是一致的.

思考题

1. 有人声称,彩票中奖号码有规律可循,有人还声称电脑可以帮助中奖.这些话说得有道理吗? 为什么?

2. 从概率论的观点看,彩票的中奖号码究竟有没有规律?

3. 在"安徽风采"电脑福利彩票的一个中奖号码的七个数字中,奇数与偶数有什么规律吗? 出现几个奇数的可能性最大?

延伸阅读

"微信红包"中的数学

"微信红包"是腾讯旗下的产品,一款可以实现发红包、查收发记录和提现的应用.拼手气红包是微信红包产品中最受欢迎的一种,其使用规则是:用户设定好总金额以及红包个数之后,可以生成不同金额的红包,即需要输入发红包的个数和总金额,在分享给微信群后,每个红包金额随机生成.不知道您今年的红包收支是否平衡呢? 很多时候我们感慨的不只是手速,还有运气.

由于微信的红包是一个个抢的,所以很容易给人以这样的印象:一堆钱摆在那里,第一个人闭眼抓一把,第二个人再抓一把,等等.但是倘若果真如此,后来的人总体而言就要吃亏.这样既不公平,也不满足现实中的观察.所以,更合理的做法是,一开始就把所有的钱一次性分成几包,每人抓一包,每包都是一样的,里面的钱数期望都是总金额的几分之一.满足这个要求的做法当然不止一个,但我们先考虑最符合直觉的办法——切面条.

假如你有一根面条要随机分成5根,怎么分?闭上眼睛切4刀就行了.换成数学语言,就是在一条线段上随机扔4个点,分成5段.

现在你要把红包分成5份,好办,拿出你刚才切的面条,每一根面条有多长,对应的红包就塞多少钱.(面条是连续的,而红包是离散的——每个红包的钱数都是1分钱的整数倍)

以下就是切面条法分红包的一个实例,总金额为1元,分成5个: 0.02669467, 0.248426309, 0.23745777, 0.35864430, 0.12877695这贫富差距也太大了吧?如果红包总金额是100,那么领得最多的人可以得到35.86元,而最少的只有2.67元.第一名得到三分之一的钱,最后一名不到三十分之一?其实这完全不极端.

对于这种分法,我们可以证明如下:当一块钱(或者长度为1的面条)分成 n 份的时候,第 k 大的值,期望为: $\frac{1}{n} \cdot \left(\frac{1}{n} + \frac{1}{n-1} + \frac{1}{n-2} + \cdots + \frac{1}{k} \right)$,所以,最大值(第1大的值)的期望为: $\frac{1}{n} \cdot \left(\frac{1}{n} + \frac{1}{n-1} + \frac{1}{n-2} + \cdots + 1 \right)$;最小值(第 n 大的值)的期望为 $\frac{1}{n} \cdot \frac{1}{n} = \frac{1}{n^2}$.

换言之,在 $n=5$ 的时候,平均而言,五个人应该分别拿到的红包大小是:0.456666……,0.256666……,0.156666……,0.09,0.04.

什么是"期望值"?

早在17世纪,有一个赌徒向法国著名数学家帕斯卡挑战,给他出了一道题目,题目是这样的:甲乙两人赌博,他们两人获胜的概率相等,比赛规则是先胜三局者为赢家,赢家可以获得100法郎的奖励.比赛进行到第三局的时候,甲胜了两局,乙胜了一局,这时由于某些原因中止了比赛,那么如何分配这100法郎才比较公平?

用概率论的知识,不难得知,甲获胜的可能性大,甲赢了第四局,或输掉了第四局却赢了第五局,甲获胜的概率为 $\frac{1}{2} + \frac{1}{2} \cdot \frac{1}{2} = \frac{3}{4}$,分析乙获胜的可能性,乙赢了第四局和第五局,乙获胜的概率为 $\frac{1}{2} \cdot \frac{1}{2} = \frac{1}{4}$.由此引出了甲的期望所得值为 $100 \times \frac{3}{4} = 75$ 法郎,乙的期望所得值为25

法郎.数学期望由此而来.

随机变量的数学期望值

在概率论和统计学中,一个离散性随机变量的数学期望值,是试验中每次可能的结果乘以其结果概率的总和.换句话说,期望值像是随机试验在同样的机会下重复多次,所有那些可能状态平均的结果,便基本上等同"期望值"所期望的数.需要注意的是,期望值并不一定等同于常识中的"期望"——"期望值"也许与每一个结果都不相等.换句话说,期望值是该变量输出值的平均数.期望值并不一定包含于变量的输出值集合里.

例如,某商店以摸奖的方式回馈顾客,箱内有5张卡片,"一等奖10元"一张,"二等奖5元"两张,"三等奖1元"两张,让顾客从中任意摸一张,所获奖的期望值是:$10 \times \frac{1}{5} + 5 \times \frac{2}{5} + 1 \times \frac{2}{5} = 4.4$ 元;掷一枚公平的六面骰子,其每次"点数"的期望值是3.5,计算如下:$E(X) = 1 \times \frac{1}{6} + 2 \times \frac{1}{6} + 3 \times \frac{1}{6} + 4 \times \frac{1}{6} + 5 \times \frac{1}{6} + 6 \times \frac{1}{6} = 3.5$.不过如上所说明的,3.5虽是"点数"的期望值,但却不属于可能结果中的任一个,因为没有可能掷出此点数.

第二节　网络中的数学

自从计算机发明以来,我们的社会已经进入到信息时代.网络,作为传输信息的工具,已经深入到我们每个人的生活之中.如输电网络、交通网络、电话网络、电信网络等,而电信网络中又有多家建立的各种系统.而网络中有许多数学问题,有些问题还十分有趣.

一、欧拉巧妙图解七桥问题

欧拉运用数学抽象的方法,巧妙地解决了哥斯尼堡七桥问题这一难题.他的想法是:人们能否一次性走过七座桥,与每座桥的长短、形状都没有关系,与陆地大小也没有关系.因此,可以把河的两岸和小岛等四块陆地,缩小到一点,把每座桥拉长,使之变成一条连接两点的曲线.把这个实际问题变成由4个点和七条线组成的图0-7.于是,能否一次性走过这七座桥就变成:能否一笔画出这个图来而不重复.这样,就把一个实际问题变成图形一笔画的数学问题.这是图论的第一个问题,欧拉解决了这个问题.这标志着数学的新分支——图论的诞生.

为了方便,把图中的点称为"顶点";图中的线条称为"边".连接偶数条边的顶点称为"偶顶点";连接奇数条边的顶点称为"奇顶点".

假如一个图能够一笔画成,那么,除了起点和终点以外,其他顶点(中间点)都是一条边进,一条边出,因此都应该是偶顶点;只有起点和终点例外.反之,如果一个图上的顶点没有奇顶点或只有两个奇顶点,那么,该图就一定可以一笔画成.这样,就得到判别"图"能否一笔画成的准则:若其奇顶点数目不超过2,则可以一笔画;否则不能一笔画.

现在,我们回到七桥问题.这只要看图0-7上的奇、偶顶点的个数就行了.图0-7上的四个顶点,都是奇顶点,个数超过2,因此它不能一笔画成,从而图0-6中的七桥,人们不可能一次性走过每一座而不重复.如此,彻底解决了人们长期以来的困惑.

这里我们看到了数学的力量:它可以将一个十分困难的实际问题,抽象成一个图形问题,在纸上通过画图就能解决.

二、中国邮路问题

一个城市,以街道为边,以两条街道的交点为顶点,并以每条道路的长度加权,便组成了一个加权图.邮递员需要走过每一条街道和每一个交点.如何选择一条最短邮路,使邮递员从邮局出发,跑遍所有的街道送完信以后,再回到邮局? 它是中国数学家管梅谷先生于1960年首先提出来的,被称为"中国邮路问题".

在"图"的每条边上加注数字表示边长,就成为一个加权图.图 G 中一条链上各边长之和,称为该链的长度.一个加权图中的"最短邮路",要符合以下条件:

①可以一笔画成,不过可能有些边有重复;②没有多于两次以上重复的边;

③图 G 中每条回路上重复边的总长度,不超过该回路长度的一半.

满足这些条件的最短邮路,称为"中国邮路问题"的最优解.

关于最短邮路问题,有以下结论:

定理　中国邮递员问题的最优解是存在的.如果存在两个满足条件的最优解,那么它们邮路的长度相等.

以下我们用实例来介绍求最优解的方法.

例如,设邮路是如图9-1所示的加权图,其中点 A 是邮局所在地,每个线段上所标出的数字,表示该路段的长度.求此邮路的最优解.这是一个有15个顶点的加权图,因为有10个奇顶点,所以它本身不能一笔画成.要想使它变成欧拉图,就要消灭这10个奇顶点.

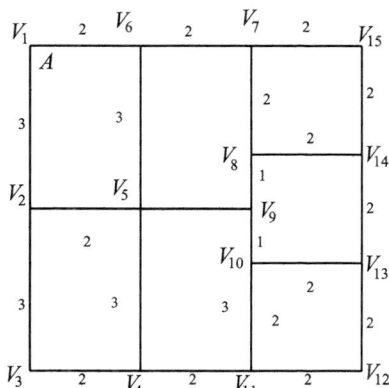

图9-1

我们注意到:若在两个奇顶点之间加(重复边)一条边,则就将这两个奇顶点变为偶顶点,即将这两个奇顶点消灭.例如,在 V_6,V_7 之间加一条边,这两个顶点都变成了偶顶点.所以在加若干条边之后,就可以完全消灭所有的奇顶点,而使加边以后的图成为欧拉回路(包含有重复边).因为这样造就的欧拉回路中,有重复的边,故称之为加边欧拉回路.在两个顶点 V_6 和 V_7 之间加一条边,其实际意义就是:在这长度为2的边 V_6V_7 对应的街道上重复走一次.因此,我们在造就加边欧拉回路时,希望所加的边越少越好,所加的边的总长度越小越好.

下面用两种方法来加边,如图9-2和图9-3所示.图9-2中的加边欧拉回路,在每个环路上的长度,都不超过所在环路长度的一半,符合最优解的条件,故这是一个最优解.图9-3中所加的边,在环路 L_1,L_2 上的长度之和,已经超过了所在环路长度的一半.环路 L_1 的长度为10,所加的边的长度为6;环路 L_2 的长度为8,所加的边的长度为6.所以图9-3中所画的加边欧拉回路,不是最短回路,因此,它不是最优解.

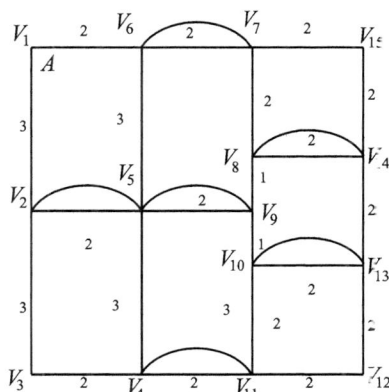

图9-2

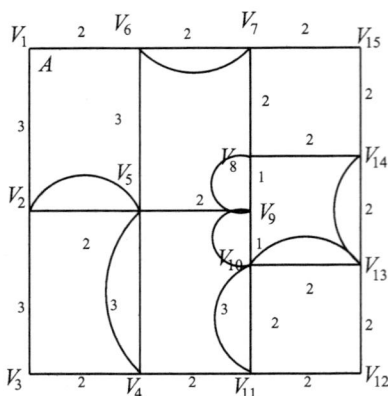

图9-3

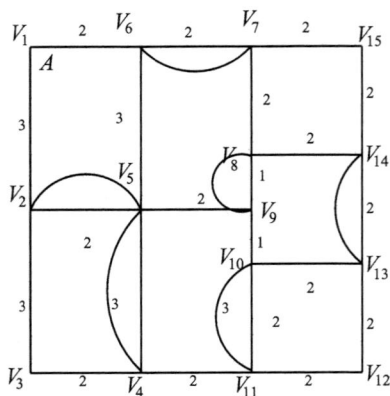

图9-4

现在,我们将图9-3中的加边欧拉回路进行调整,如图9-4所画.经过检查可知,图9-4中的加边欧拉回路,符合最优解的条件,因此,它是一个最优解.而且,它与图9-2中的邮路的总长度相等.从这个例子可以发现:一个邮路的最优解并不是唯一的.

三、足球队排名与竞赛图

很多体育比赛,采取循环赛制,经常会出现甲胜乙、乙胜丙、丙又胜甲的循环胜负情况,这给最后的名次排定带来困难.图论中的竞赛图,就可以解决这类问题.

设给图 $G=G(V,E)$ 的每边规定一个方向,即使连接每边的两个顶点都成为有序二元集合 (v,u),称之为有向图.我们知道,任何两个顶点都有边相连的简单图(没有封闭的回路),称之为完全图;有向的完全图,就称为竞赛图.

例如,在一场6人参加的乒乓球循环比赛中,分别以六点1,2,3,4,5,6代表6个选手;当选手 i 战胜选手 j 时,就规定连接这两个顶点的边的方向为 (i,j),即将箭头从 i 指向 j.假设比赛结果如图9-5所示,这就构成了一个竞赛图.

从图9-5中可以看出:1号选手战胜2,4,5,6号选手,但被3号选手打败.3号选手战胜1,2和4号选手,但被5,6号选手打败.等等.

如何来排列这6人的比赛名次才合理呢?一种办法

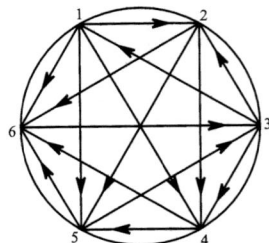

图9-5

是:按照箭头方向,在竞赛图中找出一条连接所有顶点的有向链,以链上各个顶点的顺序来确定各人名次.

例如,图上(3,1,2,4,5,6)是一条有向链;由此确定出这6名选手的一种名次:3号选手是第一名,1号选手是第二名,以下名次依次是2,4,5,6号选手.

但是,这种名次排列法是有毛病的.第一,图中的有向链不止一条,如(1,2,4,5,6,3),(1,4,6,3,2,5)也都是有向链;第二,1号选手胜4场,明显比3号选手多胜1场,为什么让3号选手当冠军? 所以一般不用这种方法排定名次.排定名次通常采用的方法是计算得分 在没有平局的情况下,胜一场得1分,负方不得分(或得0分);计算每名选手所得总分,以分数多少来排定名次.

在本例的情况下,6名选手得分向量是$S_1=(4,3,3,2,2,1)$,即1号选手第一名,2,3号选手并列第二名,4,5号选手并列第四名,6号选手最后.

但是如果不允许名次并列,则这种方法便不能用.不仅如此,本例中的1号选手虽然得4分,比3号选手多1分,但是它被3号选手打败了.把冠军给1号选手,3号选手是有想法的.

于是人们想出了新的办法:计算每名选手打败的选手得分总和,例如:被1号选手打败的2,4,5,6这四名选手得分总和是8分,被2号选手打败的4,5,6这三名选手得分总和是5,被3号选手打败的1,2,4这三名选手得分总和是9,等等.于是得出二级得分向量:$S_2=(8,5,9,3,4,3)$,若按此来定名次,3号选手应该是冠军,1号选手是亚军.然而,这里4号选手与6号选手得分都是3分,不分高低.我们还可以继续沿着这条思路,计算各人打败的选手在二级得分向量中得分总和,求出三级、四级得分向量:$S_3=(15,10,16,7,12,9)$,$S_4=(38,28,32,21,25,16)$.

从以上一、二、三、四级得分向量可以发现:两名选手在不同的得分向量中的得分位置可能发生变化.例如,好像1号选手和3号选手在争夺冠军:在S_2,S_3中,3号选手是冠军;在S_4中,则是1号选手为冠军.而2号选手和5号选手在争夺第三名:在S_2中,2号选手排在5号之前,而在S_3中,5号选手排在2号之前,两者正好相反.但是从理论上可以证明,这样的得分向量序列$S_1,S_2,\cdots,S_n,\cdots$是收敛的.也就是说,当$n$充分大时,任何两个选手名次的摆动现象都会停止,名次最终会唯一地确定下来.

以本例来说,继续计算得分序列,有:

$S_5=(90,62,87,41,48,32)$;

S_6=(183,121,193,80,119,87);

S_7=(407,286,384,206,280,193);…

最终的名次是:1号冠军,3号亚军,2号第三名.

第三节 "干支纪年"中的数学

干支纪年,在我们日常生活中仍然在用,例如,2017年是丁酉年,2018是戊戌年.每年入梅、出梅、入伏、出伏都与"干支纪日"有关.那么,干支纪年、干支纪日与数学有关系吗?——有,而且关系很大.

时间像一条无穷无尽的大河,日复一日,年复一年,不断向未来延伸.怎样来分辨前天与昨天、去年与前年呢?又怎样来记载某年某月某日发生了某个重大事件呢?这实在是个难题.我们的祖先想出了一个绝妙的方法——干支纪日法.

干,就是"十天干":甲、乙、丙、丁、戊、己、庚、辛、壬、癸;支,就是"十二地支":子、丑、寅、卯、辰、巳、午、未、申、酉、戌、亥.用十天干与十二地支搭配起来,就能得到不同的干支名:甲子、乙丑、丙寅、丁卯,等等.因为天干与地支数目相差2,所以循环搭配时,逢单的甲、丙、戊、庚、壬5个天干,只能与逢单的子、寅、辰、午、申、戌这6个地支相配,得30个干支名;逢双的乙、丁、己、辛、癸5个天干,只能与逢双的丑、卯、巳、未、酉、亥这6个地支相配,得另外30个干支名.不同的干支名,有且只有60个,合称"六十甲子"(见表9-7).

表9-7 六十甲子表

干支	干支	干支	干支	干支	干支	干支	干支	干支	干支
甲子	乙丑	丙寅	丁卯	戊辰	己巳	庚午	辛未	壬申	癸酉
甲戌	乙亥	丙子	丁丑	戊寅	己卯	庚辰	辛巳	壬午	癸未
甲申	乙酉	丙戌	丁亥	戊子	己丑	庚寅	辛卯	壬辰	癸巳
甲午	乙未	丙申	丁酉	戊戌	己亥	庚子	辛丑	壬寅	癸卯
甲辰	乙巳	丙午	丁未	戊申	己酉	庚戌	辛亥	壬子	癸丑
甲寅	乙卯	丙辰	丁巳	戊午	己未	庚申	辛酉	壬戌	癸亥

表9-8　干支纪年表

	甲	乙	丙	丁	戊	己	庚	辛	壬	癸
子	01		13		25		37		49	
丑		02		14		26		38		50
寅	51		03		15		27		39	
卯		52		04		16		28		40
辰	41		53		05		17		29	
巳		42		54		06		18		30
午	31		43		55		07		19	
未		32		44		56		08		20
申	21		33		45		57		09	
酉		22		34		46		58		10
戌	11		23		35		47		59	
亥		12		24		36		48		60

用这60个干支,给每一天起一个名字,依次称为:甲子日,乙丑日,丙寅日,丁卯日,等等,直至癸亥日,这样连续60天,每天都有不同的名字.然后又从头再命名为甲子日等,周而复始,循环使用.

据《春秋》记载:"鲁隐公三年春二月己巳日有食之."这是一次日全食,发生在公元前720年2月22日.从那以来,我国干支纪日,连续使用了2600多年,直至清末,从未间断,也从未发生混乱.这是世界上最为成功、使用时间最长的纪日法.干支法的设计,含有明显的组合学思想,这是世界上实际应用组合学知识的最早范例.

从东汉《四分历》颁行的那一年开始,又用干支纪年(见表9-8).这一年是东汉章帝元和二年(公元85年),纪年的干支名为乙酉.干支纪年法一直用到现在.历史上发生的一些重大事件,也大多用事发当年的干支名来命名.如"辛亥革命""戊戌变法",等等.

干支纪日,60天一循环,大约是两个月,方便记忆,又能区分相继两个甲子周期中同一日名的不同季节、不同景象,不至于弄错.

干支纪年,60年一循环,大约是古人的一生.古语说"人生七十古来稀",可见那时年龄超过七十的人很少.现在社会进步了,中国人的平均寿命已经大大提高.但是人过60岁,又回到出生时的那个干支年,"花甲重逢",还是值得庆贺的.

今天,这种干支纪年、纪日的方法,仍然有用.其一,可以推算出历史上任何一年的干支名.其二,今天,农历的某些节令,仍然是按照干支纪日法来确定的.例如,每年的"入梅",规定为芒种后第一个丙日(天干为丙);"出梅"规定为小暑后第一个未日(地支为未).所以,每年的"梅天"日数是不固定的.

最后,我们来说说干支年号的推算方法.首先推算得:公元4年是甲子年.设要推算公元N年的干支名,它在最近一个甲子周期中的序号为$b(0 \leqslant b < 60)$,即有公式$b=N-60q-3$,其中q是正整数.或作带余除法:求$(N-3)$被60除后所得的余数.

例如,推算抗日战争爆发的1937年的干支名:$1937-3=1934$;$1934=60\times32+14$.因此,从表9-8中可查到,1937年在最近甲子周期表中,是第14个干支名——丁丑,即1937年是农历丁丑年.

再如,2016年的干支名:$2016-3=2013=60\times33+33$.从表9-8中可查到,2016年在最近甲子周期表中,是第33个干支名——丙申.

不过有两点需要注意:

第一,一个公历年跨越两个农历年,一般是以该年春节后的新农历年的干支名,来作对应;如果一个事件发生在某年元月或二月,那么,就要查万年历,才能确定它所对应的干支年号.

第二,按照国际惯例,没有公元元年,公元元年(1年)的前一年,是公元前1年(-1年).所以,推算公元前某年的干支年号时,要再减去1年.

第四节　期望寿命中的数学

期望寿命,就是估计一个人大概能活到多少岁.按说,一个人的寿命长短,是很难估计出来的.但是,就一个国家、一个地区或一个城市而言,它的居民的期望寿命,却是有统计规律的,是可以估计出来的.我们以某个城市在20世纪人口统计资料为例,用概率统计的方法,估计一下该城市居民的期望寿命.当时的统计资料如表9-9所示.

表9-9

年龄(岁)	活到该年龄的人数(人)	前一年龄段死亡的人数(人)
10	100000	749
15	96285	735
20	92635	723
25	89032	718
30	85441	720
40	78106	765
50	69804	962
60	57914	1546
70	38569	2391
80	14474	2091
90	847	385

分析:一个城市人口的期望寿命,与该城市的死亡率和存活率有关.所谓死亡率,是指死亡人数占总人数的比例;而存活率=1-死亡率.

死亡率和存活率,都是对已经发生的事情进行调查统计的结果,是频率,而非概率.而且,一个地方的死亡率,不是一成不变的,是随着时代前进而改变的.所以,一个城市的死亡率和存活率是有时效性的.但是,在计算期望寿命时,又只能用它来代替相应的概率.因此,这样所得出的期望寿命,都是带随机性的,是指在一定时期内的估计值.

根据统计表9-9,可以得出各个年龄段人的死亡率和存活率.

例如,我们可以判断:这个城市一个30岁的人活到80岁的可能性有多大?

——这很简单.活到30岁的,有85441人,而活到80岁的,只有14474人.所以一个30岁的人活到80岁的比例是14474/85441=0.1694≈17%,即一个30岁的人活到80岁的可能性,大约是17%,或者说,他有17%的把握活到80岁.

又如,可以这样来估计50—60岁的死亡率.

——因为50岁的有69804人,而60岁的只有57914人,可见在这期间的死亡人数是69804-57914=11890,故死亡率为11890/69804=0.17029≈17%.

期望寿命的估计:期望寿命依赖于各个年龄的存活率,但是,我们只能用某个年龄段的存活的频率来代替它.现以10岁时的人数100000为基数,计算各个年龄段死亡的频率.如表9-10.

表9-10

年龄(x_i)	只活到该年龄前的人数（人）	频率(p_i)	频率×年龄($x_i×p_i$)
10	100000		
15	3715	0.03751	0.56265
20	3650	0.03648	0.7296
25	3603	0.03605	0.90125
30	3591	0.03591	1.0773
40	7335	0.07335	2.934
50	8302	0.08302	4.151
60	11890	0.11887	7.1322
70	19345	0.19348	13.5436
80	24095	0.24095	19.276
90	13627	0.13627	12.2643

90岁以上的，还有847人，我们假定他们平均活到95岁，因此，还应该加上一行：

95	847	0.0847	8.0465

将表中最后一列各数值相加，便得到期望寿命：

$$E(X) = \sum_{i=1}^{n} x_i p_i = 70.6184 \text{（岁）}.$$

因此，这个城市居民的期望寿命大约是71岁.

检验和修正：这个表里所列的，从10岁到15岁之间死亡的3715人，并不是都活到了15岁，所以这样估计出来的期望寿命，应该说是偏高的.如果各个年龄段死亡者都用平均寿命代替x_i的值，可能比较切实一些.这样做的结果，期望寿命的估计值大约是54岁.

当然，这个例子是20世纪的事，今天我们中国许多城市人口的期望寿命，已经超过70岁了.

第五节　围棋中的数学

例92　中国围棋起源很早，但是古代围棋棋盘最初每边只有11格.以后，在围棋实践活动中发现11×11格的棋盘并不合理，才逐渐将棋盘每边的格数增加到现在的19×19格.其中的道理何在?

分析:围棋的胜负在于双方所围"空"的大小.黑白双方都希望用最少的棋子围成最大目数的地盘.所围目数除以所用棋子数目,称为该棋子的效率.棋盘上各处所下棋子的效率是不同的.围棋的理论和实践告诉人们:用2路棋子、3路棋子和4路棋子围空的效率相比,4路棋子的效率略高于3路棋子;2路和其他各路棋子的效率较低.所以执黑先行的棋手,一般总是先占效率高的4路.这样,后行的白方就要吃亏.所以规定黑棋要给白棋"贴目".现在的问题是:棋盘每边格数为多少时,能使这种"贴目"最少?

解:如图9-6,假设棋盘每边有 x 格($11\leq x\leq23$).为了方便起见,我们用如下简单情况来考查——3路棋子围边,4路棋子围中腹.

先算4路棋子的目效:用了 $4(x-7)$ 颗棋子,围成 $(x-8)^2$ 目,

故其目效为:$E_1 = \dfrac{(x-8)^2}{4(x-7)}$;

3路棋子的目效:用了 $4(2x-4)$ 颗棋子,围成 $4(2x-4)$ 目,

故其目效为:$E_2 = \dfrac{8x-16}{4x-20}$.

二者目效之差为

$$E = E_1 - E_2 = \frac{(x-8)^2}{4(x-7)} - \frac{8x-16}{4x-20}$$

$$= \frac{x-7}{4} + \frac{1}{4(x-7)} - \frac{6}{x-5} - \frac{5}{2}.$$

由于 $E' = \dfrac{1}{4} - \dfrac{1}{4(x-7)^2} + \dfrac{6}{(x-5)^2} \geq 0$,

故 $E'(x)$ 为增函数.

又计算得:$E'(13) = -0.1888$;$E'(19) = 0.092$.可见,$E'(x)$ 的零点在18与19之间且靠近19.故当围棋棋盘每边19格时,双方的目效最为接近.这就是今天将围棋棋盘每边定为19格的道理所在.

第二个数学问题是围棋的贴目问题.

在黑棋先行、占4路,白棋占3路的情况下,黑棋给白棋贴目多少才合理?

解:在现今19×19的棋盘上,设4路棋子给3路棋子贴目为 y 目,使双方得以

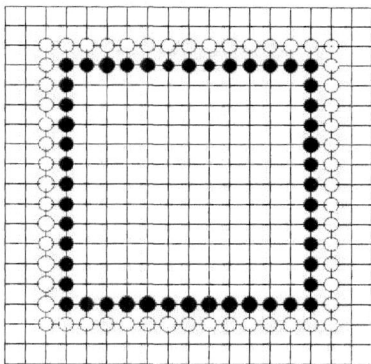

图9-6

平衡,即使: $E_1(19) = \dfrac{121}{48} = \dfrac{136+y}{56} = E_2(19, y)$,解得 $y \approx 5.2$ (目).

这与当今国际围棋界的实际情况是一致的:中国围棋界的规则——先行的黑子贴给白方 $3\dfrac{3}{4}$ 子,日本的规则——黑子贴5目半.

上述几例,可以使我们体会到,在日常生活中,我们处处都能感受到数学的存在.

第六节　文学作品中的数学

一、掷骰子问题

在《红楼梦》中,多次写到掷骰子的游戏.其中以第13回最为集中.

宝玉生日当晚,诸钗以掷四颗骰子为戏,看谁的点数多.每人轮流掷出的点数分别是:晴雯6点,宝钗16点,探春19点,黛玉18点,湘云9点,麝月10点,香菱6点.最后黛玉又掷出20点.这种情况合乎道理吗?

四颗骰子的点数,共有21种情况:从4点到24点.但每种情况出现的机会并不相同.为了研究方便,先研究两颗骰子的情况.两颗骰子点数的搭配,共有36种情况,如表9-11所示.

表9-11

两颗骰子投掷点数 x	搭配情况	搭配个数 $f(x)$
2	(1,1)	1
3	(1,2)(2,1)	2
4	(1,3)(2,2)(3,1)	3
5	(1,4)(2,3)(3,2)(4,1)	4
6	(1,5)(2,4)(3,3)(4,2)(5,1)	5
7	(1,6)(2,5)(3,4)(4,3)(5,2)(6,1)	6
8	(2,6)(3,5)(4,4)(5,3)(6,2)	5
9	(3,6)(4,5)(5,4)(6,3)	4
10	(4,6)(5,5)(6,4)	3
11	(5,6)(6,5)	2
12	(6,6)	1
小计		36

由此可以计算出现各种点数的概率:我们用$P(x)$表示出现x点的概率,如表9-12.

表9-12

投掷点数x	2	4	5	6	7	8	9	10	11	12
搭配个数$f(x)$	1	3	4	5	6	5	4	3	2	1
概率$P(x)$	$\dfrac{1}{36}$	$\dfrac{1}{12}$	$\dfrac{1}{9}$	$\dfrac{5}{36}$	$\dfrac{1}{6}$	$\dfrac{5}{36}$	$\dfrac{1}{9}$	$\dfrac{1}{12}$	$\dfrac{1}{18}$	$\dfrac{1}{36}$

可见,掷两颗骰子出现7点的可能性最大,为$\dfrac{1}{6}\approx16.6\%$;出现2点和12点的概率最小,为$\dfrac{1}{36}\approx2.87\%$.那么,掷四颗骰子,哪种点数出现的概率最大呢?

设想这四颗骰子分成两组,第一组点子搭配有36种,第二组点子搭配也有36种.所以这四颗骰子的点,共有36×36=1296种不同的搭配.

现在来求当$p=m+n(2\leqslant m,n\leqslant12)$时,四颗骰子点数的不同搭配数$F(p)$.

怎样计算$F(P)$呢? 现以计算$F(10)$为例作一说明.

我们这样来考虑:这10点是第一组m个点与第二组n个点之和:$m+n=10$,其中$2\leqslant m,n\leqslant12$.那么,$m$与$n$搭配有以下7种情况:

$m+n=2+8=3+7=4+6=5+5=6+4=7+3=8+2$.

但对第一组m点来说,它是两颗骰子点数之和,又有$f(m)$种不同情况.第二组n点也有$f(n)$种不同情况.因此,按照加法原理和乘法原理,四颗骰子点数之和为10的所有不同搭配数为:

$f(2)\times f(8)+f(3)\times f(7)+\cdots+f(8)\times f(2)=2\times(1\times5+2\times6+3\times5)+4\times4=80$.

因此,四颗骰子掷出10点的概率是$P(10)=P(18)=80/1296\approx0.0617$.

用同样方法可以算出:

$P(4)=P(24)=1/1296=0.08\%$;

$P(5)=P(23)=4/1296=0.30\%$;

$P(6)=P(22)=10/1296=0.77\%$;

$P(7)=P(21)=20/1296=1.54\%$;

$P(8)=P(20)=35/1296=2.70\%$;

$P(9)=P(19)=56/1296=4.32\%$;

$P(11)=P(17)=104/1296=8.02\%$;

$P(12)=P(16)=125/1296=9.64\%$；

$P(13)=P(15)=140/1296=10.80\%$；

$P(14)=146/1296=12.26\%$.

由此可见，一次掷四颗骰子出现14点的概率最大，约为1/9；次为13点和15点；再次为12点和16点；等等.而以4点和24点的概率最小，大约只有8/1000.

在《红楼梦》的掷四颗骰子的游戏中出现的点数的概率，如表9-13所示.

表9-13

点数	6	16	19	18	9	10	6	20
概率	0.8%	9.6%	4.3%	6.17%	4.3%	6.17%	0.8%	2.7%

在这8次投掷中，概率最大的14点、13点、15点，都没有出现；反而概率极小的6点（$P(6)=1/125$），却出现了两次.这是不合常理的.因为在投掷8次出现2次6点的概率$P_8(6)$，按二项分布来计算，为

$P_8(6)= C_8^2 (1/125)^2 (1/125)^6 \approx 0.001749 < 0.00175 < 0.175\%$.这还不足 1/500，实在太小.这就是说，如《红楼梦》所写的情况——在投掷4颗骰子8次、出现两次6点的情况，几乎是不可能出现的.

二、生日问题

《红楼梦》中关于生日问题的描写，也与概率有关.书中第62回，探春说道："一年十二个月，月月有几个人生日相同，人多了就这样巧，也有三个一日的，两个一日的."这里又是一个数学问题：至少在多少人中，两个人的生日相同的可能性才比较大（大于0.5）呢？ 例如，在30人中有两个人的生日相同，这有可能吗？

不少人以为，这不大可能.而事实上不仅可能，而且可能性还相当大.

那么，怎样来计算这种可能性呢？

我们从反面来思考：在30人中没有人生日相同的概率有多大？

——第一个人的生日有365种可能的选择.因为没有人生日相同，因此，第二个人的生日只有364种选择.同理，第三个人的生日只有363种选择，……直到第30个人，他的生日则只有365－29=336种选择的可能.于是，这30个人生日完全不同的情况，总共有365×164×363×…×336种.而所有可能的选择，总共有365^{30}种不同情况.所以，30人中生日完全不同的概率为：

$P' =365×164×363×\cdots×336/365^{30}≈0.2936837≈0.29=29\%<30\%$;

因此,30人中生日至少有两人生日相同的概率为:

$P=1- P' ≈0.706316\mathord{3}=70.63163\%>70\%.$

这就是说,在30人中至少有两人的生日相同的概率大于70%.

这一结果,可能会出乎许多人的预料.但这是科学的结论,是不容置疑的.

笔者胡炳生先生曾在新加坡莱弗士书院四年级的四个班级学生中,对学生的生日做过实际调查.在这里不妨把这次调查结果介绍出来,作为佐证.这四个班级,每班恰好都是3C个学生.四个班级中有三个班级发现有两个学生的生日相同,只有一个班级的学生生日都不同.这与上述的理论结果,是多么地吻合啊!

三、"鸡兔同笼"类问题

清代小说《镜花缘》是一部著名古典小说.作者李汝珍具有多方面的文化修养,其中包括数学修养.书的第93回所写的"米兰芬妙算灯球"一节,包含不少数学才思,历来引人注目.说的是众才女在宗伯府中观灯.楼下的灯球有两种.一种是一个大球下缀两个小球;一种是一个大球下缀4个小球,共有大球360个,小球1200个.楼上的灯球也有两种,一种是三个大球下缀6个小球,九个球结为一灯;一种是三个大球下缀18个小球,21个球结为一灯.共大球396个,小球1440个.问:楼上和楼下各有多少盏彩灯?

这是一道有趣的数学问题.米兰芬不愧为精通数学的"持筹女",三下五除二,就算出了答案:楼下360盏彩灯,楼上132盏彩灯.

那么,她是怎么算出来的呢? 对于楼下彩灯的算法,米兰芬只说了声"按照鸡兔同笼算法"即可.这真是巧妙得很.她设想:把小球看作是大球的"腿",那么,大灯下缀两个小球的,就是"鸡",下缀4个小球的不就是"兔"吗?

"鸡兔同笼"是我国古算书《孙子算经》中的一个算题.其算法是:半足(除以2)减头,得兔数.头数减兔数得鸡数.

于是,就有如下算式:

1200÷2=600,600−360=240(兔数),360−240=120(鸡数),

故楼下灯共有240+120=360(盏).

楼上灯数计算要复杂一些,可以用代数方法.

设三大球下缀6个小球的彩灯有x盏,另种灯有y盏.那么根据条件,有:

$$\begin{cases} 3x + 3y = 396, \\ 6x + 18y = 1440, \end{cases}$$

解方程组,得x=78,y=54.因此,楼上彩灯总数为78+54=132(盏).

四、对联中的数学问题

清朝乾隆五十年,乾隆帝开"千叟宴",座中有一老者141岁.乾隆帝很高兴,即兴出一上联:"花甲重开,增加三七岁月",要纪晓岚对出下联.纪晓岚略加思索,应声答道:"古稀双庆,再添一度春秋".

这里面包含有数学妙趣.一个"花甲"即一个甲子,是60岁.因此,乾隆的上联说的就是这样一个数学等式:60×2+3×7=141.

古稀,是对七十岁人的称呼.所以纪晓岚的下联,说的也是一个数学等式:70×2+1=141.

此副寿联,上下两联,都是暗含141这个数字的算式,非常巧妙.这说明作者确实有一定的数学修养.

第七节   商标设计中的数学

只要人们稍加注意,就会发现:许多商品的商标都是几何图形,或由几何图形变化而成的.一些著名品牌也是如此,例如,奔驰汽车、三菱重工、联想电脑、北大方正、上菱电梯等.

为什么会这样呢? 这是因为几何图形商标对于人的视觉效果,有显著广告宣传的优势.几何图形商标有以下几个优点:

(1)构图简洁明快,立体感强.这是由基本几何图形的形体规则所决定的.因此,给人们的整体形象鲜明而突出.

(2)彼此差异显著,易于人们识别和辨认.因为不同种类的几何图形的基本属性不同,决定了人们对它们的视觉效果大不一样.即使同为直线图形,也由于其基本图形的组成不同、色彩不同,而显示出较大的差别.人们常常有这样的经验:远远望去,两个不同的文字标牌不一定分辨出来,但是,两个不同的几何图形商标,却能够分得很清楚.

(3)几何图形规范性强,制作简单.几何图形特别是基本几何图形,其作图都有既定的标准作法,按其作图步骤去作,不论何人作出来的图形都能够符合要求.这给几何图形商标的制作带来了极大的方便.如果商标是一只大公鸡,那么制作起来就麻烦多了,而且各人所画的也很难整齐划一.

几何图形商标具有良好的广告效应:

(1)力度和美感.直线形,粗实而富有力度;曲线形,优美而富有美感.对称形,表现为匀称美;不对称形,表现出和谐美.黑白图形,庄重而有力;着色图形,明丽而悦目.

(2)易于引发联想和想象.直线图形,粗实的,使人联想到产品的质量坚实可靠,如图9-7,9-8,9-9;曲线图形,优雅的,使人联想到产品美妙、灵巧.还有的几何图形商标与产品的名称、产地等结合紧密,使人一看到商标,就立刻联想到该产品的存在,如图9-10.有的则设计精妙,体现出厂家的人文精神和创业思想.正因为如此,许多知名厂商、知名品牌,都选择用几何图形来作其商标或厂家标志.

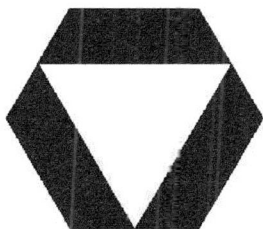

图9-7　徐工起重机

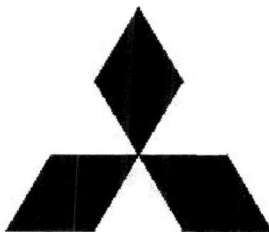

图9-8　三菱重工

图9-9　上菱电梯

图9-10　小米手机

几何图形商标大体可分为以下几类:

(1)单形,即由一个单独的基本几何图形,或一个基本几何图形的一部分构成,如图9-11,是一个矩形的大部分(从四边挖去四个半圆),也可以看作是一个稍加变形的长方形.

图9-11 西安杨森

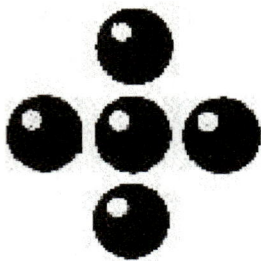

图9-12 黑五类食品

图9-13 中国建设银行

图9-14 中国燃气

图9-15 扬子电器

图9-16 太阳神口服液

图9-17 北大方正

图9-18 奔驰汽车

图9-19　联想集团

（2）分形，将一个基本几何图形分成两部分或几部分．如图9-7，可以看成是将一个正六边形分成四部分：中间一个正三角形，外面三个等腰梯形．图9-9，是将一个图形分成三部分：两边两个小三角形和中间一个平行四边形．图9-14，是将一个圆分成左右两部分（两个半圆缺了一块）．图9-15，也可以看作是用一条折线，将一个圆分成两部分．图9-18，是将一个圆等分成三个扇形．

（3）几个相同（似）基本几何图形的组合．如图9-8，是由三个相同的菱形组成．图9-12，是由其上有小圆点的五个小圆组成．图9-7，也可以看作是由三个等腰梯形围成．

（4）变形，将基本几何图形进行变形．如图9-13，是一个圆和正方形的变形．

（5）组形，将两个或几个不同类型的基本几何图形组合而成．如图9-10，是由一个圆（部分）和一个正方形组成．图9-16，是由一个圆和一个正三角形（下边缺一部分）组成．图9-17，是由一个正方形和一个六边形组成的．

（6）混合形，将多种基本图形变化混合使用．如美菱电器、北大方正、联想集团、可口可乐等．如图9-19，是由一个正方形和一个圆形变形组合而成．

利用几何图形来设计商标，通常有以下几种设计思想：

（1）以形象物．即以几何图形来象征产品的名称、形体、属性，或生产厂商的名称、所在地的特有景观等，以达到形—物结合的效果．如奔驰汽车的商标（图9-18），象征汽车的特有部件——方向盘；三菱重工的商标（图9-8），三个黑色菱形，象征粗重的钢锭．小米手机的标志（图9-10），与其名称结合得十分贴切，使人一看就明白．

（2）以形喻意．以构建的几何图形，来表达产品的性能、质量、特点，或厂家的雄心、愿望等，从而取得宣传效果．如图9-7，徐工起重机的商标，以三个粗大的深色等腰梯形，象征起重机械架起的钢梁铁柱，既坚实，又灵巧．

（3）以形寓美.以优美的图形、巧妙的构思、华丽的色彩,以吸引人们注意,让人们产生联想,以此来达到广告宣传的效果.如太阳神口服液,其商标图形象征着一轮出山的太阳,十分美丽动人.

在设计几何图形商标时,有几个关系要处理好,这就是:

（1）处理好图形的方与圆、曲与直、巧与拙、对称与不对称、动与静之间的辩证关系.由于几何图形与生活中的某些事物的形体相似,使人们容易产生相似的联想,这给某些几何图形带上了感情色彩.例如,圆与曲线使人感觉优美而灵活,如黑五类食品商标（图9-12）;直线图形使人感觉稳定而结实,如徐工起重机商标（图9-7）.对称图形,有匀称美;不对称图形,有奇异美.上小、下大,稳定、坚实;上大、下小,灵巧.如用正立的三角形作上菱电梯的商标（图9-9）,使人有稳定、可靠的感觉,但是若将这个图形倒立,那么人们就不能认同了.

（2）要给出明确的作图规范,对于非基本几何图形或组合几何图形,尤其需要如此.这种作图规范,最好用数学语言来给出,如几何作图那样,给出解析表达式,用坐标和定量的办法给出.

（3）几何图形商标设计,要尽可能简洁明快,颜色尽可能地少,或就用黑白图.要善用图形来表达作者的意思,尽可能不用文字或少用文字.即使要用,也要图案化、形象化.如美菱电器的几何图形商标,是用图案化的、变形的两个"M"组成一个菱形构成的,很美观.西安杨森的几何商标,外观也是一个变了形的字母"X".

第八节　数学游戏中的数学

2002年,世界数学家大会在中国召开之际,当代著名数学家陈省身给青少年题词:"数学好玩."在数学家的眼里,数学是可以玩的,而且很好玩.为什么呢? 因为数学是思维体操,是智力游戏.许多数学游戏,不仅对青少年来说"好玩",而且对一般成年人来说,也是很好玩,很有意思的.现举出若干例子来说明.

一、划分和覆盖

划分和覆盖,是数学竞赛中经常出现的问题,很有趣.将一块大区域按照某种要求划分成若干小块,这是划分;用若干小块将一大块覆盖,这是覆盖.二者是一个问题的两个方面.

例93 用如图9-20所示的七块1×2的地砖(面积为2),能否铺满如图9-21的缺角园地(面积为14)?

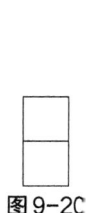

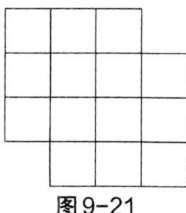

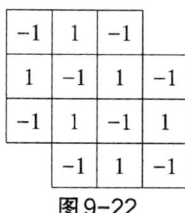

图9-20　　　　图9-21　　　　图9-22

解:如果用实际试验的方法来解,是行不通的.因为用七块1×2的地砖来铺地,有多得难以计算的不同类型,试验是难以一一穷尽的.我们应该设计出一种易于判别的形式,来帮助我们进行分析和思考.

设计:将场地中每个格子,相间标上数字"1"和"-1",如图9-22.现用一块1×2的地砖放到场地上去盖住两格,这两格必然相邻,即盖住的两格中的数字必为1和-1,其代数和为0.

用反证法:假设用七块1×2的地砖盖住了这个园地,那么,其中每块地砖所盖的两个数字的代数和皆为0,因此场地上所有被盖住的数字的代数和为0.但是,实际上这块场地上有6个"1",8个"-1",其代数和等于-2,它不为0.这就矛盾.所以假设不能成立,即用七块1×2的地砖不能盖住这个场地.

我们还可以用染色的办法:将场地的小方格相间染成白色和黑色,每一块1×2地砖,都必然盖住一白一黑两个相邻的小方格.假如能用七块1×2的地砖盖住场地,那么必将盖住七块白格、七块黑格.但该场地上白格与黑格的数目不等,矛盾.因此得出否定的结论.

这种标数字或染色的方法,在处理某些类似的问题时经常有效.

例94 有一块如图9-23所示的5×4的园地,另有如图9-24所示的五种规格的地砖各一块,它们合起来的面积正好与园地面积相等.

问:①能否用这五块不同形状的地砖,将此园地铺满? 为什么?

②如果限定只用某一规格的地砖5块来铺,哪种形状的地砖可以铺满? 哪种不能? 为什么?

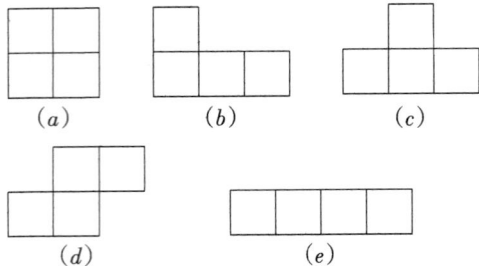

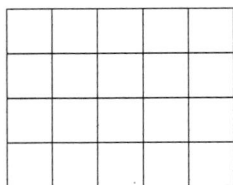

图9-23

图9-24

1	−1	1	−1	1
−1	1	−1	1	−1
1	−1	1	−1	1
−1	1	−1	1	−1

图9-25

1	−1	1	−1	1
1	−1	1	−1	1

图9-26

1		1		1
1		1		1

图9-27

解：①如图9-25所示,在图9-23所示的方格中依次相间填上数字1和−1.

在图9-24所示的五种规格的地砖中,(a)、(b)、(d)、(e)这四种规格地砖中的每一块,不论盖住园地中的哪四格,其盖住的数字皆为2个1,2个−1,其所有数字代数和皆为0.

而(c)规格地砖,不论盖在园地何处,其盖住的数字,不是含3个1和1个−1,就是含3个−1和1个1,其代数和不是2,就是−2,而不可能是0.因此,如果能用这五块地砖去盖园地的话,那么,它们所盖住的所有数字之和,不是2,就是−2,而非0.这就与园地所有数字和为0矛盾.所以,不可能用这五种规格地砖各一块将整个园地盖住.

②用(e)规格地砖五块,就能够盖住整个场地.而用其他四种型号每种五块都不能盖住场地.

对于(c)规格地砖,不论盖在何处,所盖住的四个数字之和是2或者−2,故五块总和不可能是0.

对于(b),则需要重新设计:将图9-25中第2行、第4行数字擦去,变成图9-26所示的情形,于是每块(b)型地砖,盖住的数字之和总是−1或者1,故五块所盖数字之和不可能是0.

对于(a)、(d),再将设计改为图9-27的情形,于是每块(a)规格地砖只能盖住一个数字,五块只能盖住5个数字,而图9-27中有6个数字,因此不能盖住整个园地.同样,每块(d)规格地砖也只能盖住一个数字,故也排除.

例95　如图9-28,长方形*ABCD*被划分成大小不同的9个正方形.若其中一个正方形的边长为7(如图),求其他8个正方形的边长.

解:如图9-29,设最小的正方形的边长为x,其他7个正方形的边长依次为$a,b,c,d,e,f,g.$则$e=7+x,g=e+x=7+2x,f=g+x=7+3x,b=7+e=7+(7+x)=14+x,$$c=f+d,a=c+d=(f+d)+d=f+2d$,

$\because BC=c+d+7+e,AD=c+f+g,\therefore d+7+e=f+g,$

从而$d=f+g-7-e=(7+3x)+(7+2x)-7-(7+x)=4x.$

又因为$AB=a+c=(f+2d)+(f+d)=2f+3d=2(f+3x)+3×4x=18x+14,$

$CD=b+e+g=(14+x)+(7+x)+(7+2x)=28+4x,$

$\therefore 18x+14=28+4x,\therefore x=1,$

$\therefore d=4x=4$,$e=7+x=8$,$g=7+2x=9$,$f=7+3x=10$,$b=14+x=15$,$c=f+d=14,a=f+2d=18.$

所以其他8个正方形的边长依次为:$a=18$,$b=15$,$c=14$,$d=4$,$e=8$,$f=10$,$g=9$,$x=1$.

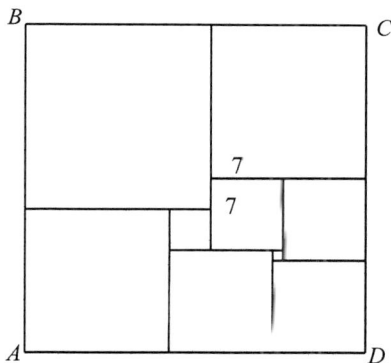

图9-28

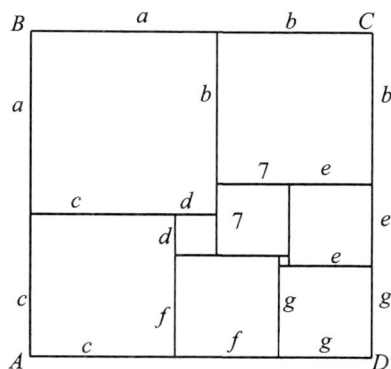

图9-29

本例是莫伦(Z.Moron)于1925年给出的第一个"完美矩形".所谓完美矩形是指由大小不同的正方形拼成的矩形.完美矩形的最低阶数是9,且仅有两种(从等价变换的角度).本例就是其中一种,另一种是长为69,宽为61的完美矩形,它可由边长分别为:2,5,7,9,16,25,28,33,36的9个小正方形拼成.

类似地,"完美正方形"是指这样的正方形:它可以用一些规格各不相同,但边长都是整数的小正方形盖满(既无重叠又无空隙).

1978年,狄金维提吉(A. J. W. Duijvestijn)借助计算机给出了一个21阶的

完美正方形,其边长是112,他还证明这个阶数的完美正方形是唯一的.

有兴趣的读者可以到网上输入关键词"完美矩形"与"完美正方形"查询.

二、纵横图和填数游戏

纵横图,即幻方,是我国古代人的创造.现在,人们将纵横图的形式,由传统的正方形发展为各种形式,增加了复杂性,也增加了趣味性.这种填数游戏的好处是,不论是成人还是小孩,都可以玩.

例96 如图9-30,五环图中有9个区域,请将1~9这九个数字,分别填入5个圆被分割成的9个区域内,使每个圆圈中数字之和都相等.

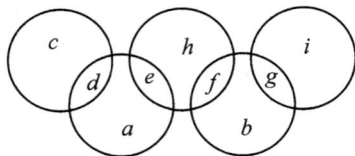

图9-30

解:设9个区域填写的数字分别为a,b,c,d,e,f,g,h,i,将5个圆圈内的数字相加,得$S=(a+b+\cdots+i)+d+e+f+g$.

其中$a+b+\cdots+i$为所有数字之和,即$1+2+\cdots+9=45$.而因每个圆圈上的数字和相等,故S是5的倍数,设为$5k$.从而知$d+e+f+g=5k-45=5(k-9)$也是5的倍数.又因为$1\leqslant d\leqslant9,1\leqslant e\leqslant9,1\leqslant f\leqslant9,1\leqslant g\leqslant9$,所以$11\leqslant k\leqslant15$.

由此,我们需要在1~9中,首先找出其和为5的倍数的四个数来,例如,取$d=1,e=2,f=3,g=4$.此时$d+e+f+g=10,k=11,S=55$,每个圆圈上数字和为11.

先将1,2,3,4填到指定的位置上,如图9-31.于是,$a=8,b=4,c=10$,这不可能.因此要调整为图9-32.由于每个圆圈上数字之和为11,于是推得$a=7,b=5,c=8,h=6,i=9$.这就得到问题的一个答案,如图9-33所示.

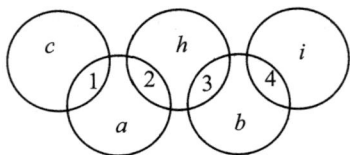

图9-31

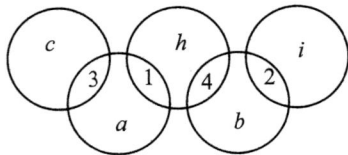

图9-32

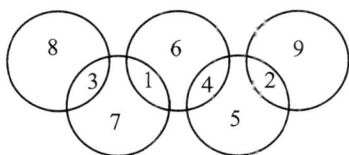 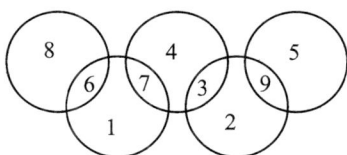

图9-33   图9-34

如果取k=14,则又存在另一种填数方法,每圈数字和为14,如图9-34所示.对于其他情况,读者可以试行研究.例如,当k=13时,还存在一种填数法,请读者求解.

例97 请将数字1—12,填入图9-35中正方形边上的小方格中,使得每边四个数字之和相等.

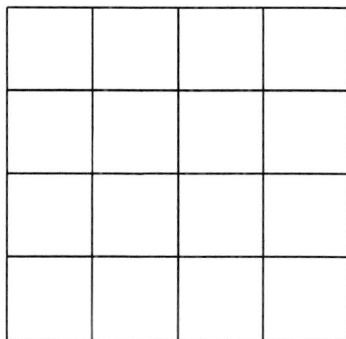 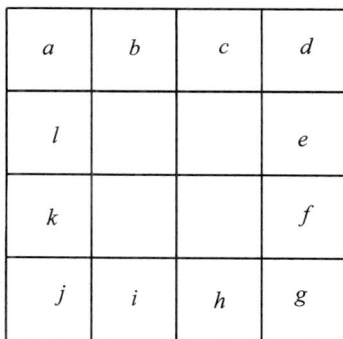

图9-35   图9-36

解:如图9-36,设填入各小格的数字分别为$a,b,\cdots,l$.又设四条边上所有数字之和为S,每边数字之和为m,那么,便有:

$S=a+b+\cdots+l+(a+d+g+j)=1+2+\cdots+12+(a+d+g+j)=4m$,

从而$(a+d+g+j)+78=4m$.

所以,四角上数字之和$a+d+g+j$应使其与78之和是4的倍数,因此可设它等于$4k+2$.由于$1\leqslant a,d,g,i\leqslant12$,故$2\leqslant k\leqslant10$.若令$k=2$,则必然取最小的四个数1,2,3,4为四个角上的数.这时$m=22$.于是有下列填数法,如图9-37所示.

1	10	9	2
11			12
6			5
4	8	7	3

图9-37　　　　　　　　　　图9-38

与前面类似,符合条件的填数法不是唯一的.如取 $k=3$,则 $m=23$,我们又能得到问题的另外解答.请读者在图9-38中试一试.

例98 如图9-39,请将1—16分别填入小圆圈中,使得每个大圆上的四个数字之和相等.

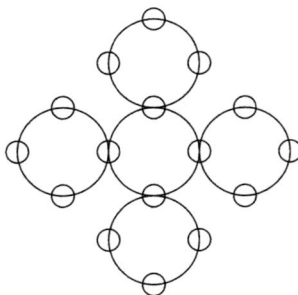
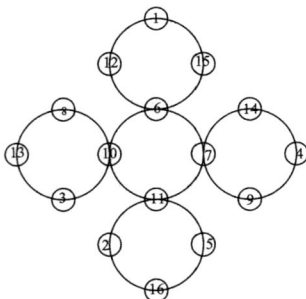

图9-39　　　　　　　　　　图9-40

解:先考虑每两圆交点处的数字,然后再根据每个圆上数字之和,来凑填其他各数.得到的结果,如图9-40.

显然,将图9-40旋转90度就得到另一种不同的填法.

例99 做一个四阶幻方,即将1—16填入下图的小方格中,使每行每列、两条对角线上的数字之和都相等.

解:四阶幻方的作法不止一种.现介绍一种最基本的方法:中心对换法.

先作一个按从小到大自然顺序排列的四阶序方(图9-41),然后,按照中心对称的原则将外四角上四个数、内四角上的四个数分别对换,即得一四阶幻方,如图9-42所示.

234

1	2	3	4
5	6	7	8
9	10	11	12
13	14	15	16

图9-41

16	2	3	13
5	11	10	8
9	7	6	12
4	14	15	1

图9-42

例100　如图9-43所示,用折线将下面6阶数字序方图分成了3块,每块中数字和都是222,这叫"序方分块"问题.请你用另外的分法,将此数字序方仍然分成3块,也使每块中数字之和相等.请注意这种"序方分块",并不是幻方.要注意二者的区别.

1	2	3	4	5	6
7	8	9	10	11	12
13	14	15	16	17	18
19	20	21	22	23	24
25	26	27	28	29	30
31	32	33	34	35	36

图9-43

三、逻辑与推理

有些有趣的命题与逻辑有关,需要运用数学的思想方法进行逻辑推理来解决.为了帮助我们进行分析,可以用作图或列表的办法来进行设计.

例101　A,B,C,D 和小强五人进行乒乓球比赛,已知 A 已经打了4场,B 打了3场,C 打了2场,D 打了1场,问:小强比赛了几场?

解:用 A,B,C,D,X 五个点表示这五个选手.如果两个人打过一场球,就用一条线段连接它们.于是,从 A 出发的线段有4条,从点 B 出发的线段有3条,从点 C 出发的线段有2条,从点 D 出发的线段只有1条,画出来,就得到图9-44.

从图上可以直接看出,连接小强的线段有两条,所以,小强打了2场乒乓球.这是用画图和图上作业的方法来进行解题设计.

例102 A,B,C,D 四人赛跑,在比赛前,甲、乙、丙三人对他们的成绩进行预测:

甲预测:A——第一名,C——第三名;

乙预测:B——第一名,D——第四名;

丙预测:D——第二名,A——第三名.

比赛结果的名次,说明甲、乙、丙三人每人的预测皆一对一错;而且每个名次皆有人猜对.现问:A,B,C,D 四人的名次究竟如何?

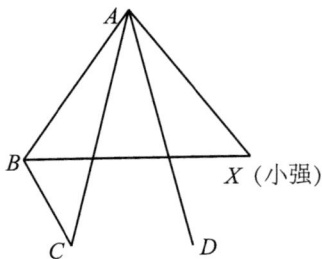

图9-44

解:解这类逻辑问题的一个有效的方法是列表法,并在表上进行操作.我们以本题为例来说明.列表,先将甲、乙、丙三人预测资料,输入表9-14中.

表9-14

	A	B	C	D
甲	1		3	
乙		1		4
丙	3			2

因为每人所猜名次一对一错,故甲所猜的 A——1,C——3 中有一个对,有一个错.哪个是对呢?

(1)假设 A——1 猜对(在表上划√),那么,C 就不是第三名(在表上划×),而且 A 也不可能又是第三名(在表上划×).所以,丙猜 A 第三名——错(在表上划×);从而丙猜 D 第二名就应该对(在表上划√).于是 D 不可能又是第4名(在表上划×).于是 B 是第一名(在表上划√).于是表中出现两个第一名,得出矛盾.所以这种假设不成立.这一过程称为"表上作业".所得表上作业的结果,如表9-15所示,矛盾.可见,A 不是第一名.

表9-15

	A	B	C	D
甲	1√		3×	
乙		1√		4×
丙	3×			2√

（2）假设 C 是第三名，那么，A 非第一名；于是 A 也非第三名，D 第二名；从而 D 非第四名，于是 B 第一名.如表9-16所示，由此推得：B 第一名，D 第二名，C 第三名，A 第四名.

表9-16

	A	B	C	D
甲	1×		3√	
乙		1√		4×
丙	3×			2√

若问：如果甲、乙、丙三人中有两人全猜对，一人全猜错，那么最终名次如何呢？请有兴趣的读者，可以仿照前法予以推断.

例103　请您阅读下面的脚本，并在□内分别填写数字1—5中的某一个.

〔脚本〕　演员共七人：教师 T 与学生 A,B,C,D,E 以及小明 M.

〔道具〕　A,B,C,D,E 每人手里拿一张纸片，上面分别写有数字1，2，3，4，5，纸片上数只有自己能看到，小明对此一无所知.

〔表演〕　教师与学生 A,B,C,D 进行如下对话：

T 问 A：谁的数字最大？

A 答：不知道.

T 问 B：C 同学的数字比你的大吗？

B 答：不知道.

T 问 C：D 同学的数字比你的大吗？

C 答：不知道.

T 问 D：B 同学的数字比你的大吗？

D 答：□　①是；②不是；③不知道.

T 再问 B：C 同学的数字比你的大吗？

B 答：不！

T 问小明：你听了我与同学们的问答后，你知道各人纸片上的数字是什么了吗？

M：知道.他们纸片上的数字分别是：A□；B□；C□；D□；E□.

T：很好！你说得对.

说明：这是日本的一道数学奥林匹克竞赛题，是道很有意思的逻辑推理题.

我们可以用上面列表和表上作业的方法来进行分析和解决.

分析和求解:在教师与学生A,B,C,D的问答中,隐含了如下信息:

因为A不知道谁的数字最大,说明他的数字不是5(否则他自己最大);因为B不知道C的数字是否比他大,所以他的数字既不是5,也不是1;同理,C的数字也不是5和1.现将这些信息填入表9-17中(否定,划记号$\backslash$).

表9-17

	A	B	C	D	E
1		$\backslash$	$\backslash$		
2					
3					
4					
5	$\backslash$	$\backslash$	$\backslash$		

教师问D,D的回答有三种选择,分别来进行判断:

(1)若选①,在D知道B的数字不是5和1之后说B的数字比他的大,可见D的数字只可能是1或2.但究竟是1还是2,不能判定.故不能由此决定他的数字.

(2)若选②,即B的数字不比他的大.这只可能D的数字是4或者是5,也不能断定他究竟是什么数字.

(3)若选③,即D不知道B的数字与他的数字哪个大,因此前面两种情况都不可能,所以D的数字不是1,2,也不是4,5,因此,这只有一种情况:D的数字是3.

当教师再问B"C的数字比你的大吗?"时,B已经知道C的数字不是1,5,D的数字是3后,得到了否定回答,这说明B的数字比3小,必然是2;于是C的数字必是4,而A只能是1;剩下的5,就只能为E所有.在表上作业的结果,如表9-18所示.

表9-18

	A	B	C	D	E
1	$\checkmark$	$\backslash$	$\backslash$	?	
2		$\checkmark$		?	
3				$\checkmark$	
4			$\checkmark$	?	
5	$\backslash$	$\backslash$	$\backslash$	?	$\checkmark$

于是,小明推断出了所有人卡片上的数字,依次是:A—1,B—2,C—4,D—3,E—5.

后　记

　　"基于学生个体差异的数学学法跟踪指导及研究"是我主持的广州市教育科学"十二五"规划面上一般课题——"基于学生个体差异和不同学习需求的数学教学策略研究"的核心内容之一.

　　在以上课题立项前及立项后的研究过程中,得到恩师胡炳生先生的悉心指导和帮助.先生曾四次应我的邀请专程来广州讲学,并指导我的教研工作.

　　本书的出版应归功于我的恩师胡炳生先生.本书的框架结构及大量素材是由胡炳生先生提供的.没有先生的指导与鼓励,就不可能有本书的问世.

　　到2017年,已80岁高龄的恩师仍外出讲学,他研究数学的执着精神激励着我.从2017年8月22日到2018年2月18日,为修改书稿,我每天晚上都工作到第二天凌晨2点以后才休息,为保持思维的连续性,甚至工作了12个通宵.

　　感谢陈克胜博士.陈博士也应我的邀请三次专程来广州讲学六天,并指导我的教研工作.

　　感谢我的爱人杨俊玲,在我修改书稿的日子里,在生活上给予我无微不至的关心及精神上的鼓励.感谢女儿管安业在作图上对我的帮助.

　　感谢黄埔区教育研究中心周南旋主任、肖凌戆副主任对本书出版给予的大力支持.

　　感谢安徽师范大学数学系杰出校友陈逸峰先生对本书初稿的审读与鼓励,他积极支持本书的出版.

管国文

2018年3月13日凌晨1:52于广州家中